V&R

Holger Lindemann

Unternehmen Schule: Führung und Zusammenarbeit

Theorien, Modelle und Arbeitshilfen
für die aktive Gestaltung von Schule und Unterricht

Vandenhoeck & Ruprecht

Mit 16 Abbildungen und 11 Tabellen

Bibliografische Information der Deutschen Nationalbibliothek

Die Deutsche Nationalbibliothek verzeichnet diese Publikation
in der Deutschen Nationalbibliografie, detaillierte bibliografische
Angaben sind im Internet über http://dnb.d-nb.de abrufbar.

ISBN 978-3-525-70222-2

Weitere Ausgaben und Online-Angebote sind erhältlich unter: www.v-r.de

Umschlagabbildung: © Colourbox6641080
Abbildungen, wenn nicht anders gekennzeichnet: Holger Lindemann

© 2017, Vandenhoeck & Ruprecht GmbH & Co. KG, Theaterstraße 13, D-37073 Göttingen /
Vandenhoeck & Ruprecht LLC, Bristol, CT, U.S.A.
www.v-r.de
Alle Rechte vorbehalten. Das Werk und seine Teile sind urheberrechtlich geschützt.
Jede Verwertung in anderen als den gesetzlich zugelassenen Fällen bedarf der vorherigen
schriftlichen Einwilligung des Verlages.
Printed in Germany.

Gestaltung, Satz und Litho: SchwabScantechnik, Göttingen
Druck und Bindung: ⊕ Hubert & Co GmbH & Co. KG, Robert-Bosch-Breite 6, D-37079 Göttingen

Gedruckt auf alterungsbeständigem Papier.

Inhalt

Vorwort 9

1 Aufgaben und Rollen in der Organisation 17
    1.1 Personalpolitik und Personalmanagement 17
        1.1.1 Einstellungspraxis und Grenzen personeller Maßnahmen 17
        1.1.2 Assessments, Audits und Kompetenzevaluation 20
    1.2 Das grundlegende Menschenbild in Organisationen 23
    1.3 Entscheidungs- und Aufgabenbereiche in Organisationen 25
    1.4 Arbeitsplatz- und Aufgabenbeschreibungen 30
    1.5 Rollen- und Aufgabenverteilung 33

2 Teamarbeit 35
    2.1 Merkmale von Teams 35
    2.2 Aufgaben und Rollen in Teams 36
    2.3 Aufgaben und Rollen der Teamleitung 40
    2.4 Grundregeln für Teamarbeit 43
    2.5 Phasen der Teamentwicklung 45
    2.6 Teamarbeit an Schulen 47

3 Organisations- und Mitarbeiterführung 49
    3.1 Definitionen von Führung 49
    3.2 Einflussfaktoren gelingender Organisation und Führung 55
        3.2.1 Innere und äußere Einflussfaktoren der Organisation 55
        3.2.2 Aufgaben von Management 58
        3.2.3 Erfolgskriterien gelingender Organisation und Führung 61
        3.2.4 Eigenschaften erfolgreicher Führungskräfte 63
    3.3 Führungsstile 66
        3.3.1 Beziehungs- und Aufgabenorientierung 66
        3.3.2 Die situative Ausprägung von Führungsstilen 68
        3.3.3 Situative Führung 72
        3.3.4 Rollendilemmata von Führung 73

3.4	Interaktionsbezogene Faktoren gelingender Führung	75
	3.4.1 Führungsmotive und Macht	75
	3.4.2 Mikropolitik	77
	3.4.3 Formen der Entscheidungsfindung	80
	3.4.4 Austausch mit Mitarbeitern	84
	3.4.5 Transaktionale, transformationale und charismatische Führung	86
	3.4.6 Symbolische Führung	90
3.5	Systemische Führung	92
	3.5.1 Systemisches Denken im Management	92
	3.5.2 Handlungs- und Einflussfelder von Führung	94
3.6	Die Rolle der Lehrkraft als Führungskraft	96

4 Organisationen im Spannungsfeld von Individualisierung und Standardisierung ... 99

4.1	Bedürfnisse, Motive und Motivation	100
	4.1.1 Bedürfnisse und Motive	100
	4.1.2 Motivation und Motivationspotenziale in Organisationen	102
	4.1.3 Verhalten zwischen intrinsischer und extrinsischer Motivation	104
	4.1.4 Lohn und Anerkennung	106
4.2	Humanisierung von Arbeitsbedingungen	109
	4.2.1 Kriterien humaner Arbeit	109
	4.2.2 Arbeitsrecht und Betriebsverfassung	114
	4.2.3 Aufgabenvielfalt und Autonomie	115
	4.2.4 Kriterien und Rahmenbedingungen autonomer Arbeit	117
	4.2.5 Empowerment	120
	4.2.6 Heterogenität, Vielfalt und Diversity Management	122
4.3	Identität und Identifikation	126
	4.3.1 Identität	126
	4.3.2 Identifikation und Bindung	129
	4.3.3 Identifikations- und Bindungsebenen	131
4.4	Stress, Abwehrmechanismen und Copingstrategien	136
	4.4.1 Stressfaktoren und Ressourcen	136
	4.4.2 Abwehrmechanismen und Copingstrategien	141
	4.4.3 Kontraproduktives Verhalten	144

5 Methoden der Führung von Mitarbeitern ... 147

5.1	Feedback, Personalgespräch und Leistungsbewertung	148
	5.1.1 Feedback	148
	5.1.2 Personalgespräche und Leistungsbewertung	152
	5.1.3 Führungsfeedback	156
5.2	Zielformulierung, Zielvereinbarung und Projektarbeit	157
	5.2.1 Kriterien guter Zielformulierungen	157
	5.2.2 Zielvereinbarungen	158
	5.2.3 Strategiefokussierte Ziele: Die Balanced Scorecard	160

	5.2.4	Fehler bei der Zielformulierung	162
	5.2.5	Projekte und Projektarbeit	163
5.3	Konfliktmanagement, Fortbildung und Beratung		167
	5.3.1	Konfliktmanagement und Konfliktklärung	167
	5.3.2	Fortbildung, Beratung, Supervision und Coaching	170

6 Fazit: Mut zur Führung und Zusammenarbeit 177

7 Literatur 179

8 Sachregister 187

Der Autor 189

 Code für Download-Material 190

Vorwort

Mit dem Buch ›Unternehmen Schule‹ habe ich vor sechs Jahren den Versuch unternommen, Modelle der Führung und Organisation aus den Bereichen Wirtschaft und Bildungsmanagement miteinander zu verbinden, um Schulen Anregungen für ihre Reflexion und Entwicklung zu geben. Mit der aktualisierten und erweiterten Neuauflage schien es sinnvoll, die Themen auf zwei Bände aufzuteilen, um die beiden zentralen Themenbereiche Führung und Zusammenarbeit sowie Organisation und Organisationsentwicklung deutlicher voneinander zu unterscheiden und nicht zuletzt, um den Umfang der Texte in handlicherer Form zur Verfügung zu stellen.

Im Rahmen der Entwicklung zu mehr Schulautonomie, etwa in Bestrebungen zur Entwicklung einer ›eigenständigen‹ oder ›eigenverantwortlichen‹ Schule, liegt es zunehmend in der Verantwortung, aber auch in der Gestaltungsfreiheit der einzelnen Schule, wie sie sich in allen Teilbereichen ihrer Organisation entwickelt. Hierzu benötigen vor allem Schulleitung und Lehrkräfte Wissen über den Aufbau und die Gestaltung von Organisationen sowie über die Führung von Menschen und Organisationen. Sie brauchen Anregungen und Handlungsmodelle für die aktive Gestaltung ihrer Schule. Die hierzu vorgestellten Modelle betreffen alle Facetten der Schulwirklichkeit von der Zusammenarbeit im Kollegium über die Schul- und Klassenführung, die Zusammenarbeit mit Schülern und Eltern, die Gestaltung des Unterrichts bis zur Außendarstellung und die Kooperation mit dem Umfeld der Schule.

Die vorliegenden Bücher zur Führung und Organisation von Schule gehen von vier Vorannahmen aus.

1. Schule braucht Führung. Das betrifft Lehrkräfte in ihrem Unterricht (Klassenführung) ebenso wie Schulleitungen (Schulführung) oder die Leitung von Fach- und Jahrgangsgruppen. Das liegt darin, dass diese Personen ohnehin führen, ob sie dies nun wollen oder nicht, ob sie es reflektiert tun oder intuitiv. Die Wichtigkeit der Lehrerpersönlichkeit für das Lernen und Wohlbefinden von Schülern steht – nicht nur durch die Belege in der Hattie-Studie – außer Frage. Die Belege für die Wirkungen guter Führung sind ebenfalls umfangreich.
2. Schule braucht Organisation. Das betrifft Lehrkräfte in ihrem Unterricht (Klassenorganisation) ebenso wie das gesamte Kollegium, einzelne Arbeitseinheiten und die Schulleitungen (Schulorganisation). Das liegt daran, dass alle in der Organisation aktiven Personen ohnehin organisieren, ob sie dies nun wollen oder nicht, ob sie es reflektiert tun oder intuitiv. Die Wichtig-

keit der Organisation auf Klassenebene steht im Rahmen von Classroom-Management schon seit langem im Fokus der Schulpädagogik. Die Wichtigkeit der Organisation auf Schulebene zeigt sich immer dort, wo eine Schule notwendigerweise als gesamte Organisation gemeinsame Vereinbarungen und Richtlinien braucht, die über das Unterrichten im Klassenzimmer hinausgehen. Dort, wo ein rein administrativer Rahmen nicht ausreicht, um Lehrern, Schülern und Eltern ein erfolgreiches Arbeiten und Lernen zu ermöglichen. Dort, wo eine gemeinsame Schulkultur, vergleichbare Lernbedingungen und Unterrichtskonzepte notwendig sind, um jedem Einzelnen gute Möglichkeiten zu bieten.
3. Reflektierte Führung und Organisation brauchen Grundwissen. Wer die eigene Führung und Organisation reflektieren und aktiv gestalten möchte, braucht Wissen über die zentralen Theorien und Modelle sowie Anleitung und Übung, um diese in praktisches Handeln umzusetzen.
4. Bei den Themen Führung und Organisation kann man von den Modellen der allgemeinen Führungs- und Organisationstheorie bzw. von der Wirtschaft, lernen. Führung und Organisation sind in der Wirtschaft schon länger Themen der Theorieentwicklung und Forschung als in der Schule. Zudem verlaufen die Entwicklungen in der Wirtschaft mit ihren globalisierten Interdependenzen und wechselhaften Märkten weitaus rasanter als die Entwicklung von Schule. Aus den Erfolgen und Misserfolgen von Modellen der Führung und Organisation in der Wirtschaft lassen sich daher viele Anregungen ziehen.

Der Begriff ›Unternehmen Schule‹ soll Schule keinesfalls auf wirtschaftliche oder ökonomische Aspekte reduzieren. Schule soll begriffen werden als eine gemeinsame Unternehmung der beteiligten Personen. Als Gestaltung einer Organisation hinsichtlich gemeinsamer Werte und Ziele. Eine Übertragung wirtschaftlicher Effizienzgedanken auf Schule soll hier daher nachdrücklich abgelehnt werden. Dies gilt umso mehr, wenn man das Kapital und den Gewinn von Schule maßgeblich auf einer ideellen Ebene individueller Entwicklung einerseits und sozialer Entwicklung andererseits definiert. Es geht um pädagogische Effizienz und Effektivität: Mit den zur Verfügung stehenden Mitteln das Bestmögliche für den Einzelnen und die soziale Gemeinschaft zu erreichen.

Nicht Organisation, Führung, Effektivität oder Effizienz sind verwerflich, sondern immer nur die Ziele, zu denen sie genutzt werden. Definiert man diese Ziele mit den Stichworten: Bildung, individuelle Entwicklung, soziale Entwicklung, Chancengleichheit, Teilhabe, Demokratie – und dergleichen mehr – wird klar, dass es nicht um eine Fließbandorganisation gehen kann, nicht um Zeit- und Finanzökonomie oder um eine Neoliberalisierung von Schule, sondern um Zeit und Raum zum Lernen, Zeit und Raum für Gemeinschaft, Zeit und Raum für demokratische Entscheidungsprozesse, Zeit und Raum für Teilhabe, aber auch: Zeit und Raum für Muße und Kultur. Dies aktiv zu gestalten und zu unterstützen, ist Ziel meiner Bücher.

Soziale Systeme – und eben auch Schulen – bilden immer eine Organisation aus, entwickeln immer Führungsstrukturen. Die Entscheidung, die eine Schule treffen muss, ist, wie reflektiert dies geschehen soll und welchen gezielten Einfluss sie darauf nehmen möchte.

Überträgt man Ideen der Organisationstheorie und Organisationsführung auf Schulklassen und Schulen, erscheinen viele Fragen der Gestaltung von Schule und Unterricht aus einer anderen Perspektive, die es erlaubt, neu und anders über Schulorganisation nachzudenken:
– Was für eine Organisation ist Schule überhaupt?
– Wie und mit welchem Ziel soll sie geführt werden?
– Was ist das ›Produkt‹ von Schule?
– Was ist ihr ›Markt‹?
– Wer soll in ihrer Organisation welche Rolle einnehmen?
– Was kann man dazu beitragen, dass sich die Mitglieder der Organisation zugehörig fühlen?
– Wie verändert man Organisationen nachhaltig?

Die Bezüge organisatorischen und unternehmerischen Denkens zur Schul- und Unterrichtsentwicklung sind zahlreich und lassen sich sowohl zu einzelnen Schulklassen, Klassenstufen, Fachgruppen und Kollegien als auch zu gesamten Schulen, Schulverbünden und der Kooperation mit dem kommunalen Umfeld herstellen.

Die *Chancen* liegen in einem aktiven Umgang mit schulischen Strukturen; darin, gemeinsam ›etwas zu unternehmen‹. Im Grunde genommen ist dies eine Herangehensweise, die Schulen schon immer gezeigt haben, indem sie als Reform- oder Projektschulen begonnen haben, sich und ihre Organisation selbst zu gestalten. Die verschiedensten Schulpreise und Auszeichnungen sind Zeichen dafür, dass es einzelnen Schulen gelingen kann, Veränderungen herbeizuführen, von denen die Schüler, Lehrer, Eltern und auch das sozialräumliche Umfeld profitieren. Aus einer solchen unternehmerischen Perspektive heraus kann es gelingen, Schule als ein Lernfeld zu gestalten, das dem Leben mehr gleicht als eine klassische Schulstruktur, die eher an eine Verwaltungsbehörde erinnern mag. Es ist nicht zuletzt eine organisatorische Entscheidung, wie eine Schule geführt werden soll: als Bürokratie oder als Lernraum für Demokratie, Kooperation, Delegation und Individualität. Im Rahmen einer Entwicklung zu mehr Eigenverantwortung und Selbstständigkeit von Einzelschulen erlangen Modelle der Organisation, des Managements und der Führung hierbei einen immer höheren Stellenwert.

Die *Gefahren* einer organisatorischen und vor allem einer finanz- und nutzenoptimierten unternehmerischen Sicht auf Schule liegen in einer reinen ›Ökonomisierung von Bildung‹, in einer Infragestellung des Sinns und der Notwendigkeit gleicher Bildungschancen, einer rein finanziellen ›Effizienzsteigerung der Bildungsmaschinerie‹ und in einem möglichen Verlust von Bildung im Sinne von Gemeinschaft oder auch Muße. Ökonomisierung ist eine mögliche unternehmerische Entscheidung, wie sie in vielen Bereichen der Marktwirtschaft beobachtet werden kann. Man mag jedoch der einzelnen Schule zugutehalten, dass sich durch eine solche Strategie in der Regel kein monetärer Gewinn für die Schule oder ihre ›Manager‹ ergibt. Eine rein finanzielle Effizienzsteigerung bietet daher wenig Anreize auf der Einzelschulebene. Hier bestimmen hoffentlich eher die Prinzipien, Ziele, Visionen, Bildungsgrundsätze und ethischen Vorstellungen der Beteiligten die organisatorische Ausrichtung. Die Gefahr einer Ökonomisierung besteht eher auf der Ebene der Schulverwaltung und der Schulträger – seien dies staatliche, verbandliche oder private, Behörden des Landes oder der Kommune –, die den finanziellen Rahmen für einzelschulische Entwicklungen festsetzen. Die beschriebene Gefahr besteht daher weitgehend auf schulpolitischer Ebene, wenn die Rahmenbedingungen und Strukturmerkmale des Bildungssystems maßgeblich aus ökonomischer Perspektive festgelegt werden. Je stärker die einzelne Schule sich jedoch selbst als Organisation ausrichtet und gestaltet, desto gewappneter mag sie vor einer Formung durch äußere Faktoren sein.

Eine Betrachtung von Schule als Organisation – oder als Unternehmen – nimmt keine Bildungsperspektiven oder Gestaltungsideen vorweg, sichert keine Chancen und schließt auch keine Risiken aus. Theorien und Modelle der Organisation und Führung beschäftigen sich immer mit der Frage des ›Wie‹ in der Gestaltung, nicht mit dem konkreten ›Was‹ oder ›Warum‹. Sie sind ein Instrument oder Werkzeug, dessen Nutzen oder Schaden sich erst zeigt, wenn man beurteilt, wie es verwendet wird. Eine organisatorische Betrachtungsweise von Schule allein ist noch nicht dazu geeignet, die genannten Chancen oder Risiken zu begünstigen. Hierzu bedarf es immer einer Grundhaltung der Beteiligten, die durch ihr Handeln oder Nicht-Handeln erst bestimmen, was für eine Organisation Schule ist bzw. sein soll. Die aktive Auseinandersetzung mit der Organisation schulischer Wirklichkeit, kann hierbei zur Entwicklung eigener Wunsch- und Zielvorstellungen sowie zu ihrer aktiven und praktischen Konkretisierung beitragen, die eigene Verantwortung hierfür aber nicht ersetzen.

Das *Ziel* der Bücher zum ›Unternehmen Schule‹ ist es daher, Theorien, die allgemein auf Organisationen angewendet werden, für schulische Kontexte handhabbar zu machen und eine persönliche Positionierung zu ermöglichen. Nicht, um sie unhinterfragt zu übernehmen, sondern um Schule hinsichtlich der Chancen und Risiken ihrer Organisation untersuchen zu können. Es erlaubt so gesehen einen Perspektivenwechsel, indem es eine andere Brille zur Beobachtung von Schule anbietet. Schule wird mit anderen ›Sprachspielen‹ und ›Deutungsmustern‹ beschrieben, was auch andere Erkenntnisse und Gestaltungsideen ermöglicht. Schulische Praxis soll vor dem Hintergrund soziologischer, psychologischer und wirtschaftlicher Modelle der Organisations- und Mitarbeiterführung hinterfragt werden. Eine Positionierung hinsichtlich der angebotenen Modelle soll ausdrücklich durch die Leserinnen und Leser erfolgen und nicht durch den Autor. Hierzu sind zahlreiche Übungen, Reflexionsaufgaben und Fragebögen enthalten, die eine Überprüfung und Veränderung der eigenen Schulpraxis hinsichtlich der dargestellten Theorien ermöglichen, die der Reflexion von Schule und Unterricht als Organisation dienen und Ansatzpunkte für Veränderungsprozesse aufzeigen. Im Rahmen einer Organisationsdiagnose können diese Arbeitshilfen dazu beitragen, das Verhalten und Erleben der Organisationsmitglieder und die Wirkzusammenhänge ihrer Organisation zu erfassen, darzustellen, zu analysieren und nicht zuletzt auch zu gestalten.

Eine organisationstheoretische Betrachtung von Schule ist bei Weitem nicht neu. In zahlreichen Publikationen zur ›Schul- und Unterrichtsentwicklung‹ oder zum ›Classroom-Management‹ haben solche Übertragungsleistungen bereits stattgefunden und Aspekte der Organisations- und Führungstheorie wurden in schulische Kontexte übersetzt und auf schulische Gegebenheiten angepasst, wodurch sie einfacher einzusetzen sind. Diese Übertragung bringt es aber auch mit sich, dass viele organisatorische und unternehmerische Fragen gar nicht mehr grundlegend gestellt, sondern bereits auf ein bestimmtes Bild von Schule reduziert worden sind. Hierdurch werden sie einfacher in ihrer Handhabung, verlieren aber zum Teil auch ihr Potenzial zur kritischen Hinterfragung von Schule und darauf aufbauend ihr enormes Gestaltungspotenzial. Schule nicht schon als eine ›besondere‹ Organisation zu sehen, sondern ganz grundlegend als Organisation, deren Ziele, Ausrichtung, Märkte, Kunden und Strukturen gestaltbar sind, bietet eine sehr grundlegende oder auch radikale Sichtweise, mit dem Vorteil, dass das kritische, kreative und gestalterische Potenzial organisationaler Theorien und Modelle erhalten bleibt.

Oft genug wird in der Schulentwicklung vorausgesetzt, dass klar ist, was das Produkt bzw. die Dienstleistung von Schule ist. In einem noch nicht auf Schule adaptierten Sprachgebrauch lässt sich viel grundlegender fragen: »Was ist das Produkt von Schule?«, »Was ist ihr Markt?«, »Wer sind die Kunden?« »Was sind meine Aufgaben als Führungskraft meiner Klasse?« »Was ist der Lohn der Schüler für ihre Arbeit in der Schule?« und dergleichen mehr. Fragen, die eben deswegen äußerst anregend und produktiv sind, weil sie vom schulüblichen Sprachgebrauch abweichen und dazu anregen, Schule neu zu denken.

In einer eigenen Auseinandersetzung mit Organisationstheorie und -führung, sowie deren möglichen Bedeutungen für die Gestaltung von Schule soll die Reflexions- und Übersetzungsleistung bewusst den Leserinnen und Lesern überlassen werden. Seien dies Schulleiter als ›Führungskräfte ihrer Schule‹, Lehrer als ›Führungskräfte von Schulklassen‹ und als Beteiligte an schulischen Entwicklungsprozessen, beteiligte Eltern, angehende Lehrer, Bildungspolitiker, Mitarbeiter in Schulverwaltungen oder bei Schulträgern oder andere an der Gestaltung von Schule beteiligte Personen.

Meine Bücher zum ›Unternehmen Schule‹ sind mit der Hoffnung verbunden, dass eine ›im besten Sinne‹ unternehmerische Sichtweise auf Schule und Unterricht dazu führt, dass Schulen und Schulklassen, Lehrer, Schüler und Eltern und nicht zuletzt Schulverbünde und Kommunen ihr eigenes Profil entwickeln und sich ›auf ihrem Markt‹ positionieren. Nicht in der Befolgung organisatorischer Vorgaben und Rezepte, sondern aus eigenem ›unternehmerischem‹ Antrieb.

Hierbei wünsche ich spannende Erkenntnisse und viel Erfolg.

Hinweise zur Nutzung der Bücher

Aufbau

Der Band *Führung und Zusammenarbeit* führt in grundlegende Modelle ein. Es kann entsprechend der vorgegebenen Kapitelstruktur von vorne nach hinten gelesen werden. Es bietet sich aber auch an, in einzelnen Teilen nachzuschlagen und querzulesen. Die zahlreichen Querverweise zwischen den einzelnen Kapiteln dienen der schnellen Orientierung.

Dieser Band von ›Unternehmen Schule‹ enthält einige Verweise auf Kapitel des Buches ›Unternehmen Schule: Organisation und Organisationsentwicklung‹. Diese Verweise sind mit der Abkürzung ›O.u.OE.‹ sowie der Kapitelangabe gekennzeichnet.

Übungen

Am Ende vieler Kapitel sind Übungen enthalten, die zu einer Reflexion und der Übertragung auf Schule sowie Diskursprozessen im Kollegium oder der Schulklasse anregen sollen. Ebenso können die Übungen als Gedankenexperiment für die Ausbildung angehender Lehrer hilfreich sein. Hierbei ist anzumerken, dass die Übungen zum Teil anspruchsvoll und auch umfangreich sind, sodass eine Bearbeitung durchaus zeitaufwendig sein kann. Eine Bearbeitung, die über die eigene Reflexion hinausgeht, sollte daher auch mit einer tatsächlichen Veränderungs- und Gestaltungsabsicht einhergehen. Für eine Reflexion der Inhalte des Buches reicht es aber auch, sich allein oder mit einigen Kollegen in Form eines Gedankenexperimentes vorzustellen, welche Ergebnisse es hätte, wenn man die Übung durchführen würde.

Arbeitshilfen

Auf der Webseite zu diesem Buch befinden sich zahlreiche Arbeitshilfen, die sowohl bei der praktischen Gestaltung von Schule als auch zur Übung und Reflexion der vorgestellten Theorien und Modelle eingesetzt werden können.

Die Arbeitshilfen beziehen sich direkt auf die in den Kapiteln dargestellten Modelle und Übungen. Auf diese Arbeitshilfen (AH) wird im Text und in den Übungen verwiesen. Sie können sowohl für die Reflexion als auch für die Organisationsanalyse an Schulen verwendet werden oder als Anregung zur Erstellung eigener Arbeitshilfen dienen. Die Arbeitshilfen werden im PDF und Word-Format zur Verfügung gestellt, damit sie nicht nur in der vorliegenden Fassung verwendet, sondern auch verändert und ergänzt werden können.

Auf Arbeitshilfen zu diesem Buch (›Führung und Zusammenarbeit‹) wird beispielsweise mit der Bezeichnung: ›F.u.Z. AH-01‹ verwiesen, auf Arbeitshilfen zu dem Buch über ›Organisation und Organisationsentwicklung‹ mit der Bezeichnung ›O.u.OE. AH-01‹.

1 Aufgaben und Rollen in der Organisation

In jeder Organisation sind spezifische Aufgaben zu erledigen und entsprechende Rollen einzunehmen. Von der Personalauswahl bis hin zur Aufgabenverteilung ist es ein Bestreben, die Menschen und Aufgaben miteinander in Einklang zu bringen, um produktives Arbeiten zu ermöglichen. Im Zuge der Entwicklung eines inklusiven Schulsystems steigen die Anforderungen an die Aufgabendifferenzierung und Rollenklarheit der beteiligten Personen. Die Zusammenhänge zwischen den Menschen, Aufgaben und Rollen in Organisationen werden hier unter folgenden Schwerpunkten dargestellt:

Kapitelübersicht:
– Personalpolitik und Personalmanagement
– Aufgaben und Rollen in der Organisation
– Das grundlegende Menschenbild in Organisationen
– Entscheidungs- und Aufgabenbereiche in Organisationen
– Arbeitsplatz- und Aufgabenbeschreibungen

1.1 Personalpolitik und Personalmanagement

1.1.1 Einstellungspraxis und Grenzen personeller Maßnahmen

In den meisten Organisationen ist es üblich, offene Stellen auszuschreiben, Bewerber durch mehr oder weniger aufwendige Einstellungsverfahren zu schicken und sich dann für diejenigen zu entscheiden, die am besten zum Firmenprofil passen und die für die anstehenden Aufgaben am geeignetsten erscheinen. Um die Entscheidung für die Aufnahme in die Organisation von beiden Seiten aus in der Praxis zu überprüfen, vereinbart man eine – in der Regel sechsmonatige – Probezeit. Im weiteren Verlauf der Beschäftigung gibt es bei über- oder unterdurchschnittlicher Leistung, bei Fehlverhalten oder betrieblichen Notwendigkeiten weitere Möglichkeiten des persönlichen oder organisationalen Handelns, wie Versetzung, Umsetzung, Beförderung oder auch Abmahnung und Kündigung. Überwachend steht für solche personellen und disziplinarischen Maßnahmen ein Betriebsrat, eine Personal- oder Mitarbeitervertretung zur Verfügung, die mit entsprechenden Mitsprache- und Mitbestimmungsrechten ausgestattet ist.

Der Gesamtzusammenhang aller Maßnahmen des Personalmanagements stellt für Organisationen einen wichtigen Aspekt der Organisationsführung dar, da hierbei nicht nur quantitativ über zu besetzende oder auch zu streichende Stellen, Einstellungen und Kündigungen entschieden wird, sondern auch über notwendige Qualifikationen und Qualifizierungsmaßnahmen. Bezogen auf Schule muss dabei zunächst festgestellt werden, dass die Schulleitung in der Regel über zu wenig Möglichkeiten der Personalführung verfügt, um eine effiziente Personalpolitik und ein effizientes Personalmanagement betreiben zu können. »In kaum einem OECD-Land haben Schulleitungen so wenig Einfluss auf Personal- und Budgetentscheidungen, wie in Deutschland« (Rolff, 2005, S. 55).

Betrachtet man die (möglichen) Aufgabenfelder des Personalmanagements genauer, wird klar, welch großes Potenzial der Organisationsführung, gerade auch für Schulen, in ihnen liegt (vgl. Buhren u. Rolff, 2009, S. 30–52):
- Personalgewinnung (Bedarfsermittlung, Werbung, Auswahl, Anstellung, Einführung),
- Personalbeurteilung (Beurteilungssysteme, Zeugniserstellung, Feedbacksysteme),
- Entlohnungsgestaltung (Grundlohn, Zulagen, Leistungsprämien),
- Personalführung (Direktion und Weisung, Gestaltung von Arbeitsabläufen, Mitarbeiter- und Teamentwicklung, Fortbildung und Qualifikation).

Diese Einflussmöglichkeiten stehen den allermeisten Wirtschaftsunternehmen und Betrieben zur Verfügung, nicht jedoch Schulen. Diese im unternehmerischen Sinne äußerst unflexible und widersinnige Einstellungs- und Personalsituation betrifft aber nicht nur die Beschäftigung von Lehrkräften, sondern lässt sich auch auf die Schüler übertragen, sofern man sie als ›Mitarbeiter im Unternehmen Schule‹ begreift.

Bei Lehrern ist der eigentliche Dienstherr nicht die Organisationsführung vor Ort, sondern das Land mit seinen Organen der Landesschulbehörden, der Schulaufsichtsbehörden etc. Diese sind zu einem großen Teil in die Einstellungspraxis, in disziplinarische Maßnahmen und die Ausübung des Direktionsrechtes involviert. Die individuelle Ausrichtung und Führung der einzelnen Schule spielt hierbei eine nachgeordnete Rolle, obwohl der gesamte Bereich der Personalauswahl und -führung für die konzeptionelle Ausrichtung jeder Organisation und somit auch jeder Schule ein zentrales Steuerungsinstrument darstellt (vgl. Blutner, 2004, 143 ff.; Sassenscheidt, 2006). Eine Veränderung der verwaltungsbehördlich orientierten Struktur findet im Rahmen einer vermehrten Eigenständigkeit von Schule statt, wobei die Entscheidungs- und Handlungsautonomie der Einzelschule zunimmt (vgl. Schaeffers, 2004). Eine verstärkte Autonomie der Einzelschule ist für organisationales Handeln an Schulen nicht nur hinsichtlich der Personalplanung, -gewinnung, -auswahl und -führung wichtig, sondern bezieht sich auf jegliche Prozesse der Organisationsentwicklung (vgl. Kempfert u. Rolff, 2005, S. 254; Dubs, 2005, S. 263–332).

Personal- und dienstrechtlich haben Schulen bzw. Schulleitungen jedoch weiterhin nur wenig Handlungsmöglichkeiten. Abgesehen von Strukturierungen des Schulalltags wie der Erstellung der Stundenpläne (Dienstpläne), der Verteilung von Vertretungsstunden und der Konferenzteilnahme haben sie keine Direktionsrechte und keine weitergehenden Möglichkeiten der Sanktionierung oder Förderung (vgl. Blutner, 2004, 146). Eine solche Personalführung mit nur rein formal-organisatorischen Befugnissen fußt prinzipiell auf dem guten Willen der Mitarbeiter. Mögliche Konsequenzen für Fehlverhalten im arbeitsrechtlichen Sinne stehen der Schulleitung – abgesehen von organisatorischer Benachteiligung, etwa bei der Stundenplanerstellung oder bei der Verteilung von Vertretungsstunden – nicht zur Verfügung. Arbeits- bzw. dienstrechtliche Schritte bedeuten einen langen Weg über die Behörde, der häufig allein schon wegen des hohen Aufwands gescheut wird. Das Regulativ des Betriebsrates zur verbindlichen Vereinbarung von betrieblichen Angelegenheiten und als Gegenpol zur Arbeitgeberseite gibt es nicht. In Bezug auf Personalpolitik und Mitarbeiterauswahl ist Schule noch sehr weit von derartigen Personal- und Mitbestimmungsmöglichkeiten entfernt. »Das Recht auf Auswahl und Zuwahl von Kolleginnen und Kollegen erscheint besonders bedeutsam, um zu einem sichtbaren pädagogischen Profil einer Schule zu kommen« (Fend, 2008, S. 203).

Denkt man Schule verstärkt unter organisationalen Gesichtspunkten, spielt jedoch nicht nur die Personalautonomie eine wichtige Rolle, sondern ebenso die Finanzautonomie (Investitionen, Betriebskosten, Finanzierungsmodelle), Organisationsautonomie und Lehrplanautonomie (vgl. Seitz u. Capaul, 2005, S. 70 f.; Fend, 2008, S. 202 ff.). Hierbei kann es – ebenso wie bei Wirtschaftsbetrieben – nicht um vollständige Autonomie gehen, die ohne Rahmenbedingungen und Vorgaben völlig frei gestaltet werden kann. Das Maß an notwendiger Autonomie oder auch Regulation bleibt jedoch zu erproben und hinsichtlich seiner Effektivität zu überprüfen.

Ebenso interessant und außergewöhnlich ist die Idee *Schüler als Mitarbeiter der Organisation* zu betrachten. Zum einen sind sie in einem Zwangskontext (Schulpflicht) zur Arbeit in der Schule verpflichtet. Zum anderen findet kein tatsächliches Auswahl- und Einstellungsverfahren statt – weder beim Eingang in die Schule noch bei der Zusammenstellung der Schulklassen. Abgesehen von innerschulischen Selektions- und Verteilungsprozessen mit dem Ziel der Homogenisierung oder der Strategie, der bestehenden Heterogenität mit klasseninterner Differenzierung, individualisiertem Lernen oder auch jahrgangsübergreifenden Klassen gerecht zu werden, besteht in der Regel kaum eine Möglichkeit der Personalauswahl.

Die Organisation produktiver Arbeitseinheiten im Zusammenspiel der Kompetenzen, Interessen und Bedarfe von Lehrerschaft und Schülerschaft ist eine entscheidende Aufgabe der inneren Differenzierung von Schule. Die Entscheidung, wer, wie, wo, wann, woran und mit wem gut zusammenarbeiten kann, bedarf in einer organisationalen Sichtweise von Schule einer weitaus differenzierteren Betrachtung, als dies durch eine eher zufällige Aufteilung in nach Jahrgängen sortierte Klassen möglich ist.

> **Übungen:**
> A. Wie könnte ein Einstellungsverfahren für Lehrer in Ihrer Schule aussehen? Welche Voraussetzungen müssten alle Bewerber mitbringen, welche Spezialfähigkeiten brauchen Sie nur von einigen?
> B. Wie könnte ein Auswahlverfahren für Schüler aussehen, um ihren Eintritt in die Schule zu regeln oder um die Zusammensetzung einer Klasse zu organisieren?

1.1.2 Assessments, Audits und Kompetenzevaluation

Für eine Bewerberauswahl, für innere Differenzierungen und auch für eine Mitarbeiterbeurteilung wurden Modelle entwickelt, die weit über ein Bewerbungsgespräch oder einen schriftlichen Einstellungstest hinausgehen. *Assessments* (›Beurteilungen‹) oder *Assessment-Center* bzw. *Audits* (›Anhörungen‹, ›Prüfungen‹) sollen dazu dienen, Fähigkeiten, Kompetenzen und Einstellungen von Personen daraufhin zu überprüfen, ob sie zu einer Organisation oder auf eine bestimmte zu besetzende Stelle passen bzw. inwieweit ihre Kompetenzen auf ihrer aktuellen Stelle ausreichend entwickelt sind. Vor allem für die Beurteilung und Auswahl von Führungskräften finden solche Verfahren Verwendung.

In der schulischen Lernstandsanalyse kennt man entsprechend ähnliche Verfahren, wie z. B. Screenings, in denen aufeinander aufbauend mehrere Aspekte überprüft werden. Im Gegensatz zu Einstellungs-, Überprüfungs- oder Bewertungsgesprächen geht es in den genannten Verfahren grundsätzlich darum, in einem gesetzten sozialen Rahmen Fähigkeiten zu zeigen oder auch in Form gegenseitiger Feedbacks eigene Kompetenzen zu zeigen und auch zu reflektieren.

Die grundlegende Idee von *Assessment Centern als personellem Auswahlinstrument* ist unabhängig von einzelnen Modellen verallgemeinerbar (Neuberger, 2002, S. 259). Es werden:

a) *mehrere* Kandidaten (meist zehn bis zwölf)
b) an *mehreren* Tagen (meist zweitägig, es gibt aber auch fünftägige ACs)
c) mit *mehreren* – auch situativen – Verfahren geprüft und dabei
d) von *mehreren* Beurteilern (vorwiegend Linienvorgesetzten) beobachtet,
e) die ihr Urteil auf *mehreren* erfolgsrelevanten Dimensionen abgeben und
f) sich abschließend auf *gemeinsame* Entscheidungen einigen.

Zu den Instrumenten dieser Bewertungs- und Beurteilungs-Zentren gehören unter anderem (vgl. Neuberger, 2002, S. 260):
– biografische Fragebögen,
– Tests,
– Referenzen und Arbeitsproben,
– grafologische Einschätzungen,

- Interviews,
- Gruppendiskussionen,
- Rollenspiele,
- Präsentationen,
- Arbeitsaufträge und Arbeitssimulationen,
- Gruppenaufgaben,
- Fallstudien,
- Planspiele,
- Simulationen,
- Video- und Filmanalysen.

In diesen Settings sollen vor allem Fähigkeiten wie analytisches Denken, Teamfähigkeit, Problemlösungskompetenz, persönliche Wirkung, Wertorientierung, sprachliche Prägnanz, Delegationsfähigkeit, Urteilsvermögen, Zuhörerorientierung und dergleichen überprüft werden, also Fähigkeiten, die über das reine Fachwissen hinausgehen (vgl. Neuberger, 2002, S. 262). Gerade für eine Schwerpunktverlagerung vom Fachwissen hin zu Prozessfähigkeiten ist eine solche Veränderung der dafür eingesetzten Beobachtungs- und Bewertungsinstrumente nicht nur hilfreich, sondern notwendig.

Auch wenn die Validität der angewendeten Verfahren recht gering und der Aufwand recht hoch ist, bieten Assessment-Verfahren doch die Möglichkeit, sich und den Teilnehmern Einblicke in ihre Kompetenzen und ihr Verhalten zu geben. Letztlich ist aber auch allen Beteiligten klar, dass es sich um eine Überprüfungssituation handelt, in der man versucht, den Erwartungen der Beurteiler gerecht zu werden. Dies trifft aber auf alle offensichtlichen Überprüfungssituationen zu, wozu auch Schulinspektionen und Unterrichtsbesuche gehören.

Hinsichtlich der Aussagekraft von Assessment-Verfahren über Fähigkeiten und Kompetenzen der Teilnehmenden muss bedacht werden, dass die Tests und Aufgaben nicht in dem Kontext stattfinden, in dem die Fähigkeiten und Kompetenzen später gezeigt werden sollen. Hierzu zählen die tatsächliche Umgebung, die Kunden, zur Verfügung stehende Ressourcen, technische Ausstattung, Firmenkultur, Arbeitsmethoden, Organisationsform und dergleichen (vgl. Neuberger, 2002, S. 304). Auch haben die Teilnehmenden in der Regel keine Einarbeitung in die vorliegenden Gegebenheiten erhalten. Ein Teilnehmer, der in einem Assessment Center gut abschneidet, kann also durchaus in der realen Situation scheitern und ein Teilnehmer, der schlechte Ergebnisse erreicht, kann in der realen Situation durchaus erfolgreich sein. Die ›Potenzialeinschätzung‹ der Teilnehmenden bleibt also recht vage und mag zunächst lediglich ihre Kompetenz sichtbar machen, derartige Testsituationen zu meistern (sogenannte Testintelligenz). Was sich aber vor allem bezüglich der qualitativen Rückmeldung an die Beteiligten zeigt, ist, dass standardisierte Feedbacks in Alltagssituationen ein hilfreiches Instrument der Entwicklung sind; allerdings nur, wenn sie über die Singularität eines in sich geschlossenen Assessment-Verfahrens hinausgehen.

Im Rahmen von Selektions- und Auswahlprozessen kommt dem Assessment geradezu der Status eines Aufnahmerituals zu (vgl. Rosenstiel, 2003a, 186). Werden diese Verfahren jedoch nicht zur Selektion verwendet, sondern zur Erzeugung eines mehrdimensionalen Feedbacks an die Beteiligten, mag der Nutzen anders eingeschätzt werden. Ein Nutzen mag auch darin gesehen werden, dass durch die Erstellung eines Assessments eine Diskussion über relevante Kriterien und deren Überprüfung angeregt wird (vgl. Rosenstiel, 2003a, 186).

Für eine *Evaluation von Sozial- und Prozesskompetenzen,* sowohl von Lehrern als auch von Schülern, bieten sich assessmentähnliche Verfahren weit besser an als schriftliche Überprüfungen. Gegenüber konstruierten Assessment-Situationen können solche Evaluationen auch im Organisations- bzw. Schulalltag durchgeführt werden, wobei selbstverständlich das Einverständnis der Beteiligten – etwa bei Videoanalysen – ebenso gegeben sein muss wie die Wahrung des Datenschutzes. Im Rahmen von Unterrichtshospitationen findet an Schulen letztlich schon eine alltagsbezogene Evaluation statt, auch wenn solche Hospitationen eine Beobachtungssituation erzeugen, die oft sehr stark von der alltäglichen Arbeit abweichen kann (vgl. Kempfert u. Rolff, 2005, 161 ff.).

Um den Prozess der Beobachtung und Evaluation zu einer alltäglicheren Situation werden zu lassen, bietet sich ein regelmäßiger und generalisierter Einsatz entsprechender Instrumente in Unterrichts- oder Gruppenarbeitsphasen an. Solche Rückmeldungsprozesse können hierbei nicht nur durch Kollegen, etwa im Rahmen kollegialer Hospitationen erfolgen, sondern auch durch Schüler. Die Einbindung von Schülern in Beobachtungs- und Evaluationsprozesse beispielsweise anhand standardisierter Beobachtungs- und Feedbackbögen ermöglicht es nicht nur, eine qualitative Rückmeldung zum Arbeits-, Kommunikations- und Sozialverhalten der Beteiligten zu erhalten, sondern sie bietet auch ein wichtiges Lernfeld. Nicht nur, dass sie lernen können, Lern- und Arbeitsprozesse zu beobachten, sondern auch, wie auf eine wertschätzende Weise gegenseitige Rückmeldungen erfolgen können (vgl. Kempfert u. Rolff, 2005, 115–174; siehe Kapitel 5.1.1: Feedback).

Übungen:
A. Welche Kriterien würden Sie in einem Assessment Center für Lehrer gerne untersuchen? Welche Instrumente würden Sie hierzu verwenden?
B. Welche Kriterien würden Sie in einem Assessment Center für Schüler gerne untersuchen? Welche Instrumente würden Sie hierzu verwenden?
C. Welche schulische Situation würden Sie gerne für eine qualitative Evaluation nutzen? Worüber würden Sie gerne jemand anderem eine Rückmeldung geben? Wem? Worüber würden Sie gern von jemand anderem eine Rückmeldung erhalten? Von wem?
D. Gibt es Aufgaben oder Positionen, um deren Übernahme sich Schüler bewerben sollten? Welche wären das und welche Auswahlkriterien sollten dafür gelten?

1.2 Das grundlegende Menschenbild in Organisationen

Jeder Mitarbeiter einer Organisation hat ein implizites oder explizites Menschenbild. Dieses betrifft ihn selbst, Kollegen, Vorgesetzte und das Management. Je nach Ausprägung und auch hinsichtlich der Menschenbilder anderer Organisationsangehöriger hat dieses Fremd- und Selbstbild entscheidenden Einfluss auf Arbeitsleistung, Führungsstil und Erfolg der Organisation. Je nach Einschätzung darüber, was das Gegenüber ›für einer ist‹, werden Arbeitsabläufe, Aufträge, Anweisungen, Kommunikationssituationen und Delegationen gestaltet.

Douglas McGregor hat in seinen Untersuchungen zwei grundlegende Menschenbilder bezogen auf Sichtweisen über Mitarbeiter unterschieden, die er als Theorie X und Theorie Y bezeichnet (McGregor, 1970, vgl. Rosenstiel, 2003a, S. 137):

Theorie X (unwillig):
– Mitarbeiter finden Arbeit prinzipiell schrecklich.
– Sie sind faul, unwillig und zeigen keinen Ehrgeiz.
– Sie wollen keine Verantwortung übernehmen.
– Ihr wichtigster, wenn nicht einziger Arbeitsanreiz ist der Lohn.
– Sie müssen kontrolliert werden, um ihren Beitrag zur Organisation zu leisten.

Theorie Y (eigeninitiativ):
– Mitarbeitern macht die Arbeit Spaß.
– Einfallsreichtum, Kreativität und Verantwortungsfreude sind vorhanden und werden häufig nur nicht aktiviert.
– Sie wollen Verantwortung übernehmen und selbst aktiv werden.
– Ihr Arbeitsanreiz liegt auch in der Selbstverwirklichung und der Anerkennung.
– Wenn sie sich mit der Organisation und ihren Zielen identifizieren, sind Kontrollen weitgehend überflüssig und werden durch Selbstkontrolle und Eigeninitiative ersetzt.

Grob unterschieden handelt es sich um ein negatives und ein positives Menschenbild, das in seiner jeweiligen Ausprägung entscheidenden Einfluss auf die Arbeitsorganisation hat. Eine Übertragung des Modells von McGregor auf das Menschenbild von Schülern und Lehrern ist vor allem dann erleuchtend, wenn wahlweise Schüler oder Lehrer als ›faule Säcke‹ tituliert werden. Wer angesehen und behandelt wird wie ein Taugenichts und Faulenzer, mag sich dann auch genauso verhalten. Umgekehrt ist ein Menschenbild, das von ›motivierten Könnern‹ ausgeht, eher dazu geeignet, das damit zusammenhängende Arbeitsverhalten zu stärken und zu fördern.

Je nach dem vertretenen Menschenbild ergibt sich auch eine entsprechende Haltung in der Mitarbeiter- und Personalführung, die auf eben jene Annahmen ausgerichtet ist, die man für sein Gegenüber entwickelt hat (Bruce u. Pepitone, 2007, S. 29):

Führungshaltung Theorie X (dominant):
– Die Führung trifft Entscheidungen ohne Beteiligung anderer.
– Sie übernimmt und behält die Kontrolle.
– Sie stellt ihre Entscheidungen nie in Frage.
– Sie ist zielorientiert und manchmal sehr anspruchsvoll.
– Sie übt, wenn nötig, Druck aus, um ihre Ziele zu erreichen.
– Sie bestraft Mitarbeiter, denen ein Fehler unterläuft.
– Sie tritt entschlossen auf und geht entschieden gegen mangelhafte Arbeitsleistungen vor.
– Sie duldet keine Kritik aus ihrem Team.

Führungshaltung Theorie Y (teamorientiert):
– Die Führung trifft Entscheidungen durch Erzielung eines Konsenses und sorgt für ein Gefühl von Gemeinsamkeit und Beteiligung.
– Sie fördert Kreativität und Eigeninitiative.
– Sie leitet andere an und hilft ihnen bei ihrer Arbeit.
– Sie geht mit gutem Beispiel voran.
– Sie lobt gute Arbeit.
– Sie hilft ihren Mitarbeitern, an und mit ihrer Arbeit zu wachsen und mehr Verantwortung zu übernehmen.
– Sie schätzt und fördert Teamarbeit.

Die Implikationen des jeweiligen Menschen- und Führungsbildes sind, gerade auch auf Schulen übertragen, immens, da sie sowohl in den zwischenmenschlichen Beziehungen des Kollegiums als auch in Fragen der Unterrichtsgestaltung zum Tragen kommen. Die durch die Selbst- und Fremdbilder der Mitarbeiter und Führungskräfte, Schüler und Lehrer bedingte Dynamik kann zu sich selbst erfüllenden Prophezeiungen führen. Diese können sowohl in negativer wie auch in positiver Richtung verlaufen:

Überall dort, wo man glaubt, Mitarbeiter nach Theorie X vor sich zu haben, und sie entsprechend behandelt, können diese schnell faul, verantwortungslos und arbeitsscheu erscheinen.

Überall dort, wo man glaubt, Mitarbeiter nach Theorie Y vor sich zu haben, und sie entsprechend behandelt, können diese sich häufig erst zu eigenverantwortlichen, aktiven und verantwortungsbewussten Personen entwickeln.

Für eine Übertragung auf schulische Kontexte wäre es spannend zu überprüfen, wie die Selbst- und Fremdwahrnehmungen von Lehrern und Schülern bezüglich der verschiedenen Menschenbilder aussehen. Der Ertrag einer solchen Überprüfung läge zunächst in einem grundlegenden Austausch über Rollenvorstellungen und könnte weitergehend in Rollenveränderungen bis hin zu Arbeitsplatz- und Leistungsbeschreibungen liegen, die im Sinne eines Leitbildes auf ein bestimmtes Menschenbild ausgerichtet sind.

> **Übungen:**
> A. Beantworten Sie für sich folgende Fragen: Gibt es Schüler und Lehrer, die Sie in Ihrer Wahrnehmung der Theorie X oder Y zuordnen? Welche Schüler oder Lehrer ordnen sich Ihrer Meinung nach selbst der Theorie X oder der Theorie Y zu?
> B. Führen Sie anhand der Fragebögen eine Untersuchung in Ihrer Schulklasse oder Ihrem Kollegium durch (siehe F.u.Z. – AH-01 bis AH-04: ›Fragebögen zur Theorie X und Y‹ auf der Webseite zu diesem Buch). Diskutieren Sie über die Ergebnisse und über Ihre gemeinsamen Wunsch- und Zielvorstellungen.
> C. Teilen Sie z. B. Ihr Kollegium in vier Arbeitsgruppen ein und lassen Sie diese Stichworte und Aussagen zu jeweils einer der folgenden Fragen sammeln:
>   - Welche Erwartungen habe ich an eine gute Führungskraft?
>   - Welche Erwartungen habe ich an einen guten Mitarbeiter?
>   - Welche Erwartungen habe ich an eine gute Lehrkraft?
>   - Welche Erwartungen habe ich an einen guten Schüler?
>
> Sammeln Sie dann Gemeinsamkeiten und Unterschiede zwischen den Beschreibungen der Erwartungen an Führungskräfte und Lehrkräfte, sowie zwischen den Beschreibungen der Erwartungen an Mitarbeiter und Schüler.
>
> Welche Gemeinsamkeiten und Unterschiede gibt es zwischen den Erwartungen an Führungs-/Lehrkräfte und an Mitarbeiter/Schüler?
>
> Was wird von Führungs-/Lehrkräften und Mitarbeitern/Schülern gleichermaßen erwartet, was nur von einer der Gruppen?

1.3 Entscheidungs- und Aufgabenbereiche in Organisationen

In einer traditionellen Sicht von Schule scheinen die Aufgaben und Rollen zwischen Lehrkräften und Schülerschaft klar verteilt zu sein. Auch Spezialisierungen wie Beratungs- und Vertrauenslehrer, Schulleitung, Schul- und Klassensprecher gehören zu den Standards schulischer Organisation und Rollenverteilung. Aus einer organisationalen Perspektive bietet sich jedoch ein erweiterter Blick auf die Rollen in Schule bzw. Schulklasse an. Diese beziehen sich zum einen auf Entscheidungsbereiche und zum anderen auf Aufgabenbereiche, die einzelne Personen in der Gesamtorganisation (z. B. Schule) oder in Teilen von ihr (z. B. Schulklasse) einnehmen. Bevor sinnvolle Rollenverteilungen im System Schule thematisiert werden, folgt zunächst eine kurze Darstellung möglicher Rollen, die eingenommen werden können.

Bezogen auf *Entscheidungsbereiche* muss in der Gesamtorganisation zunächst zwischen Management und Führung unterschieden werden. »Management gilt als ›Distanzführung‹, weil es nicht unmittelbar interaktional eingreift, sondern vermittelt über Artefakte lenkt (z. B. Strukturen, Techniken, Institutionen oder Systeme). Management wird verantwortlich gemacht für die Einrichtung und

Steuerung solcher Artefakte, wie z. B. einem Planungssystem, einer Projektorganisation, einer Controllingtechnik. Management ist zudem ›Dingführung‹, weil ihr Objekt nicht Menschen, sondern Prozesse und Gebilde sind: Man *managt* einen Geschäftsprozess oder eine divisionale Organisation, aber man *führt* Menschen oder Gruppen« (Neuberger, 2002, S. 48 f.).

Die Begriffe Schulmanagement und Classroom-Management bedeuten in dieser Definition das Schaffen von Strukturen und Ablaufprozessen, Schulführung und Klassenführung meinen hingegen das Handeln der Führungskräfte (Schulleitung, Lehrer) in Bezug auf geführte Personen (Lehrer bzw. Schüler).

Das Management, also die ›Strukturführung‹, bezieht sich auf drei Ebenen (vgl. Vahs, 2007, S. 77 f.; Seitz u. Capaul, 2005, S. 119 f.):

- *Normatives Management (Top Management)*
  Begründung des Handelns: Leitbild.
  Festlegung der Philosophie, der Werte, der Grundhaltung, der Ausrichtung und der Ziele der Organisation (langfristige Perspektive).

- *Strategisches Management (Middle Management)*
  Ausrichtung des Handelns: (Schul-)Programm.
  Festlegung der Teilziele und Prioritäten zur Erreichung der Organisationsziele und zur Umsetzung normativer Vorgaben (mittelfristige Perspektive).

- *Operatives Management (Lower Management)*
  Vollzug von Handlungen: Aktionspläne.
  Festlegung einzelner Schritte zur Erreichung der Teilziele. Direkte Umsetzung normativer und strategischer Vorgaben (kurzfristige Perspektive).

Auch wenn die drei Entscheidungsgruppen klar differenziert werden können, so sind sie doch nicht unabhängig voneinander und auch nicht direkt einer klar voneinander abgrenzbaren Personengruppe zugeordnet. Je nach Organisationsform und -kultur sind sie jeweils nur schwerpunktmäßig einer bestimmten Hierarchieebene zugeordnet und können durchaus partizipativ bearbeitet werden (siehe O.u.OE., Kapitel 6.2.1: Vision, Leitbild, Programm und Aktionspläne).

Das *Top-Management* wäre in einer solchen Zuordnung mit seinem Schwerpunkt auf der normativen Ebene angesiedelt. Es schafft Rahmenbedingungen und führt die Führungskräfte der mittleren Ebene, indem normative Vorgaben mit strategischer Ausrichtung verbunden werden. Das *Middle-Management* hat seinen Schwerpunkt auf der strategischen Ebene. Es sorgt einerseits für die strategische Ausformulierung normativer Vorgaben und andererseits für eine Verknüpfung der Strategie mit ihrer operativen Ausrichtung. Das *Lower-Management* hat letztlich die Aufgabe, die Strukturen zu schaffen, die für eine Umsetzung der operativen Ausrichtung notwendig sind. Auf dieser operativen Ebene sind Arbeitsprozesse oft schon in Teilbereiche zerlegt, sodass das ›große

Bild‹ der darüberstehenden normativen und strategischen Vorgaben, nicht immer sichtbar wird.

Die für eine ›geteilte Vision‹, für ›gemeinsame Werte‹ und ›verbindende Ziele‹ notwendige *Vermittlungsarbeit zwischen normativer, strategischer und operativer Ebene* ist ein wichtiger Schritt der Organisationsführung. Die Beteiligungspraxis der Organisation bei der Erstellung von Normen und Strategien basiert ganz grundlegend auf der Grundeinstellung und dem Menschenbild der oberen Managementebenen (siehe Kapitel 1.2: Das grundlegende Menschenbild in der Organisation). Muss der Mensch ›zu seinem Glück gezwungen werden‹ oder ist er ein verantwortungsbewusstes Mitglied der Organisation, das an einer positiven gemeinsamen Entwicklung interessiert ist? Unabhängig davon, wie eine Organisation aufgebaut ist (Aufbauorganisation), ist an diesem Punkt entscheidend, wie mit dieser (hierarchischen) Struktur umgegangen wird (Ablauforganisation).

Bezogen auf Schule wäre es schon eine interessante Frage, welche Personengruppen welcher Managementebene zugeordnet werden:

Sitzt das Top-Management in den Schulbehörden, ist es die Schulleitung oder gehören beide Seiten dazu? Bilden die Lehrer das Middle-Management oder sehen sie ihre Tätigkeit als rein operatives Geschäft? Sind Schüler auf der untersten operativen Ebene angesiedelt oder werden sie sogar an den Managementprozessen beteiligt? Werden die Organisationsziele mit ihnen diskutiert und können sie Ideen zu ihrer Erreichung einbringen?

Im Übertrag auf Schulen ist hinsichtlich der Aufgaben- und Rollenbereiche eine Klärung bedeutsam, in wessen Verantwortung die normative und auch strategische Steuerung liegt. Werden diese gänzlich auf Politik, Kultusministerien, Schulaufsicht, Schulverwaltung projiziert, geht das innovative Potenzial der Einzelschule verloren, indem sie lediglich versucht, operativ Vorgaben zu erfüllen. Hierdurch wird Schule zu einem konservativ erhaltenden System, das Umfeldbedingungen, Kunden, Markt- und Produktorientierung eher sekundär betrifft, da Zielausrichtung und Zukunftsvision nicht zu ihrem Aufgabenbereich gehören. Bestrebungen einer stärkeren Eigenständigkeit von Schulen greifen dies auf und fordern somit zugleich auch eine stärkere organisationale Verantwortung einzelner Schulen. Gesamtsystemstrategien, die versuchen, Schulentwicklung ›von oben nach unten‹ durchzusetzen, sind in diesem Zusammenhang nicht sinnvoll und nicht hilfreich (vgl. Rolff, 1995, S. 106 ff.).

Zum einen gehen sie davon aus, »daß eine Innovation in vergleichbarer Weise auf alle Schulen angewendet werden kann. Dies setzt an zentraler Stelle ein Wissen darüber voraus, wie unter Berücksichtigung aller Bedingungen, die an den einzelnen Schulen und regionalen Subsystemen anzutreffen sind, eine Verbesserung erzielt werden kann, die für alle, zumindest für fast alle Schulen Gültigkeit besitzt. Demgegenüber zeigen Implementationsstudien, dass sich bildungspolitische Vorstellungen nur in der individuellen Schule materialisieren können. […]. Deshalb sind standardisierte Lösungen zum Scheitern verurteilt« (Rolff, 1995, S. 108).

Eine verstärkte Übernahme einer normativen, strategischen und damit auch einer weitergefassten operativen Verantwortung durch Einzelschulen bietet aber nicht nur ein größeres Innovationspotenzial, sondern in der Einbindung von Schülern, Eltern und anderen Kooperationspartnern auch ein wichtiges Lernfeld. Für die Schule als Organisation mag hierbei das Gestalten der Strukturen und Abläufe im Sinne der Optimierung ihrer Dienstleistung wichtig sein, bezogen auf das ›Primärprodukt von Schule‹ ist jedoch auch die Partizipation an den hierzu gehörenden Prozessen wichtig (siehe O.u.OE., Kapitel 3.1: Die ›Produkte‹ von Schule). Dort, wo Schüler gestaltend an Zielfindungs- und Schulentwicklungsprozessen beteiligt werden, ergeben sich reale Lernsituationen, die über eine didaktisch simulierte Kooperation etwa in Planspielen hinausgehen.

Richtet man den Blick stärker auf die Tätigkeiten in einer Organisation, können verschiedene *Aufgabenbereiche* der Gesamtorganisation unterschieden werden, die im Gegensatz zu den dargestellten Entscheidungsbereichen weitaus konkretere Tätigkeiten beinhalten als die ›Ausrichtung der Organisation‹ (Abbildung 1):

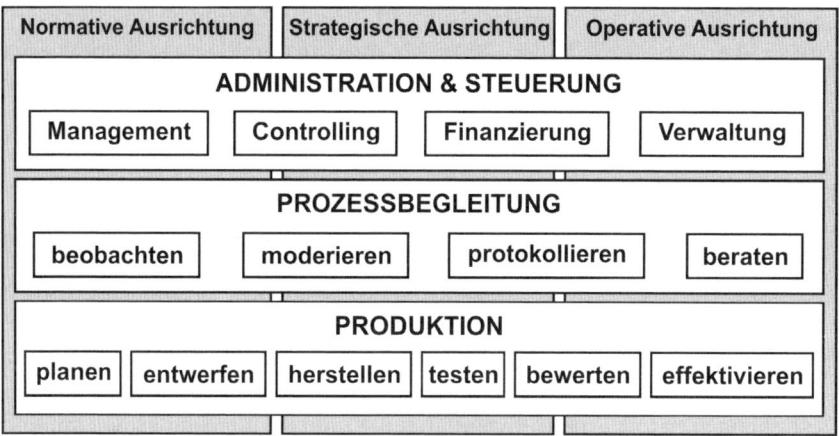

Abbildung 1: Übersicht über Aufgaben- und Rollenbereiche in einer (produktorientierten) Organisation

Eine zentrale Aufgabe auf allen bisher genannten Ebenen und in allen Aufgabenbereichen besteht in der (Mitarbeiter-)Führung. Jede Ebene des Managements und jeder Aufgabenbereich verfügt über eine weisungsbefugte Führungsebene (z. B. Organisationsführung, Personalleitung, Bereichsleitung, Abteilungsleitung, Teamleitung, Vorarbeiter). Der Bereich der Führung als Rolle in Organisationen wird daher in einem eigenen Kapitel ausführlicher beleuchtet (Siehe Kapitel 3: Organisations- und Mitarbeiterführung).

Die einzelnen *Aufgaben- und Rollenbereiche* sind in hierarchischen Organisationen in der Regel fest vorgegeben und besetzt. Weder gibt es dort sogenannte ›Grenzgänger‹, die sich zwischen verschiedenen Abteilungen oder Positionen bewegen, noch sind häufigere Aufgabenwechsel von Mitarbeitern vorgesehen. Es herrscht allgemein eine starke Spezialisierung, die in einem rein mechanistischen Sinne effizient sein mag, aber bezogen auf das Lernen der Organisationsangehörigen, ihr Verständnis für den Gesamtzusammenhang und auch für ihre Arbeitszufriedenheit nicht unbedingt hilfreich ist.

In Matrix- und Projektorganisationen sind die Rollen weniger starr vorgegeben und werden teilweise situativ, kontextuell, ziel- und ergebnisorientiert vergeben bzw. durch wechselnde Teamzusammensetzungen durchmischt. Dies betrifft vor allem auch die normative, strategische und operative Ausrichtung von Organisationen, die in interdisziplinären, fach-, bereichs- und hierarchieübergreifenden Gruppen entworfen werden. Gerade Zielausrichtungen, Leitbildentwicklungen und der Entwurf von Zukunftsvisionen werden häufig über vertikale und horizontale Grenzen der Aufbauorganisation hinweg gemeinsam gestaltet.

In Schulen gibt es oft übergreifende Aufgabenbereiche, ohne dass jedoch zwangsläufig klare Zuständigkeiten oder auch Weisungsbefugnisse damit verbunden sind. Lehrer verstehen sich häufig als ›Unterrichter eines Fachs‹, und betrachten ihre sonstigen Funktionen als Organisationsmitglied dabei mehr als eine ›zusätzliche Aufgabe‹, die eigentlich nicht ›ihr Job‹ ist (vgl. Buchen, 2006, S. 68 f.). Dies mag darin begründet liegen, dass sie kaum für Tätigkeiten außerhalb des Unterrichtens ausgebildet werden und über den Rahmen des Unterrichtsgeschehens hinaus nicht unbedingt normative und strategische Überlegungen der Organisationsgestaltung anstellen müssen. Diese Beschränkung auf das Geschehen im Unterricht ist oft mit der Idee verbunden, es würde ausreichen, ›einfach nur guten Unterricht zu machen‹, damit die Schule gut funktioniert. Nicht selten sind Lehrer dann mit ›übergeordneten‹ Aufgaben überfordert und erfüllen diese mit wenig Begeisterung. Es ist daher für schulische Entwicklungsprozesse entscheidend, dass genauer definiert wird, was die Aufgaben von Lehrern (und auch von Schülern) genau beinhalten, und hierbei einen gesamtschulischen Tätigkeitsrahmen mitzudenken.

Interessant ist hierfür das Konzept des ›*Mitunternehmertums*‹. Hierbei geht es darum, klassische hierarchische Entscheidungs- und Aufgabenverteilungen so weit aufzuweichen, dass »sich möglichst viele Mitarbeiter aller Hierarchie- und Funktionsbereiche im Rahmen einer unterstützenden Arbeitssituation aktiv und effizient an der Realisierung der Unternehmensstrategie beteiligen, dass sie also – innerhalb ihrer individuellen und strukturell vorgegebenen Möglichkeiten – unternehmerisch mitdenken, mitfühlen und mithandeln« (Wunderer, 2007, S. 21). Wenn demnach Schüler und Lehrer zu Mitunternehmern ihrer Klasse und ihrer Schule oder Lehrer und Schulleitung gemeinsam unternehmerisch tätig werden sollen, stellt dies entscheidende Anforderungen an Führung und Management (siehe Kapitel 3: Organisations- und Mitarbeiterführung). Eine hierzu notwendige ›unternehmerische Führung‹ muss eher indirekt über Kultur-, Strategie-, Organisations- und Personalstrukturgestaltung führen (vgl. Wunderer,

2007, S. 21 f.). Bezogen auf Partizipations- und Selbstständigkeitsbestrebungen gilt hierbei, dass sich gute Führungskräfte – und gute Pädagogen – weitgehend überflüssig machen und eher indirekt und punktuell eingreifen. Bezogen auf die Einführung und Begleitung partizipativer Arbeitsstrukturen bedeutet dies einen schrittweisen Wandel von direkterer zu indirekterer Führung, was auf der Ebene von Mitarbeitern in einem Unternehmen ebenso gilt wie für Schüler oder auch Lehrer.

Kritisch ist zu diesem Konzept des Mitunternehmertums anzumerken, dass hierarchische Grenzen dadurch nicht aufgehoben werden und in aller Regel auch ein Informationsvorsprung der Führung vor den ›Mitunternehmern‹ besteht. Ein tatsächliches Mitunternehmertum müsste eine gemeinsame normative, strategische und operative Verantwortung und Ausrichtung ›auf Augenhöhe‹ beinhalten. Dies ist zwischen Lehrern und Schülern wohl nicht denkbar und zwischen Schulleitung und Lehrern eher schwierig. Die Idee des ›Mitunternehmertums‹ kann jedoch bezogen auf einzelne abgegrenzte Projekte durchaus interessante Anregungen liefern.

Übungen:
A. Machen Sie eine Aufstellung darüber, wer in Ihrer Schule normative, strategische und operative Entscheidungen trifft und um welche Entscheidungen es sich hierbei handelt.
B. Listen Sie auf, wer welche Aufgaben der Administration, Prozessbegleitung und Produktion erfüllt. Betrachten Sie hierbei entweder die gesamte Schule oder ausschließlich Ihre Schulklasse.
C. Erarbeiten Sie in Ihrem Kollegium oder in Ihrer Schulklasse, was Mitunternehmertum bezogen auf Unterrichts- und Schulgestaltung für die Lehrer und Schüler bedeuten könnte.

1.4 Arbeitsplatz- und Aufgabenbeschreibungen

Um eine Aufgaben- und Rollensicherheit in Organisationen sicherzustellen, bietet sich das Instrument der *Arbeitsplatzbeschreibung* an. Diese kann aus sehr spezifischen Festlegungen einzelner Tätigkeiten und Fertigungsabläufe bestehen oder auch Entscheidungs- und Handlungsspielräume festlegen. Um eine solche Arbeitsplatzbeschreibung anzufertigen, können vier Analyseebenen unterschieden werden, auf denen Aussagen über einzelne Statusgruppen der Organisationen getroffen werden können (Tabelle 1; vgl. Rosenstiel, 2003a, S. 59 f.).

Tabelle 1: Analyseebenen einer Arbeitsplatz- und Aufgabenbeschreibung

Beruf	– Aussagen über den Beruf Schüler – Aussagen über den Beruf Lehrer – Aussagen über den Beruf Schulleiter
Job	– Aussagen über mehrere Schüler – Aussagen über mehrere Lehrer – Aussagen über mehrere Schulleiter
Position	– Aussagen über den Arbeitsplatz eines Schülers – Aussagen über den Arbeitsplatz eines Lehrers – Aussagen über den Arbeitsplatz eines Schulleiters
Aufgabe	– Aussagen über die Aufgaben eines Schülers – Aussagen über die Aufgaben eines Lehrers – Aussagen über die Aufgaben eines Schulleiters

Gerade in schulischen Kontexten werden Aussagen über den Arbeitsplatz eher implizit behandelt. Jeder scheint zu wissen, was der Beruf, der Job, die Position und die Aufgabe der beteiligten Personen sind oder zumindest sein sollten. Werden diese Vorstellungen ausgesprochen, zeigt sich jedoch oft, wie groß die Differenzen zwischen den einzelnen Vorstellungen sind. Viele Aufgaben werden zudem eher als ›zusätzliche Belastung‹ denn als reguläre Tätigkeit betrachtet. Zu den Aufgaben von Lehrern gehören beispielsweise neben unterrichtsfachlichen, didaktisch-methodischen und pädagogischen Aufgaben (ergänzt nach Buchen, 2006, S. 68 f.; vgl. auch Bartz, 2006, S. 388 ff.):

– Richtlinien- und Lehrplanarbeit
– Mentoren- oder Leitungsarbeiten
– Aufbau neuer Unterrichtsschwerpunkte
– außerunterrichtliche, eher sozialpädagogische Aufgaben
– Schulentwicklungsprojekte
– interne Fortbildungen
– Projektarbeit und Leitung von Arbeitsgruppen
– Zusammenarbeit mit Eltern, Therapeuten, Beratungsstellen
– Sitzungsvorbereitung und -moderation
– Verfassen von Ankündigungen und anderen Texten

Ein gemeinsamer Diskurs und eine Festlegung von Aussagen zu den einzelnen Bereichen können aufgrund der Vielfalt schulischer Tätigkeiten zu interessanten Ergebnissen führen, die in transparente Vorstellungen und klare Rollenerwartungen münden können.

Aufbauend auf allgemeinen Beschreibungen von Beruf, Job, Position und Aufgabe kann vor allem die *Aufgabenbeschreibung* näher präzisiert werden (Tabelle 2; vgl. Vahs, 2007, S. 52 f., mit Bezug auf Kosiol, 1976, S. 49 f.; siehe auch Kapitel 5.2.2: Zielvereinbarungen):

Tabelle 2: Konkretisierung von Aufgabenbeschreibungen

Verrichtung	Was ist zu tun? Art der geistigen oder körperlichen Tätigkeit, z. B. Planen, Schweißen, Beschaffen.
Objekt	Woran ist etwas zu tun? Gegenstand der Tätigkeit, z. B. Werkstück, Information.
Aufgabenträger	Wer muss etwas tun? Ausführende Person, z. B. Geschäftsführer, Lagerarbeiter.
Sachmittel	Womit ist etwas zu tun? Hilfsmittel bei der Aufgabenerfüllung, z. B. Computer, Drehmaschine.
Zeit	Wann ist etwas zu tun? Zeitpunkt, Zeitraum, Zeitablauf, z. B. am Tag X, von Tag X bis Tag Y, in chronologischer Reihenfolge (erstens …, zweitens …, drittens …).
Raum	Wo ist etwas zu tun? Ort, an dem die Tätigkeit ausgeübt wird, z. B. Deutschland, Werk Karlsruhe, Gebäude IV, Zimmer 102.

Eine Detaillierung hinsichtlich der Aufgabe kann als generelle Beschreibung für bestimmte Tätigkeiten und Tätigkeitsbereiche erstellt werden, z. B. als Laufzettel oder Checkliste, oder auch zur Bestimmung einmaliger Aufgaben als Arbeitsauftrag oder Zielvereinbarung. Im Rahmen von Zielvereinbarungen, z. B. als Instrument der Mitarbeiterführung oder des Projektmanagements, werden einzelne Aufgaben ebenfalls hinsichtlich ihrer Bestimmungsmerkmale und Zuständigkeiten definiert.

Übungen:
A. Erstellen Sie mit Kollegen Arbeitsplatz- und Aufgabenbeschreibungen für sich selbst als Lehrer. Diese sollten bestehende Vorgaben hinsichtlich der Tätigkeiten an der Schule beinhalten und diese ergänzen, konkretisieren und kontrastieren.
B. Erstellen Sie mit Kollegen Beschreibungen für den Arbeitsplatz und für die Aufgaben der Schüler.
C. Lassen Sie Ihre Schüler eine eigene Arbeitsplatzbeschreibung für ihren Job als Schüler erstellen. Hierbei soll eine Gruppe möglichst sachlich den Ist-Zustand beschreiben, eine zweite Gruppe soll eine satirische Überzeichnung des Ist-Zustands verfassen und eine dritte Gruppe soll eine Utopie entwerfen.

1.5 Rollen- und Aufgabenverteilung

Welche Rollen in der Gesamtorganisation oder in ihren Teileinheiten sind für Schüler oder Lehrer sinnvoll? Bezogen darauf, dass das Produkt von Schulen in der Entwicklung der Schüler liegt, sollten sie die Möglichkeit haben, mit den verschiedenen Rollenmöglichkeiten zu experimentieren, um daran zu lernen und sich zu entwickeln. Sie sollten herausfinden können, welche Rollen ihnen am besten liegen, mit welchen anderen Rollen sie gut kooperieren können, mit wem sie Erfolgsteams bilden können und woran sie erkennen, wer welche Rolle einnimmt und welche Rollen fehlen. Ein bewusstes und reflektiertes Spiel mit den verschiedenen Rollenmöglichkeiten trägt nicht nur zur Profil-, Persönlichkeits- und Identitätsbildung bei, sondern ist in hohem Maße wichtig als Vorbereitung auf berufliche Aufgaben.

Dieses Prinzip der Rollen- und Aufgabenflexibilität findet sich auch im didaktischen Prinzip der ›vollständigen Handlung‹ wieder (vgl. Konrad u. Traub, 1999, S. 78 ff.; Peterßen, 2001, S. 16 ff.). Eine vollständige Handlung besteht aus sechs Phasen, die von den Lernenden und Lehrenden für gelingende Lernprozesse gemeinsam durchlaufen werden sollen: 1. Informieren, 2. Planen, 3. Entscheiden, 4. Ausführen, 5. Kontrollieren, 6. Bewerten (Abbildung 2).

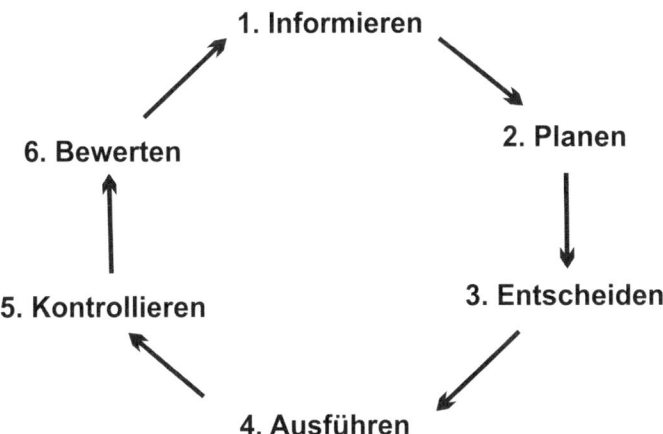

Abbildung 2: Phasen der vollständigen Handlung

Die Tätigkeit von Mitarbeitern (Schülern) wird allzu oft auf das Ausführen reduziert, während Führungskräfte (das Lehrpersonal) die restlichen Aufgaben übernehmen. Diese Aufgabenverteilung macht Mitarbeiter (Schüler) mit Fabrikarbeitern vergleichbar, die ja auch eine primär exekutive Aufgabe erfüllen.

Da die persönliche und berufliche Zukunft nach der Schule vielfältige Möglichkeiten und Anforderungen bereithält, wäre es fatal, das Potenzial von Schule als Rollenübungsfeld zu verschenken und Schülern lediglich eine Exekutividentität anzubieten. In ihrer Vorbildfunktion sollten daher zum einen auch Lehrkräfte in der Begleitung von Schülern eine ausreichende Rollenflexibilität zeigen. Zum anderen sollten sie als authentische Persönlichkeiten entsprechend ihren Präferenzen und Stärken Rollen einnehmen, die zu ihnen passen. Schließlich sollten auch Lehrer Erfolgsteams bilden, die ihre Aufgaben entsprechend koordiniert und Rollen ergänzend erfüllen.

Übungen:
A. Beschreiben Sie einen Entscheidungprozess im Kollegium und ordnen Sie zu, welche Schritte der vollständigen Handlung dort vorkamen und wer sie übernommen hat.
B. Erstellen Sie eine Übersicht bezüglich eines Unterrichtsverlaufes und markieren Sie, an welchen Prozessebenen vollständiger Handlung Ihre Schüler beteiligt sind. Erstellen Sie eine Übersicht über einen Schulentwicklungsprozess und markieren Sie, an welchen Prozessebenen vollständiger Handlung Sie selbst, Ihre Schüler und deren Eltern beteiligt sind.

2 Teamarbeit

In jeder Organisation sind spezifische Aufgaben zu erledigen und entsprechende Rollen einzunehmen. Von der Personalauswahl bis hin zur Teamarbeit ist es ein Bestreben, Aufgaben und Rollen miteinander in Einklang zu bringen, um produktives Arbeiten zu ermöglichen. Die Zusammenhänge zwischen Aufgaben und Rollen in der Organisation werden hier unter folgenden Gesichtspunkten dargestellt:

Kapitelübersicht:
– Merkmale von Teams
– Aufgaben und Rollen in Teams
– Aufgaben und Rollen der Teamleitung
– Grundregeln für Teamarbeit
– Phasen der Teamentwicklung
– Teamarbeit an Schulen

2.1 Merkmale von Teams

Einführend muss zunächst geklärt werden, was überhaupt ein Team ist. Wie jede andere Gruppe lässt es sich zunächst beschreiben als eine Anzahl von Personen, die über einen längeren Zeitraum in direktem Kontakt miteinander stehen, deren Mitglieder miteinander interagieren, gemeinsame Normen, Werte und Ziele vertreten und ein Gemeinsamkeitsgefühl entwickeln (vgl. auch Rosenstiel, 2003a, S. 274).

Das Team, als ein aus dem Sport entlehnter Begriff, zeichnet sich ergänzend durch drei weitere Merkmale aus:

1. Rollendifferenzierung (klare Einzelrollen, die sich gegenseitig kontrastieren und ergänzen),
2. starkes Gemeinsamkeitsgefühl (Zusammengehörigkeit und auch Abhängigkeit),
3. Synergieeffekte (das Ergebnis der Zusammenarbeit ist qualitativ besser als die Summe der Einzelarbeiten).

Der Begriff des ›Teams‹ ist gegenüber dem Begriff ›Gruppe‹ positiver konnotiert und zeichnet sich durch qualitative Unterschiede aus, die sich auch durch den Begriff ›Team-Spirit‹ kennzeichnen lassen. Eine Gruppe ist also noch lange kein Team, sondern kann sich höchstens dazu entwickeln.

Schon vorab sei darauf hingewiesen, dass die meisten, vor allem die auf den Unterricht bezogenen Gruppenarbeiten mit Teamarbeit nichts zu tun haben, da diese Gruppen in der Regel nicht über einen für die Entwicklung von Teamarbeit notwendigen, längeren Zeitraum zusammenarbeiten und die Zusammenarbeit auch nicht zwangsläufig reflektiert und weiterentwickelt wird. Es handelt sich eher um Arbeitsgruppen als um Teams. Die Einführung tatsächlicher Teamarbeit würde beispielsweise auch ein fächerübergreifendes Arbeiten und Rollendifferenzierungen einschließen und sich nicht allein auf die Übertragung einer Aufgabe an eine Kleingruppe im Rahmen einer Unterrichtsstunde beschränken. Umso spannender ist die Auseinandersetzung mit tatsächlicher Teamarbeit für schulische Kontexte, da Teamfähigkeit ja nicht nur vermehrt von Schulabgängern gefordert wird, sondern auch für Lehrer zunehmend eine Rolle spielt. Gerade in der Praxis inklusiver Schule wird die Notwendigkeit von Teamarbeit betont, da Lehrer und andere pädagogische Fachkräfte zunehmend multiprofessionell für einzelne Klassen zuständig sind. Auch bezogen auf Schulleitung und andere Arbeitsbereiche ist es sinnvoll, sich mit ›echter‹ Teamarbeit zu befassen.

Im Kontext der meisten Schulen kann in der Regel schon alleine aufgrund der Größe nie das ganze Kollegium als Team betrachtet werden. Wer ein ganzes Kollegium als Team bezeichnet, tut dies in der Regel, um Zusammenhalt und Kooperation zu suggerieren, aber nicht, weil es tatsächlich als Team zusammenarbeitet.

Teams an Schulen sind Klassenteams, Jahrgangsteams, Fachgruppenteams, Projektteams, Schulleitungsteams, Teams von Lernhäusern oder Teams, die bezogen auf einzelne Aufgabenbereiche zusammenarbeiten wie Therapie, Konfliktschlichtung, Trainingsraum, Schuleingangsphase oder Förderplanung. Teams können auch projekt- oder phasenweise zusammenarbeiten, etwa bei der Planung von Umbaumaßnahmen, Umstrukturierungen und anderen zeitlich begrenzten Maßnahmen. Nicht zuletzt können auch die Vertretungsgremien der Elternschaft und eben auch Schüler in Teams zusammenarbeiten.

2.2 Aufgaben und Rollen in Teams

Im Blick auf die *Zusammensetzung von Teams* können mehrere Modelle herangezogen werden, in denen Rollen und Funktionen einzelner Teammitglieder beschrieben werden. Bekannte Teamrollenmodelle stammen von Charles J. Margerison und Dick J. McCann (1996) oder Meredith Belbin (2003). Die Grundidee liegt darin, dass Mitglieder in jedem Team neben ihrer funktionalen Rolle etwa als Prokuristin oder Ingenieur aufgrund ihrer Persönlichkeit, der Teamzusammensetzung und auch der Aufgaben- und Arbeitsstruktur des Teams verschiedene Rollen einnehmen. Jede der Rollen hat Stärken und Schwächen, die zum Teamerfolg bzw. -misserfolg beitragen können, auch kann jedes Teammitglied Aspekte mehrerer Rollen vertreten.

Die Rollen bei Margerison und McCann haben Ähnlichkeiten mit den Rollen, die durch Belbin benannt werden, lassen aber jeweils viel Interpretationsspielraum dafür, was sich nun im Einzelnen hinter den Rollenbegriffen und deren Beschreibungen verbirgt und wann diese zutreffen. Dies gilt umso mehr für deutschsprachige Übersetzungen, in denen die Begrifflichkeiten durchaus mehrere Übersetzungsmöglichkeiten zulassen und somit die Variabilität der Rollenbeschreibungen zusätzlich erhöhen. Solche Rollenbeschreibungen sollten als Anregung dazu dienen, bevorzugte Rollen der Teammitglieder sowie Stärken und Schwächen der Gruppe zu identifizieren und Hinweise für mögliche Weiterentwicklungen zu erhalten. Keinesfalls sollten sie jedoch zur Reduzierung von Teammitgliedern auf eine Rolle oder zu Stereotypisierungen führen (vgl. Doppler et al., 2002, S. 305 ff.).

Nachfolgend sind die Teamrollen bei Margerison und McCann und bei Belbin zur Übersicht gegenübergestellt (Tabelle 3):

Tabelle 3: Gegenüberstellung der Teamrollen bei Margerison und McCann und bei Belbin

Margerison und McCann	Belbin
Creator – Innovator (Erschaffer – Neuerer)	Plant (Erfinder)
Explorer – Promoter (Erkunder – Entdecker – Werber)	Ressource Investigator (Wegbereiter – Untersucher)
Assessor – Developer (Gutachter – Entwickler)	Coordinator (Koordinator)
Thruster – Organizer (Anschieber – Organisator)	Shaper (Macher)
Reporter – Advisor (Berichterstatter – Berater)	Monitor – Evaluator (Analytiker – Bewerter)
Upholder – Maintainer (Aufrechterhalter – Instandhalter – Stabilisierer)	Teamworker (Teamarbeiter)
Controller – Inspector (Überwacher – Inspektor)	Implementor (Umsetzer)
Concluder – Producer (Durchführer – Fertigsteller – Produzent)	Completor – Finisher (Fertigsteller – Perfektionist)

Untersuchungen von erfolgreichen Teams zeigen, dass Erfolg damit zusammenhängt, dass aus möglichst vielen Rollenbereichen – wie auch immer man diese nun bezeichnet und charakterisiert – Aspekte im Team vertreten sind und diese, gut aufeinander abgestimmt, ihre Fähigkeiten in Teamarbeitsprozesse einbringen. Ein valides standardisiertes Messverfahren hinsichtlich klarer Rollenüberprüfungen vor der Zusammenstellung eines Teams oder im Teambildungsprozess scheint sich aber hieraus nicht zu ergeben (vgl. Konradt u. Kießling, 2006).

Ein hilfreiches Kriterium bei der Teambildung scheint aber zu sein, dass sich das Team über Fremd- und Selbsteinschätzungen zu den vorhandenen Rollenpotenzialen Transparenz verschafft und sowohl die Schwächen des Teams sowie der einzelnen Teammitglieder sieht als auch ihre Stärken nutzt.

Für die *Verwendung in Teams* sollte das Modell gewählt werden, das am besten zu den eigenen Wahrnehmungen und Beschreibungen passt. Ähnlich der Idee vom ›Inneren Team‹ (Schulz von Thun, 1998) können hier auch eigene Begriffe, Namen und Bilder hilfreich sein, um Teamzusammensetzungen und die eigenen Rollenanteile darzustellen. Letztlich kommt es auf eine transparente Rollenwahrnehmung an und nicht auf das Erfüllen einer vorgefertigten ›Rollenschablone‹. Es könnten also auch drei, zehn oder zwanzig Rollen hilfreich sein, um die differenzierte Betrachtungsweise eines Teams zu ermöglichen.

In der folgenden Grafik sind acht mögliche Teamrollen unterschieden, die auf die angeführten Modelle von Margerison und McCann einerseits und Belbin andererseits zurückgehen, diese aber für den leichteren Einsatz in Teams vereinfachen. Hierbei geht es vor allem darum, sie für den deutschen Sprachgebrauch handhabbarer zu machen und die verwendeten Bezeichnungen eindeutiger und markanter herauszustellen (Abbildung 3).

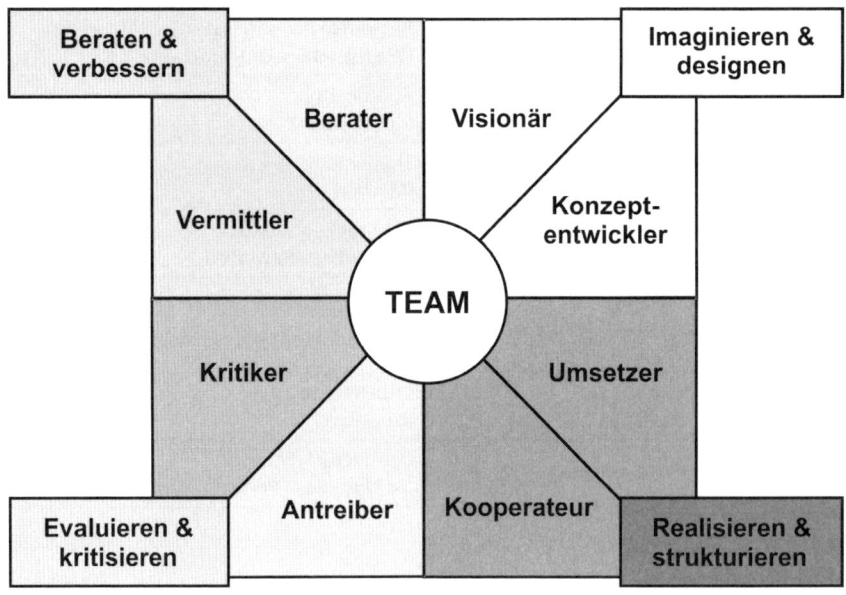

Abbildung 3: Darstellung von Teamrollen

Die Rollen können wie folgt charakterisiert werden, lassen sich aber im Kontext eines tatsächlichen Teams differenzierter und passgenauer beschreiben:

Vermittler
- *Positiv:* ›schmiert das Getriebe‹, übersetzt zwischen Teammitgliedern
- *Negativ:* Gutwetterfee, ist harmoniesüchtig, konfliktscheu

Berater
- *Positiv:* setzt Ressourcen anderer frei, ist Ideengeber
- *Negativ:* Besserwisser, ist rechthaberisch, unbeteiligt

Visionär
- *Positiv:* ist innovativ und richtungweisend, kann begeistern
- *Negativ:* Spinner, baut nur Luftschlösser, ist realitäts- und praxisfern

Konzeptentwickler
- *Positiv:* konkretisiert Visionen, strukturiert
- *Negativ:* Erbsenzähler, verrennt sich in Konkretisierungen

Kritiker
- *Positiv:* macht auf Lücken und Verbesserungsnotwendigkeiten aufmerksam
- *Negativ:* Nörgler, sucht immer nur das Haar in der Suppe

Antreiber
- *Positiv:* achtet auf Timeline und Abgabetermine, sorgt für den Abschluss von Aufgaben und Prozessen
- *Negativ:* Sklaventreiber, zeigt inhaltliche Ungenauigkeit

Umsetzer
- *Positiv:* konkretisiert Arbeitsschritte, ist ergebnisorientiert
- *Negativ:* Arbeitsdrone, blindes Machertum, ist gefühls- und beziehungsblind

Kooperateur
- *Positiv:* arbeitet anderen zu, übernimmt Aufgaben
- *Negativ:* Mitläufer, ohne eigenen Antrieb

Für Teamprozesse bietet es sich an, positive und negative Aspekte einzelner Rollen nicht pauschalisiert zu übernehmen, sondern möglichst individuell für die einzelnen Personen zu formulieren. Hierzu muss aber ein entsprechendes Vertrauen vorhanden sein, um auch über negative Aspekte sprechen zu können, ohne hierbei Kränkungen und Beleidigungen zu erzeugen (siehe auch Kapitel 5.1.1: Feedback).

> **Übungen:**
> A. Diskutieren Sie im Team die verschiedenen Teamrollen und Ihre Ausprägungen. Welche Teamrollen würden Sie noch ergänzen?
> B. Bearbeiten Sie für sich allein den Fragebogen hinsichtlich ihrer Rollen in einem bestehenden Team (siehe F.u.Z. AH-05: ›Fragebogen zur Analyse von Teamrollen 1: Einzelperson‹ auf der Webseite zu diesem Buch).
> C. Nutzen Sie den Fragebogen zur Teamzusammensetzung für die gemeinsame Reflexion der vertretenen Teamrollen (siehe F.u.Z. AH-06: ›Fragebogen zur Analyse von Teamrollen 2: Teamzusammensetzung‹ auf der Webseite zu diesem Buch). Stellen Sie hierbei die Stärken der einzelnen Teammitglieder heraus und untersuchen Sie, wie und bei welchen Aufgaben sich diese ergänzen.

2.3 Aufgaben und Rollen der Teamleitung

Für die *Teamleitung* lassen sich nach anderen Schwerpunkten Rollen definieren, die sich teilweise mit den schon vorgestellten Teamrollen decken, diese aber anders akzentuieren. Je nach Teamorganisation und jeweiligem Auftrag können diese Rollen aber auch von der Teamleitung an andere Teammitglieder delegiert werden oder auch im Rotationsverfahren übernommen werden (etwa bei Teamsitzungen). Folgende Rollen können im Bereich der Teamleitung differenziert werden (vgl. Dick u. West, 2005, S. 28 f.):

Verhandlungsführer
Verhandlungen über Zeit-, Geld-, Sachressourcen in der Organisation führen

Repräsentant
Ergebnisse und Erfolge des Teams nach außen darstellen, Teaminteressen in der Organisation und nach außen repräsentieren

Berater
Klärung von Beziehungsproblemen zwischen Teammitgliedern, Klärung von Fach- und Methodenfragen

Konfliktmanager
Rollen- und Aufgabenkonflikte lösen, Konflikte zwischen Teammitgliedern ansprechen und deren Bearbeitung anregen

Koordinator
Zielklärung und -vereinbarung, Arbeitsteilung, Zeiteinhaltung, Abstimmung

Moderator
Redeanteile der Beteiligten sicherstellen, Kommunikationsprobleme erkennen, Zwischenergebnisse festhalten

Setzt man die Rolle der Teamleitung bei Dick und West (2005) in Relation zu den oben zusammengefassten Teamrollen, fällt auf, dass das eigentliche Umsetzen und Erarbeiten nicht zum Aufgaben- und Rollenspektrum der Teamleitung gehört. Vielmehr ist es ihre Aufgabe, die Arbeitsfähigkeit des Teams und die Rahmenbedingungen sicherzustellen. ›Klassische‹ Leitungsfunktionen, wie das Entwerfen von Visionen, Entwickeln, Kritisieren, Bewerten und Antreiben, liegen bei der Zusammenschau beider Modelle im gesamten Team und nicht bei der Teamleitung (Abbildung 4).

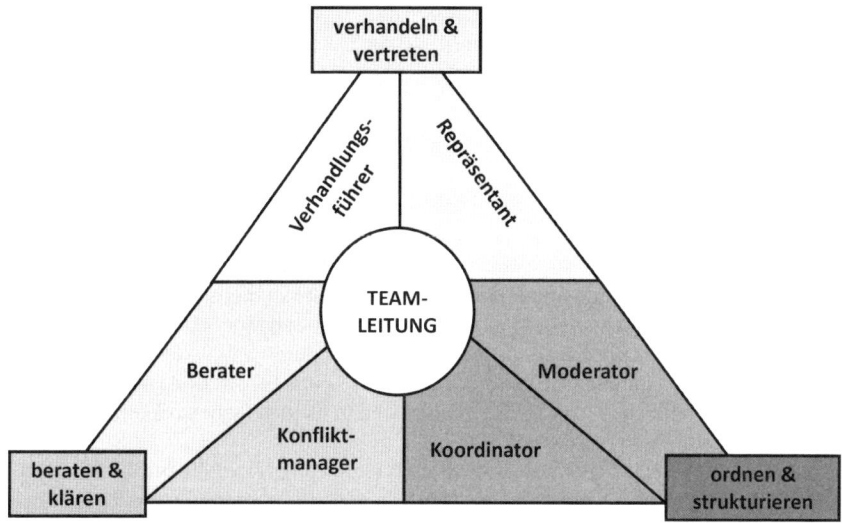

Abbildung 4: Darstellung von Rollen der Teamleitung

Hinsichtlich der *Aufgabe als Führungskraft* könnten noch weitere Rollen, wie Förderer, Mentor, Arbeitsplatzgestalter, Beurteiler, Motivator, Energetisierer, Rhythmisierer und dergleichen definiert werden. Für die Arbeit mit Teamrollen sollten Rollennamen und -beschreibungen ebenso wie deren Stärken und Schwächen im Team gesammelt und konkretisiert werden, um das jeweilige Team abzubilden und nicht einfach eine Schablone anzulegen. Unter Verwendung der hier vorgestellten Rollenmodelle können dann der eigene Sprachgebrauch sowie die eigenen Wahrnehmungen in die Beschreibungen einfließen.

Wichtig ist für Teambildungsprozesse die Differenzierung zwischen Leitungs- und Teamaufgaben. Die damit zusammenhängenden Aspekte von Leitung, Aufgabenteilung und Hinführung von Teams zu Selbststeuerung, Selbstregulation und Verantwortungsübernahme finden sich in der Auseinandersetzung mit der Produktorientierung, der Aufgaben- und Rollenverteilung, der Rolle von Führungskräften und den Umgangsweisen mit Rollen und Aufgaben in der Organisation wieder (siehe Kapitel 1.5: Rollen- und Aufgabenverteilung; Kapitel 3: Organisations- und Mitarbeiterführung; Kapitel 4: Organisationen im Spannungsfeld von Individualisierung und Standardisierung).

Abschließend sei noch auf eine weitere Gruppe von Rollen hingewiesen, die in Organisationen, also auch in Schulen, eingenommen werden können. Hierbei handelt es sich um *Paten, Coaches und Mentoren* (vgl. Doppler et al., 2002, S. 397 ff.). Zu diesen Rollen gehört eine parteiliche, wegweisende und beratende Funktion, die etwa gegenüber neuen Angehörigen der Organisation eingenommen werden kann. In Schulen findet sich dies bei neuen Schülern und Lehrern oder in jahrgangsübergreifenden Klassen, wenn ältere Schüler diese Funktion für jüngere erfüllen. Diese Funktion kann in einem übergeordneten Sinne auch durch externe Personen übernommen werden, wie Freunde, Verwandte, Unternehmer oder Firmen. Es sind auch Patenschaften für ganze Klassen denkbar, indem etwa eine Firma die Bewerbungsberatung für Schüler übernimmt oder die Schule bei der Werbung und Öffentlichkeitsarbeit unterstützt.

Übungen:
A. Bearbeiten Sie für sich allein das Arbeitsblatt hinsichtlich Ihrer Rolle in einem bestehenden Team (F.u.Z. AH-07: ›Fragebogen zur Analyse von Teamrollen 3: Teamleitung‹ auf der Webseite zu diesem Buch).
B. Machen Sie das Gleiche in einem Team, dessen Mitglied Sie sind, indem jedes Teammitglied sich selbst und die anderen Mitglieder den einzelnen Teamrollen zuordnet. Vergleichen Sie die Selbst- und Fremdeinschätzungen. Welche Teamrollen sind in diesem Team stark repräsentiert und welche nur wenig?
C. Lassen Sie Schüler sich selbst nach einer Gruppenarbeit den einzelnen Teamrollen zuordnen. Lassen Sie sie dann die anderen Teammitglieder zuordnen. Vergleichen Sie die Selbst- und Fremdeinschätzungen. Welche Teamrollen sind in diesem Team stark repräsentiert und welche nur wenig?
D. Lassen Sie Ihre Schüler anhand des Fragebogens bewerten, in welchem Umfang die Lehrkraft Rollen der Teamleitung für die Klasse erfüllt (F.u.Z. AH-07: ›Fragebogen zur Analyse von Teamrollen 3: Teamleitung‹ auf der Webseite zu diesem Buch).
E. Welche Personen übernehmen in Ihrer Schule die Rollen von Paten, Coaches und Mentoren? Welche Personen aus dem Umfeld tun dies? Welche internen und externen Personen könnten diese Rollen übernehmen und wofür?

2.4 Grundregeln für Teamarbeit

Damit die Einführung von Teamarbeit gelingen kann, gilt es einige Regeln zu beachten, die dazu führen sollen, dass sich aus einer Gruppe von Personen überhaupt ein Team entwickeln kann, und die eine produktive Zusammenarbeit im Team sicherstellen sollen. Solche Regeln stellen keine Rezepte dar, die das Gelingen von Teamarbeit garantieren, helfen aber bei der Zusammenstellung von Teams sowie bei der Gestaltung und Reflexion ihrer Zusammenarbeit (vgl. Dick u. West, 2005, S. 60 ff.; Doppler et al., 2002, S. 214–222):

1. *Die Teammitglieder brauchen intrinsische Motivation:* Die Aufgaben eines Teams sollten anregend, herausfordernd, interessant, bedeutsam, vielfältig und ganzheitlich sein (siehe auch Kapitel 1.5: Rollen- und Aufgabenverteilung). Der Bezug zu den persönlichen Fähigkeiten, Wünschen und der Motivation der einzelnen Teammitglieder sollte thematisiert und berücksichtigt werden.
2. *Teams brauchen Teamaufgaben:* Die Arbeit im Team muss sich qualitativ von einer Einzelarbeit oder einer reinen Arbeitsteilung abheben. Das Ganze muss mehr sein als die Summe der Einzelteile.
3. *Die einzelnen Teammitglieder müssen jeweils einen wichtigen Beitrag zur Teamleistung erbringen:* Jeder Beteiligte muss einen möglichst gleichwertigen Beitrag leisten. Dies kann unter Umständen auch durch ›Job Rotation‹ herbeigeführt werden.
4. *Die Beträge der einzelnen Teammitglieder müssen identifizierbar und evaluierbar sein:* Einzel- und Gruppenleistungen müssen unterscheidbar, feststellbar und sichtbar sein, allein schon um gezielte Einzel- und Gruppen-Feedbacks zu ermöglichen und die jeweilige intrinsische Motivation und Leistung wertschätzen zu können.
5. *Teams brauchen klare Teamziele, unmittelbares Feedback und kontingente Belohnung:* Neben Einzelzielen und -leistungen muss auch das Gemeinsame hervorgehoben werden. Das Erreichen von Teamzielen muss für alle als Gruppe attraktiv sein und belohnt werden, nicht nur in den jeweiligen Einzelleistungen.
6. *Teams brauchen ein transparentes Anreiz- und Belohnungssystem:* Den Teammitgliedern muss klar sein, für welche Leistungen sie belohnt werden. Gerade hinsichtlich innovativer Ergebnisse und dem Eingehen von Risiken ist dies wichtig.
7. *Anforderungen von außen an das Team müssen eine Herausforderung darstellen:* Die Notwendigkeit von Zusammenarbeit, etwa bei gesetzten Terminen, Kostendruck oder besonderen Qualitätsanforderungen, ist höher, auch wenn produktive Zusammenarbeit und Kreativität ohne Druck von außen möglich sind.
8. *Eine gute Teamzusammensetzung zeichnet sich durch innovative und unterschiedliche Teammitglieder aus:* Neben fachlicher Qualifikation und Teamfä-

higkeit zeichnen sich gute Teammitglieder durch Fehlerakzeptanz, Improvisationsvermögen, Aufgeschlossenheit gegenüber Neuem und Ideenreichtum aus. Da diese Kompetenzen nicht immer im gleichen Maße von allen erwartet werden können, sollte die Gruppe ein hohes Maß an Heterogenität bzgl. ihrer Fähigkeiten und Arbeitsstile, aber auch Alter und Geschlecht aufweisen (siehe auch Kapitel 2.2: Aufgaben und Rollen in Teams; Kapitel 4.2.6: Heterogenität, Vielfalt und *Diversity Management*).
9. *Teams brauchen ein Klima des Lernens und der Entwicklung:* Die Teammitglieder lernen voneinander und erleben eine gemeinsame Entwicklung als Einzelpersonen und als Gruppe. Ebenso wichtig ist das Lernen von anderen Gruppen und Personen, durch Schulungen oder das Einbringen neuer Ideen. Teams sollen nicht nur ihr schon vorhandenes Wissen reproduzieren.
10. *Teams brauchen Reflexion:* Ziele und Formen der Zusammenarbeit müssen reflektiert und weiterentwickelt werden. Damit die Zusammenarbeit verbessert werden kann, müssen Ziel- und Prozessvorstellungen an aktuelle Entwicklungen angepasst werden können.
11. *Die Rolle der Teamleitung sollte klar sein:* Erwartungen der Teamleitung an das Team und des Teams an die Teamleitung müssen transparent sein und kommuniziert werden. Die Teamleitung muss als Führungsperson präsent sein und darf nicht nur ein weiteres Teammitglied darstellen (siehe auch Kapitel 2.2: Aufgaben und Rollen in Teams und Kapitel 3: Organisations- und Mitarbeiterführung).
12. *Meinungsverschiedenheiten sollten konstruktiv bearbeitet werden:* Verschiedene Meinungen sind nicht nur in Teams die Regel. Sie stellen einen wichtigen Motor für Veränderungs- und Entscheidungsprozesse dar, wenn sie offengelegt werden können. Auch Minderheiten sollten ihre Meinungen unter Wertschätzung der anderen Teammitglieder einbringen können.
13. *Die Beziehungen im Team sind ebenso zu berücksichtigen wie die Beziehungen nach außen:* Die Identifikation der Teammitglieder mit dem Team und die Stellung des Teams in der Organisation stehen in direktem Zusammenhang damit, wie das Team angesehen ist, wie es nach innen und außen dargestellt wird, welche Ressourcen ihm zur Verfügung gestellt werden und welchen Status es hat.

Solche Grundregeln der Teamarbeit mögen etwas scherenschnittartig erscheinen, bieten aber einen guten Reflexionshintergrund für die Zusammenstellung von Teams und ihre Zusammenarbeit. Es lohnt sich, regelmäßige *Teamdiagnosen* durchzuführen, um zu überprüfen, wie die Teammitglieder die Zusammenarbeit einschätzen. Auch Sichtweisen von Außenstehenden können hierbei einfließen (siehe auch Kapitel 5.1.1: Feedback). Die auf der Webseite zu diesem Buch zur Verfügung gestellten Fragebögen zur Teamdiagnose können beispielsweise für eine solche Überprüfung verwendet werden (vgl. Kauffeld, 2001; Dick u. West, 2005; Doppler et al., 2002, S. 324–342). Sie können auch als Orientierung dienen, um einen eigenen Analysebogen zu erstellen und um die Fragestellungen aus der Zusammenarbeit eines Teams zu beleuchten.

Neben der Verwendungsmöglichkeit von Diagnosebögen für eine Bestandsaufnahme und ein Team-Feedback bieten sich solche Analyseverfahren dazu an, sich in einem weitergehenden Schritt darüber zu verständigen, was getan werden müsste, um die Bewertung eine Stufe weiter in die gewünschte Richtung zu bringen. Zunächst ist es aber auch schon hilfreich, wenn die Teammitglieder überhaupt über die Qualitätskriterien ihrer Zusammenarbeit ins Gespräch kommen und darüber, woran sie diese Kriterien in ihrem direkten Miteinander überprüfen können.

Bezogen auf Teams von Schülern lassen sich sicherlich nicht alle hier genannten Kriterien einfach übernehmen. Dies hängt nicht nur von den Zielen und der Dauer der Teamarbeit ab, sondern auch vom Alter der Teammitglieder und ihren Kompetenzen. Es ist daher in diesem Kontext sinnvoll, angemessene Kriterien der Teamarbeit gemeinsam zu formulieren.

Übungen:
A. Lassen Sie die Teamfragebögen von jedem Mitglied eines Teams ausfüllen, dem Sie angehören, (siehe F.u.Z. AH-08: ›Teamfragebogen 1: Sind wir ein Team?‹ und F.u.Z. AH-09: ›Teamfragebogen 2: Qualität der Zusammenarbeit‹ auf der Webseite zu diesem Buch). Verwenden Sie die Auswertung als Gesprächsgrundlage für die Teamentwicklung.
B. Entwickeln Sie mit Schülern Ihrer Klasse gemeinsam einen Teamfragebogen, der Qualitätsanforderungen an Schüler-Teams widerspiegelt.

2.5 Phasen der Teamentwicklung

Gruppen und Teams entwickeln sich im Laufe ihrer Zusammenarbeit. In dieser Entwicklung lassen sich verschiedene Phasen unterscheiden, die zuerst durch Bruce Tuckman beschrieben worden sind (linke Spalte) und die hier unter Rückgriff auf die Differenzierung durch Wolfgang Rechtien dargestellt werden (rechte Spalte), der stärker die sozialen Aspekte der Teambildung betont (Tabelle 4; vgl. Tuckman, 1965; Tuckman u. Jensen, 1977; vgl. Rechtien, 2006, S. 656; vgl. auch Doppler et al., 2002, S. 312–323).

Tabelle 4: Phasen der Teamentwicklung

Forming	Fremdheit
Gruppenbildung, Ausprobieren von Verhaltensweisen, Orientierung an anderen Personen, zu Beginn größere Abhängigkeit von der Teamleitung	Suche nach Sympathie und Antipathie, nach Verbündeten und Konkurrenten; Grundsteinlegung für die späteren Beziehungen der Gruppenmitglieder untereinander. *Bezugsgrößen:* Autorität, Abhängigkeit, Führung, Konfliktlösung, Identität; soziale Dominanz; soziale Wahrnehmung, erste Eindrucksbildung
Storming	**Orientierung**
Auseinandersetzung mit anderen Gruppenmitgliedern, Kampf um Macht und Einfluss, Widerstand gegen Gruppenziele, Widerstände gegen die Teamleitung	Entwicklung positiver und negativer Beziehungen, Machtkämpfe und Selbstbehauptung *Bezugsgrößen:* Normbildung, Rollen und Rollenentwicklung, Kommunikation, soziale Aktivierung, dominante Reaktionen, interpersonelle Attraktion und Aversion
Norming	**Vertrautheit**
Normbildung, Entwicklung von Gruppenzusammenhalt, Akzeptieren der anderen Gruppenmitglieder, Kooperation, stärkere Rollenklarheit der Teammitglieder und der Teamleitung, Ausbildung von Ritualen	Bildung von Paaren und Untergruppen, deutliche Norm- und Rollenstruktur, Leistungsbereitschaft *Bezugsgrößen:* Kooperation, Wettbewerb, Gruppenatmosphäre und Gruppenleistung, Zugehörigkeit und Kohäsion, soziale Identität, Norm- und Rollenkonflikte, Einfluss von Minderheiten
Performing	**Konformität**
Flexible Rollenverteilung, effektive Arbeit, verstärktes Auftreten von ›Flow-Phasen‹, gutes Zusammenspiel aus Kooperation und Delegation, bestehende Rituale	Hohes Wir-Gefühl, u. U. hoher Gruppendruck und Ausbildung von Außenseitern *Bezugsgrößen:* Konformität und Nonkonformität, Gruppendenken, Intergruppenbeziehungen und -konflikte, Wettbewerb, Diskriminierung
Adjourning	**Auflösung**
Auflösung der Gruppe z. B. bei Projektgruppen oder Umstrukturierungen in der Organisation, Abschied, abschließende Dokumentationen, abschließende gegenseitige Würdigung von Teammitgliedern und Teamleitung	Abschied, Erfolgs- und Misserfolgserlebnisse bei aufgabenorientierten Gruppen, Trauer v. a. bei identitätsorientierten Gruppen *Bezugsgrößen:* Krisenbewältigung, Identitätsveränderung (bei Rollenverlust), Trauer und Trauerbewältigung

Die Abfolge einzelner Phasen ist nicht linear und einzelne Phasen können wiederholt auftreten, etwa die Auflösungsphase bei einer Teilung des Teams und die Fremdheitsphase bei einer Auswechselung zentraler Teammitglieder.

Hinsichtlich der Ausformung von Phasen der Teamentwicklung muss auch immer beachtet werden, ob die Teammitglieder und die Teamleitung eher aufgaben- oder eher beziehungsorientiert denken (siehe auch Kapitel 3.3: Führungsstile). Je nachdem orientieren sich die Phasen der Teambildung eher an formalen und organisatorischen Aspekten oder eher an sozialen und kommunikativen Aspekten. Bezogen auf das gesamte Team lassen sich hierbei *aktionsorientierte Gruppen* von *identitätsorientierten Gruppen* unterscheiden. Dies hängt auch damit zusammen, ob sie sich eher an (Auftrags-)Bedingungen außerhalb der Gruppe orientieren oder an (Auftrags-)Bedingungen innerhalb der Gruppe (vgl. Rechtien, 2006, S. 658).

Gerade bei informellen Gruppen (z. B. Freundeskreis, Clique) stehen innere Themen und der identitätsstiftende Sinn im Vordergrund, während bei formellen Gruppen eher die Auftragserfüllung eine dominierende Rolle spielt. Unabhängig davon, welches Modell von Teambildungsprozessen verwendet wird, ist es hilfreich, verschiedene Phasen wahrzunehmen und das eigene Handeln – gerade als Teamleitung – darauf abzustimmen.

Für die Teambildung bei Schülern und auch bei Lehrern ist es hilfreich zu analysieren, in welcher Phase der Teamentwicklung sie sich gerade befinden, um die Kontexte der Zusammenarbeit darauf ausrichten zu können. Die Frage, in welcher Phase sich eine Schulklasse, ein Kollegium, eine Fach- oder Projektgruppe gerade befindet, ist aber nicht nur analytisch interessant. Unter didaktisch-methodischen Gesichtspunkten der Unterrichtsgestaltung kann gefragt werden, was in einer bestimmten Phase getan werden kann, um Teambildungsprozessen Zeit und Raum zu geben und sie zu unterstützen.

Übung:
Ordnen Sie eigene Beobachtungen einer Gruppe oder eines Teams den verschiedenen Phasen der Teambildung zu und beschreiben Sie einzelne Aspekte, die zu dieser Phase zählen.

2.6 Teamarbeit an Schulen

Zunächst bieten sich Teammodelle dazu an, bestehende kollegiale Teams weiterzuentwickeln ebenso wie Teams, in denen Eltern, Schüler und auch andere Personen vertreten sind. Hier kann eine Reflexion der Zusammenarbeit nach Kriterien der Teamarbeit auch dazu führen, dass man schlicht feststellt, dass man zwar zusammenarbeitet und hierbei auch annehmbare Ergebnisse erzielt, dies aber ausreichend ist und es sich gar nicht lohnt, die Gruppe als Team zu denken und zu entwickeln. Für Gruppen, die intensiver zusammenarbeiten, kann eine

Reflexion hinsichtlich der Kriterien von Teamarbeit jedoch zu einer Qualitätssteigerung führen und die Produktivität verbessern.

Gerade bezüglich schulischer Teamarbeit im Unterricht scheinen die genannten Kriterien interessant, zumal sich schulische Teamarbeit häufig nur auf eine bestimmte Unterrichtseinheit beschränkt und somit eigentliche Teambildung und Teamentwicklung gar nicht stattfinden kann. Genau genommen handelt es sich hier um Kleingruppenarbeit, die mit Teamarbeit wenig zu tun hat. Nicht nur finden Kriterien, nach denen Teams zusammengestellt werden, hierbei keinerlei Beachtung, auch ein entsprechend langer Zeitraum der Zusammenarbeit, der Teambildung im eigentlichen Sinne erst ermöglicht, steht nicht zur Verfügung. Verglichen mit einem Fußballteam gleichen schulische Formen der Teamarbeit eher ad hoc zusammengestellten Gruppen, die sich mal zum gemeinsamen Bolzen treffen, als einem Team, dem es um die kontinuierliche Weiterentwicklung der individuellen Stärken einzelner Mitglieder geht und darum, über einen längeren Zeitraum gemeinsam erfolgreich zu sein.

Bezüglich Schule wäre eine Auseinandersetzung mit ›echter‹ Teamarbeit und mit den Erfolgskriterien sinnvoll. Auch müsste ein längerer Zeitraum, möglicherweise auch fächer- und klassenübergreifend, für Teamarbeit zur Verfügung gestellt werden.

Übung:
Entwerfen Sie eine Skizze der verschiedenen Gruppen und Teams an Ihrer Schule. Bewerten Sie, bei welchen es sich um tatsächliche Teamarbeit handelt und was man tun könnte, um Teamentwicklungsprozesse anzuregen.

3 Organisations- und Mitarbeiterführung

Der Bereich der Organisations- und Mitarbeiterführung wurde im Kapitel über die Aufgaben und Rollen in der Organisation bereits angesprochen. Als zentralem Thema organisationalen und unternehmerischen Denkens wird diesem Bereich und seiner Übertragung auf Schule ein entsprechend großer Platz eingeräumt. Hierzu werden folgende Aspekte von Führung erläutert:

Kapitelübersicht:
- Definitionen von Führung
- Einflussfaktoren gelingender Organisation und Führung
- Führungsstile
- Interaktionsbezogene Faktoren gelingender Führung
- Systemische Führung
- Die Rolle des Lehrers als Führungskraft

3.1 Definitionen von Führung

Führung bzw. *Leitung*[1] findet man an Schulen auf ganz verschiedenen Ebenen wie Schulleitung, Fachgruppenleitung, Jahrgangsleitung, Klassenleitung, Arbeitsgruppenleitung oder Sitzungsleitung. Das Unterrichten als Klassenführung stellt in diesem Kontext ebenso eine Führungsaufgabe dar wie die Schulleitung, eben nur mit einem anderen Handlungsbereich und mit anderen Teilzielen. Das Phänomen Führung zeigt sich auf diesen unterschiedlichen Ebenen als ein vielschichtiges Thema, weshalb es lohnenswert ist, sich zunächst allgemein mit Führungstheorien auseinanderzusetzen, um daraufhin die Führungsebenen an der eigenen Schule und vor allem das eigene Führungshandeln zu reflektieren. Ausführliche Angaben zur Wirksamkeit und Bedeutung von Führung an Schulen finden sich in O.u.OE., Kapitel 7: Gelingensbedingungen von Schulentwicklung.

Wenn man sich mit dem Thema Führung auseinandersetzt, trifft man zunächst auf ein weites Feld damit assoziierter Begrifflichkeiten und Definitionen. Oswald Neuberger hat die Ambivalenz des Führungsbegriffs durch ein von ihm erstelltes

---

1 Zur Unterscheidung von Führung und Management siehe Kapitel 1.3: Entscheidungs- und Aufgabenbereiche in Organisationen. Diese Unterscheidung wird jedoch nicht in allen Führungstheorien gemacht, weshalb viele der in diesem Kapitel behandelten Aspekte von Führung auch das Management betreffen. Hierbei ist es jeweils hilfreich, die vorgestellten Sichtweisen zum einen auf die Menschenführung (Führung) und die Strukturführung (Management) zu übertragen.

Begriffsnetz verdeutlicht, indem er sowohl positiv konnotierte Begriffe wie Leistung, Koordination, Zusammenarbeit oder Begeisterung mit negativ konnotierten Begriffen wie Macht, Tyrannei, Willkür oder Repression in einen Zusammenhang stellt (Neuberger, 2002, S. 22). Was Führung in einzelnen Modellen oder im Einzelfall ausmacht, verortet sich hier (in positiver wie negativer Ausprägung) in einem sehr weiten Feld von Begrifflichkeiten. Zur besseren Übersicht ist das Begriffsnetz hier als strukturierte Mindmap dargestellt (Abbildung 5).

Je nach eigenen Erfahrungen, Ansichten und Wertvorstellungen wird Führung unter Rückgriff auf einzelne Aspekte dieses Begriffsnetzwerkes beschrieben. Auch aus der Organisationsform (siehe O.u.OE., Kapitel 2: Organisationsmodelle und Organisationstheorie) und dem in einer Organisation vertretenen Menschenbild (siehe Kapitel 1.2: Das grundlegende Menschenbild in der Organisation) ergeben sich eine eigene Ausprägung und Zielrichtung von Führung. Organisationen und Führungskräfte beschreiben ihre Ziele, Werte und sich selbst und werden durch andere beschrieben. Was Führung ist, wird in diesen Selbst- und Fremdbeschreibungen definiert. Insbesondere im Rahmen von Führungsleitbildern – unter anderem auch der Schul- oder Klassenführung – werden Grundsätze der Führung explizit festgeschrieben, damit Führungspersonen sich daran orientieren können. Da man als Lehrer oder Schulleitung nicht umhinkommt zu führen, ist eine Auseinandersetzung mit Theorien der Führung wichtig zur Herausbildung eines individuellen und organisationalen Führungsverständnisses. In der Auseinandersetzung mit dem weiten Feld der Führungstheorien wird man hierbei jedoch kaum eindeutige Anweisungen finden, sondern eher Reflexionshilfen für das Verständnis und die (Eigen-)Reflexion von Führung.

Die traditionelle Sicht von Führung bezieht sich auf eine hierarchische Idee der Organisationsführung. Sie reduziert Führung auf das Handeln der Führungskraft und betrachtet den Prozess der Führung linear und mechanistisch, im Sinne der ›Steuerung anderer Personen‹. Neuere Definitionen rücken von einer linearen Sicht der Steuerung und Kontrolle durch Führung ab und stellen Führung in einen sozialen und organisatorischen Kontext.

Im Folgenden werden allgemeine *Definitionen von Führung* vorgestellt, die verschiedene Aspekte der Führung verdeutlichen. Diese Definitionen stammen zum Teil aus der allgemeinen Führungstheorie und zum Teil aus dem Bereich ›Educational Leadership‹, welcher schon direkt auf das Thema Führung in Bildungseinrichtungen fokussiert und vor allem im englischsprachigen Diskurs weit entwickelt ist. In der folgenden Tabelle sind verschiedene Definitionen dargestellt und hinsichtlich ihrer Kernaussagen zu Aspekten der Führung geordnet. Diese Tabelle soll zunächst einen Einblick in Gemeinsamkeiten und Unterschiede verschiedener Definitionen geben und nachfolgend analysiert werden (Tabelle 5).

Definitionen von Führung 51

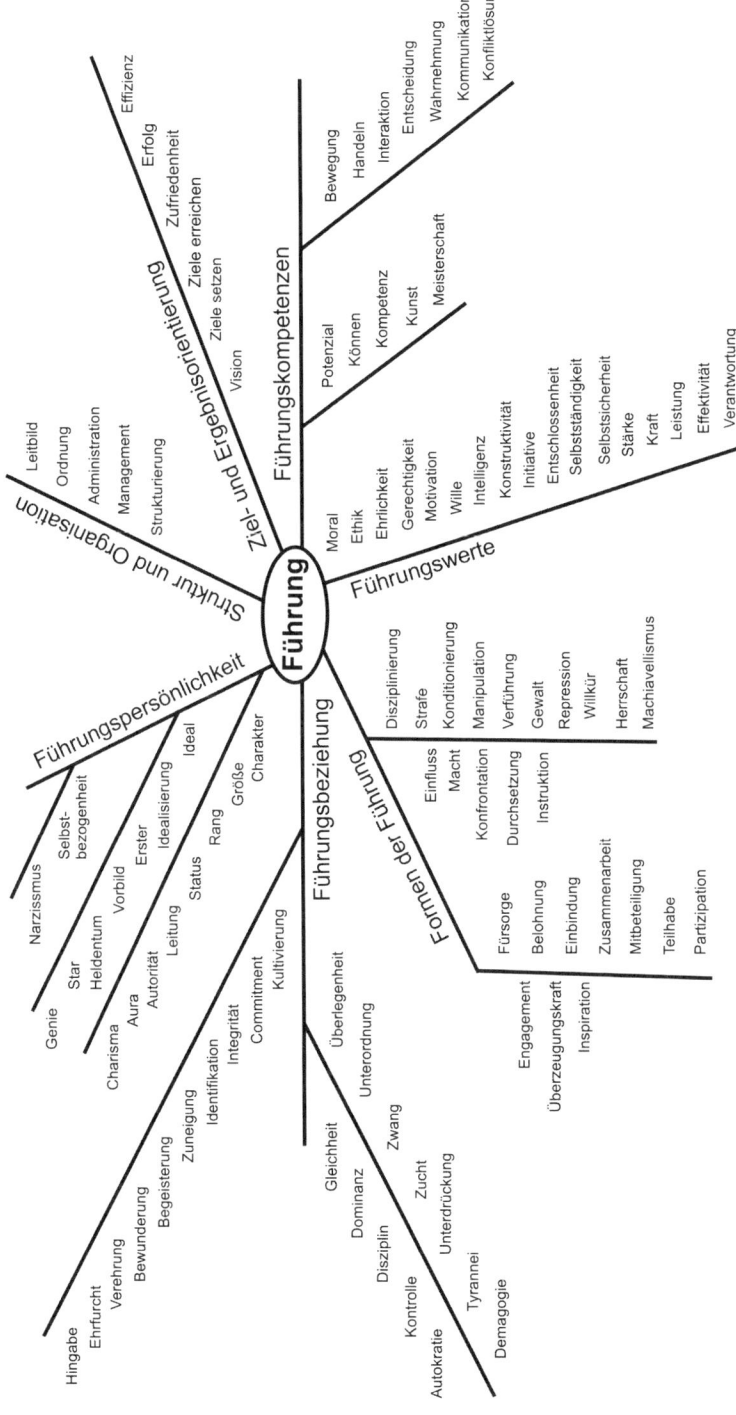

Abbildung 5: Begriffsnetz Führung als Mindmap (nach Neuberger, 2002, S. 22)

Tabelle 5: Allgemeine und schulbezogene Definitionen von Führung

Allgemeine Definitionen	
Führungsaspekt	**Definition**
– Zielbezogenheit – Einflussnahme – durch Strukturen (Management) oder Menschen (Führung)	»Führung ist zielbezogene Einflussnahme auf andere. Diese kann durch Strukturen wie Anreizsysteme, Rollenbeschreibungen, Vorschriften und Rechtssysteme erfolgen oder durch Menschen« (zusammengefasst nach Brodbeck, Meier u. Frey, 2002, S. 329, mit Bezug auf Rosenstiel, Molt u. Rüttinger, 1988).
– Verfolgung gemeinsam vereinbarter Ziele	»Führung bezeichnet die Anstrengung von Führungskräften – welche, jedoch nicht notwendigerweise, eine formale Autoritätsposition innehaben – Geführte zum Verfolgen gemeinsam vereinbarter Ziele zu bewegen« (Kellerman, 1999, S. 10, zit. nach Lambert, 2003, S. 7; Übers. d. V.).
– wechselseitiger Prozess – Erreichung eines gemeinsamen Ziels	Führung ist »der wechselseitige Prozess zwischen Führung und Geführten, die an der Erreichung eines gemeinsamen Ziels arbeiten« (Foster, 1989; zit. nach Lambert, 2003, S. 9; Übers. d. V.).
– Überzeugung und Beispiel – Verfolgen vorgegebener oder gemeinsamer Ziele	»Führung bezeichnet den Prozess der Überzeugung oder des Beispiels, durch den eine Person (oder ein Führungsteam) eine Gruppe (Geführte) veranlasst, von der Führung vorgegebene oder gemeinsame Ziele zu verfolgen« (Gardner, 1990, zit. nach Lambert, 2003, S. 8; Übers. d. V.).
– Ziele, Werte und Überzeugungen – Standards – Authentizität	»Effektive Führung: Aufgabe von Führung ist zunächst, folgende Prinzipien zu verkörpern: zielführende Visionen, aufrichtige Werte, organisationale Überzeugungen – und darauf aufbauend der Organisation dabei zu helfen, zu den Standards zu finden, die sie für sich selbst definiert hat. […] In Organisationen, in denen Führung nicht selbst lebt, was sie predigt, hat dies besonders schwerwiegende Konsequenzen« (Wheatley, 1999, S. 130, zit. nach Lambert, 2003, S. 8; Übers. d. V.).
– Individueller Entwicklungsplan für Geführte	»Transformationale Führung beinhaltet die Entwicklung der Geführten zur Führung; die Führungskraft hat einen individuellen Entwicklungsplan für jeden Geführten« (Avolio, 1999, S. 34, zit. nach Lambert, 2003, S. 7; Übers. d. V.).
– verteilte Führung – geteilte Verantwortung – Förderung neuer Strukturen – Etablierung von Erfolgsstrategien	»In sich selbst organisierenden Systemen wird Führung verteilt und Verantwortung wird eine Leistung des Ganzen. Führung besteht dann in der dauernden Förderung neuer Strukturen und der Anbindung der besten Neuerungen in die Gestaltung der Organisation« (Capra, 1997, S. 8 f.; zit. nach Lambert, 2003, S. 9; Übers. d. V.).

– Selbst- und Fremdbeschreibung – kulturelles Phänomen – Erschaffung von Geschichten – Stabilisierung von Geschichten – Zugehörigkeitsgefühl	Führung ist »ein Prozess, der sich in den Köpfen von Personen abspielt, die in einer Kultur – einem Prozess – leben, und der die Fähigkeit mit sich bringt, Geschichten zu erschaffen, diese Geschichten zu verstehen und zu bewerten und die Widersprüchlichkeit zwischen ihnen wertzuschätzen. Üblicherweise werden bestimmte Arten von Geschichten mit der Zeit überwiegen – insbesondere die Arten von Geschichten, die den innerhalb einer Gemeinschaft oder Institution lebenden Personen ein adäquates und zeitgemäßes Zugehörigkeitsgefühl bieten« (Gardner, 1995, S. 22; zit. nach Lambert, 2003, S. 9; Übers. d. V.).

Schulbezogene Definitionen

Führungsaspekt	Definition
– Entwicklung als demokratische Gemeinschaft – Aufruf zu vielschichtiger Teilnahme und Lernen	»Führung bindet andere in die Entwicklung von Schulen als demokratische Gemeinschaften ein und ruft dadurch zu vielschichtiger Teilnahme und vielschichtigem Lernen auf« (Glickman, 1998, zit. nach Lambert, 2003, S. 7; Übers. d. V.).
– Schaffung demokratischer Lerngemeinschaften – geteilte Macht – gemeinsamer Glaube an die Zusammenarbeit – gemeinsames System aus Werten, Meinungen und Glaubenssätzen – Verfolgen von Absichten und Zielen zur Verbesserung der Ergebnisse – Empowerment statt Kontrolle – Dialog, Zusammenarbeit und demokratische Grundsätze – gerechte Entscheidungsfindung – Teilhabe, gemeinschaftliche Verbundenheit, Inklusion und Solidarität	»Das oberste Ziel kooperativer Führung ist es, demokratische Lerngemeinschaften zu schaffen, in denen die Macht geteilt wird und in denen es einen gemeinsamen Glauben an die Zusammenarbeit für eine gemeinsame Sache gibt. Demokratische Lerngemeinschaften erschaffen ein gemeinsames System aus Werten, Meinungen und Glaubenssätzen, welches sie darin verbindet, Absichten und Ziele zu verfolgen, die die Organisationskultur und ihre Ergebnisse verbessern können« (Kochan u. Reed, 2005, S. 72; mit Bezug auf Sergiovanni, 1994; Übers. d. V.). »Der Fokus liegt auf Empowerment und nicht auf Kontrolle. Auf der Entwicklung des Dialogs, der Zusammenarbeit und der Förderung demokratischer Grundsätze« (Kochan u. Reed, 2005, S. 72; mit Bezug auf Furman, 1998; Übers. d. V.). In Bezug auf Kenneth A. Strike ergänzen Kochan und Reed ihre ›Prinzipien demokratischer Lerngemeinschaften‹ um den Aspekt gerechter Entscheidungsfindung, der die Werte Teilhabe, gemeinschaftliche Verbundenheit, Inklusion und Solidarität beinhaltet (ebd.; Strike, 1999, S. 60).
– Beteiligung, Problemlösung, Systemdenken, Selbstreflexion und Selbstbewusstsein – Schülerorientierung – Verzicht auf autoritäre Machtausübung	Führung bedeutet Beteiligung, Problemlösung, Systemdenken, Selbstreflexion und Selbstbewusstsein. Die Lernbegleitung und -anleitung orientiert sich an den Schülern und verzichtet auf autoritäre Machtausübung (zusammengefasst nach Roberts, 2000, S. 414–418).

– Fähigkeit zu vielschichtiger und kundiger Teilhabe – Erschaffung und Umsetzung einer Vision bezüglich des Lernens der Schüler	»Führung ist die Fähigkeit einer Schule zu vielschichtiger und kundiger Teilhabe an der Erschaffung und Umsetzung einer Vision bezüglich des Lernens der Schüler« (Conzemius u. O'Neill, 2001; zit. nach Lambert, 2003, S. 9; Übers. d. V.).
– interaktives Netzwerk von Personen, Artefakten und Situationen – gegenseitige Abhängigkeit von Führungskräften, Geführten und Tätigkeiten – Identifizierung, den Erwerb, die Zuteilung, die Koordination und den Gebrauch der sozialen, materiellen und kulturellen Mittel	»Dezentrale Führung meint, dass Führungsdenken und -handeln innerhalb eines interaktiven Netzwerkes von Personen (Führungskräften und Geführten), Artefakten und Situationen entstehen. Die Situation oder der Kontext ist kein externer Faktor, sondern integraler Bestandteil der Führungsdynamik. Führung erstreckt sich in gegenseitiger Abhängigkeit auf Führungskräfte, Geführte und Tätigkeiten. Schulführung schließt deshalb die Identifizierung, den Erwerb, die Zuteilung, die Koordination und den Gebrauch der sozialen, materiellen und kulturellen Mittel ein, die notwendig sind, um Bedingungen herzustellen, die Lehren und Lernen ermöglichen« (Spillane, Halverson u. Diamond, 2001; zit. nach Lambert, 2003, S. 9; Übers. d. V.).

In den *allgemeinen Definitionen* ist übereinstimmend zu erkennen, dass Zielorientierung und Zielerreichung zentrale Aspekte der Führung sind und dass Werte und Überzeugungen für erfolgreiches Führungshandeln entscheidend sind. Die allgemeinen Definitionen sind distanzierte, eher technische Beschreibungen von Abläufen und Rahmenbedingungen der Führung, die ohne moralische und ethische Setzungen versuchen, Erfolgskriterien von Führung zu definieren.

Das Besondere an den *Definitionen von Führung aus dem Bereich ›Educational Leadership‹* ist, dass sie sowohl auf eine bestimmte Idee von Organisationskultur und -politik als auch auf eine bestimmte Form von Produkt ausgerichtet sind. Sie beinhalten Setzungen, wie das Ziel am besten zu erreichen sei. Zunächst scheint Schule als Zielrichtung eine demokratische Orientierung zu haben, was sich wohl aus dem Bildungsauftrag ergeben mag, aber auch kritisch hinterfragt werden kann (siehe O.u.OE., Kapitel 2.4.2: Schule als demokratische Organisation?). Demokratische Organisation wird hier als angestrebtes Ziel definiert, das für jede Lerngemeinschaft immer wieder neu zu schaffen ist. Die Handlungsmöglichkeiten der Führung sind dahingehend eingeschränkt, als sie gelebte Demokratie, Teilhabe, Gerechtigkeit und weitere Werte vertreten sollen. Gegenüber den allgemeinen Definitionen von Führung sind das Ziel, die Vision und die gewünschte Kultur der Organisation zumindest schon teilweise vorgegeben. Es geht um Demokratie, Partizipation, Gemeinschaft, Selbstwirksamkeit, Empowerment, Dialog, Zusammenarbeit etc. Der Inhalt und der Prozess schulischer Organisation werden hier als konsistente Faktoren entworfen: Wer Demokratie erreichen will, muss sie leben. Oder wie Wheatley in seiner allgemeinen Definition von Führung postuliert: »In Organisationen, in denen Führung nicht selbst lebt, was sie predigt, hat dies besonders schwerwiegende Konsequenzen« (Wheatley, 1999, S. 130, zit. nach Lambert, 2003, S. 8).

Der Führungsstil scheint für Schulen weniger Variationen zu erlauben als in anderen Organisationen. Eine autoritäre und ungerechte Führungskraft, die in der Wirtschaft erfolgreich ist, kann so lange als ›gute Führungskraft‹ gelten, wie die damit erzielten Ergebnisse den Erwartungen entsprechen. Kann jedoch eine autoritäre und ungerechte Lehrkraft als ›gute Lehrkraft‹ gelten, wenn die Ergebnisse ihrer Tätigkeit den Erwartungen entsprechen, oder muss sie kooperativ und gerecht sein? Und wie sieht es mit einer kooperativen und gerechten Lehrkraft aus, deren Ergebnisse nicht den Erwartungen entsprechen?

Vielleicht mag die Produktivität einer sachproduzierenden Organisation relativ unabhängig von der Art der Führung sein. Die Notwendigkeit der Kongruenz zwischen Ziel, Arbeitsinhalt und Arbeitsprozess nimmt jedoch zu, je stärker die Entwicklung der Mitarbeiter zu den Zielen der Organisation gehört. Nach Wheatleys Definition des Produktes von Schule, trifft dies für schulische Organisation in besonderem Maße zu. Es kann sogar davon ausgegangen werden, dass diese Kongruenz nicht nur im direkten Umgang mit Schülern eine Rolle spielt, sondern sich über alle Ebenen schulischer Organisation erstreckt.

Übungen:
A. Erstellen Sie eine Definition von Führung, so wie sie an Ihrer Schule durch die Schulleitung praktiziert wird. Erstellen Sie dann eine Definition von Führung, wie sie an Ihrer Schule praktiziert werden sollte.
B. Erstellen Sie eine Definition von Führung, so wie sie in Ihrer Klasse durch Sie selbst als Lehrer praktiziert wird. Erstellen Sie dann eine Definition von Führung, wie sie von Ihnen selbst praktiziert werden sollte.
C. Lassen Sie Ihre Schüler eine Definition von Führung erstellen, so wie sie durch Sie als Lehrer in Ihrer Klasse praktiziert wird. Lassen Sie Ihre Schüler dann eine Definition von Führung erstellen, wie sie von Ihnen als Lehrer praktiziert werden sollte.

3.2 Einflussfaktoren gelingender Organisation und Führung

Management und Führung in Organisationen sind nicht ohne Kontext. Neben der Organisationsform, den Mitarbeitern, und anderen internen Kontextfaktoren gibt es ebenso äußere Faktoren, die sich auf die Gestaltung und Führung von Organisationen auswirken. Für das Gelingen der Gestaltung von Organisationen müssen diese Faktoren berücksichtigt und das organisatorische Handeln auf sie abgestimmt werden.

3.2.1 Innere und äußere Einflussfaktoren der Organisation

Eine gute Übersicht über *innere Einflussfaktoren* der Organisation bietet das Modell von Tom J. Peters und Robert H. Waterman (Peters u. Waterman, 1984).

In ihrer Untersuchung US-amerikanischer und japanischer Unternehmen haben sie sieben Faktorengruppen (›7-S‹) benannt, die Führung beeinflussen und die für erfolgreiches Führungshandeln berücksichtigt werden müssen. Diese Faktoren werden in ›harte‹ und ›weiche‹ Faktoren unterteilt, die sich gegenseitig beeinflussen (Abbildung 6; vgl. Braunschweig, Kindermann u. Wehrlin, 2001, S. 42; Rosenstiel, 2003a, S. 369; Vahs, 2007, S. 5 f.).

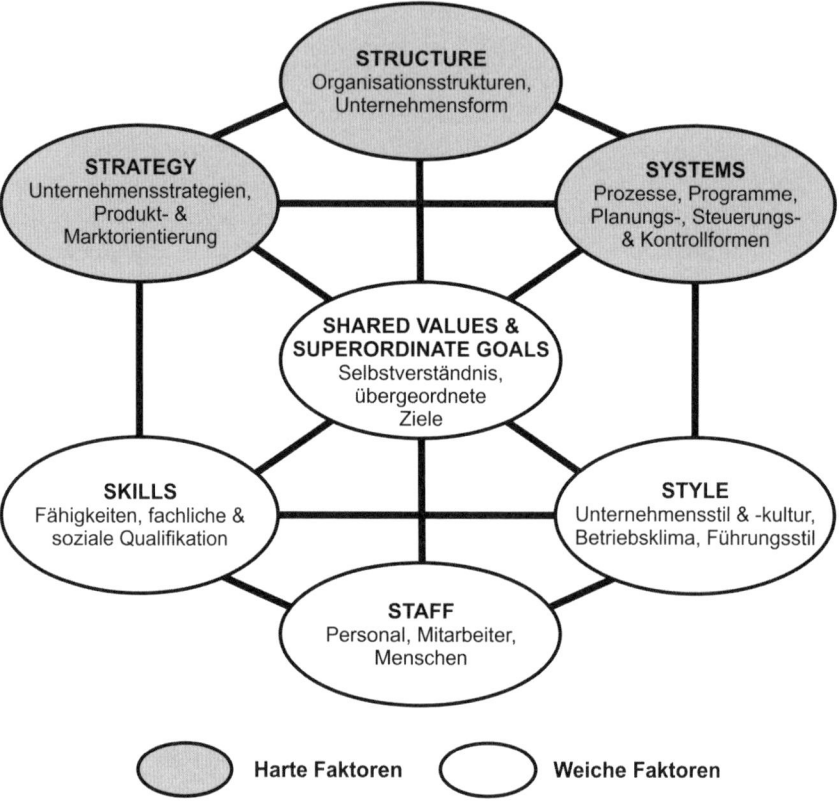

Abbildung 6: Die sieben Faktorengruppen erfolgreicher der Organisationsführung

Die ›harten‹ Faktoren gelten als nur schwer veränderbar, während die ›weichen‹ Faktoren einfacher verändert werden können (siehe O.u.OE., Kapitel 6.2.2: Bezugspunkte der Organisationsentwicklung). Führungshandeln richtet sich daher auch häufiger auf diese Faktorengruppen. Doch gerade den übergeordneten Zielen und den ›harten‹ Faktoren kommt eine entscheidende Bedeutung zu, da sie den Rahmen bilden (die ›Hardware‹), in dem sich die ›weichen‹ Faktoren (die ›Software‹) bewegen:

Das beste Personal *(staff)* mit den besten Qualifikationen *(skills)* und das beste Betriebsklima *(style)* nützen wenig, wenn die Organisationsziele *(goals)* nicht zustimmungsfähig oder identitätsstiftend sind oder, wenn strukturelle, strategische oder systembedingte Aspekte *(structure, strategy, systems)* die Entfaltung der ›weichen‹ Qualitätsmerkmale einengen.

Was auch immer Führung versucht, sie muss diesen (schwerer zu verändernden) Rahmen bedenken und sich gegenüber den ›harten‹ Faktoren positionieren. Führung und Geführte können zu diesen harten Faktoren viele unterschiedliche Haltungen einnehmen: zwischen Ablehnung, Akzeptanz, Loyalität und Überzeugung einerseits und Sabotage, Ignoranz, Bewahrung oder Transformation andererseits. Im Sinne der Organisationszugehörigkeit und ihres Arbeitsauftrages gehört es zu den Aufgaben von Führung, die harten Faktoren gegenüber den Mitarbeitern zu vertreten. Ihre Veränderung ist eher eine Aufgabe des Managements, auch wenn Führung und Mitarbeiter hieran beteiligt werden können (siehe O.u.OE., Kapitel 6: Organisationsentwicklung und Change Management).

Die positivste und effektivste Arbeitsumgebung scheint dann gegeben, wenn alle sieben Faktoren positiv bewertet werden und ein stimmiges Gesamtbild ergeben. Um eine gelingende Organisations- und Führungsstruktur zu erreichen, müssen letztlich die Rahmenbedingungen der Organisation bedacht und – wo möglich – angepasst werden. Eine solche Veränderung ist bei organisationsinternen Einflussgrößen teilweise leicht, teilweise aber auch nur schwer zu erreichen.

Während das voranstehende Modell von Peters und Waterman eher interne Faktoren beschreibt, gilt es aber auch noch *äußere Einflussfaktoren* zu bedenken, auf die sich die Organisation in ihrer Struktur und Führung einstellen muss. Die aufgezählten inneren Einflussfaktoren lassen sich in dieser Hinsicht durch folgende externe Aspekte ergänzen (vgl. Ulich, 2001, nach Rosenstiel, 2003a, S. 111):

– *Technik*
   Innovationen und Möglichkeiten des Marktes
– *Gesellschaft*
   gesellschaftliche Normen und Wertvorstellungen
– *Gesetzgebung*
   gesetzliche Bedingungen und aktuelle Rechtsprechungen
– *Konkurrenz*
   Marktposition und Entwicklung der Mitbewerber
– *Arbeitsmarkt*
   Potenziale des Arbeitsmarktes für die Personalsuche und -auswahl

 Übung:
Sammeln Sie zu den inneren wie äußeren Einflussfaktoren Aspekte und Beschreibungen, die auf Ihre Schule oder Schulklasse zutreffen.

3.2.2 Aufgaben von Management

In dem aufgezeigten Geflecht von Einflussfaktoren hat Management die Aufgabe, einen Ausgleich von inneren und äußeren Faktoren herzustellen. Hierbei müssen Ziele, Einstellungen, Wünsche und Werte der Organisation, der Mitarbeiter, der Kapitalgeber, der Kunden, der Lieferanten, der Konkurrenz und anderer Anspruchsgruppen berücksichtigt werden, um die Organisation für möglichst viele Beteiligte bzw. Anspruchsgruppen gewinnbringend auszurichten (vgl. Braunschweig, Kindermann u. Wehrlin, 2001, S. 171 f.). Hieraus lassen sich gemäß dem Modell des ›Simultanen Managements‹ sechs Aufgabenfelder der Organisationsführung bzw. des Managements beschreiben, die – ebenso wie die ›7-S‹ – miteinander in Verbindung stehen und sich gegenseitig beeinflussen (vgl. Braunschweig, Kindermann u. Wehrlin, 2001, S. 150–405).[2]

1. Motivation
   Motivation nach innen wird häufig unter dem Begriff der Mitarbeitermotivation betrachtet. In dem aufgezeigten Bedingungsgeflecht verschiedenster Anspruchsgruppen bedeutet Motivation aber auch die Motivation von Kunden oder Kapitalgebern (siehe O.u.OE., Kapitel 3.2: Anspruchsgruppen, Märkte und Vermarktung). Hierbei mögen die Motivationen oder Bedürfnisse der einzelnen Beteiligten (allein schon in der Mitarbeiterschaft oder bei verschiedenen Kunden) sehr unterschiedlich sein. Das Augenmerk muss dann darauf liegen, dass diese entweder eine entsprechend große Schnittmenge aufweisen oder individuell befriedigt werden können. Diese Differenzen müssen aber nicht zwangsläufig problematisch sein. Wenn sich Motivationen oder Bedürfnisse aber gegenseitig ausschließen oder zu gegenseitigen Enttäuschungen führen, kann dies in Konflikte und Vertrauensverlust münden. Dies geschieht etwa, wenn Mitarbeiter hoch motiviert sind und eine große Identifikation mit der Organisation haben, die Organisationsführung aber nur auf schnellen Gewinn ausgerichtet ist und Teile der Organisation nach Erledigung ihrer Arbeit auflöst. Eine Managementaufgabe liegt darin, die mit Motivation verbundenen Aspekte wie Motive, Wünsche, Erwartungen, Anreize, Leistungen und Fähigkeiten auf den verschiedensten Ebenen zu berücksichtigen und hinsichtlich ihrer Stimmigkeit und Konfliktfreiheit auf die Produktivität der Organisation auszurichten (siehe Kapitel 4.1: Bedürfnisse, Motive und Motivation).

---

[2] Wie bei den meisten Organisations-, Management- und Führungstheorien gibt es auch hier viele andere Aufgabenbeschreibungen, die sich teilweise unterscheiden, aber auch Gemeinsamkeiten aufweisen. Die hier dargestellte sechs Aufgabenfelder stehen daher exemplarisch für andere Modelle und Unterteilungen (z. B. Planung – Organisation – Personaleinsatz – Führung – Controlling, vgl. Vahs 2007, 20 f.).

2. Identifikation
   Identifikation findet in einem ähnlichen Bedingungsrahmen statt wie Motivation. Auch Kunden können sich mit einem Produkt oder einer Organisation identifizieren, etwa aufgrund einer Marke (z. B. Autos, Kleidung) oder der Werte und Philosophie der Organisation (z. B. ökologische oder soziale Ausrichtung). Bezüglich der Identifikation gibt es ganz unterschiedliche Ebenen: Ein Manager kann sich mit der Arbeitsumgebung oder den zugestandenen Privilegien identifizieren, eine Führungskraft mit ihrem Team oder ihrer Rolle, ein Mitarbeiter mit den Organisationszielen und so weiter. Welche Form der Identifikation und Bindung mit dem Unternehmen existiert oder angestrebt wird, hat für die Führung der Organisation eine große Bedeutung (siehe Kapitel 4.3.2: Identifikation und Bindung). Arbeitsfelder wären z. B. die innere und äußere Organisationskultur und -politik, Symbole, Ansehen, Wertschätzung und Anerkennung.
3. Integration
   Der Begriff Integration findet sich auf ganz unterschiedlichen Ebenen wieder: Die Integration von Mitarbeitern anderer kultureller Herkunft in die Organisation, die Integration von Frauen oder Männern in einen durch das andere Geschlecht dominierten Kontext, die Integration von Menschen mit einer Behinderung am Arbeitsplatz, die Integration eines neuen Mitarbeiters in ein bestehendes Team, die Integration einer neuen Sparte in die Organisation, die Integration neuer Arbeitsverfahren in den Produktionsablauf, die Integration neuer Ideen in bestehende Strukturen, die Integration neuer Kunden in das bestehende System, die Integration neuer Zulieferer in die bestehenden Strukturen oder die Integration der Organisation in das Umfeld. Die Einbettung von Neuem, Fremdem und Ungewohntem sowie die Aufrechterhaltung dieser Integration sind integrale Bestandteile jeder Organisation.
4. Organisation
   Entsprechend den vorgestellten Organisationsformen besteht die Aufgabe des Managements darin, sowohl für die Gesamtorganisation als auch für einzelne Organisationsbereiche eine Struktur zu entwerfen und zu pflegen (z. B. durch Nachbesserungen an Informations- und Entscheidungswegen), sowie in Umbruch- und Veränderungssituationen über Nachbesserungen oder Umstrukturierungen nachzudenken. Je nach Grad der Routine und/oder Veränderung innerer und äußerer Prozesse bedeutet diese Aufgabe des Managements mehr oder weniger Aufwand. Bei stark vorstrukturierter Organisation ist dieser Aufwand in der Regel geringer als bei vernetzten und projektorientierten Strukturen. Der Aufbau der Organisation sollte dabei ein gutes Verhältnis zwischen Stabilität (z. B. einfache Grundstruktur, prägende Wertvorstellungen), Veränderung (z. B. Projekte, Prototypen, Experimente) und Mobilität (z. B. regelmäßige Reorganisation, Verlagerung von Produkten, Zusammenführung von Projektgruppen) gewährleisten (vgl. Braunschweig, Kindermann u. Wehrlin, 2001, S. 335; mit Bezug auf Peters u. Waterman, 1984, S. 360 ff.).

5. Führung
Der gesamte Bereich der (Menschen-)Führung im Sinne eines ›Human Ressource Managements‹ ist eher indirekt Aufgabe des Managements (siehe die Unterscheidung zwischen Management und Führung in Kapitel 1.3: Entscheidungs- und Aufgabenbereiche in Organisationen), in dem es beispielsweise an der Erstellung von Richtlinien, Standards und Leitbildern beteiligt ist, Kommunikations- und Rückmeldestrukturen etabliert, Schulungen und Weiterbildungen unterstützt, Freiräume gibt und Grenzen steckt oder Arbeitsbedingungen und -aufträge mitgestaltet. Entscheidende Zielgrößen sind hierbei neben Effektivität, Leistung und Leistungsbeurteilung z. B. Mitarbeiterauswahl, Personalentwicklung, Anreizsysteme, Mitarbeiterzufriedenheit und Identifikation.
6. Repräsentation
Als Repräsentanten (Stellvertreter) der Organisation (und der Organisationsführung) repräsentiert das Management diese nach innen und nach außen. Dies geschieht hinsichtlich der Kultur, der Leitlinien, der Strukturen, der Visionen sowie der Organisationsziele und -politik nach innen und der Gesamtorganisation, Marktausrichtung, Strategie und Politik nach außen. Im Sinne von Lobbyismus bereitet es sowohl nach innen als auch nach außen das Feld für das Bestehen und die Weiterentwicklung der Organisation. Symbolische Formen des Managements und der Führung sind in diesem Bereich von besonderer Bedeutung (siehe Kapitel 3.4.6: Symbolische Führung).

Je nachdem, wie gut das Management diese Aufgaben erfüllt, erleichtert oder erschwert es die Entwicklung der Organisation oder die Aufgaben der Führungskräfte im Middle-Management. Wird beispielsweise die Schließung eines Betriebsteiles durch das Management verheimlicht oder schlecht vermittelt, schlägt sich dies unter anderem auf die Motivation und die Identifikation nieder. Unabhängig davon, wie gut das Middle-Management oder einzelne Betriebsteile arbeiten, können hierdurch Vertrauensverluste und Spekulationen über die ›eigentlichen‹ Organisationsziele entstehen, die teilweise nur schwer auszuräumen sind. Aspekte des Führungsstils, wie sie dargestellt wurden, sind dann eher bedeutungslos, da Führung dann nurmehr eine verlängerte Funktion des Managements darstellt. Solche durch das Management hervorgerufenen (vermeidbaren oder auch unvermeidlichen) Loyalitäts- und Führungskonflikte zeigen sich z. B. auch in Aussprüchen wie: ›Der Fisch stinkt vom Kopf her‹. In vielen Situationen kann Führung – zumindest, was gesamtorganisationale Prozesse angeht – nur so gut sein, wie das Management, welches den Rahmen für Führung bereitstellt.

Übung:
Beschreiben Sie einzelne Management- und Führungsaufgaben an Ihrer Schule und ordnen Sie diese den sechs beschriebenen Aufgabenfeldern zu.

3.2.3 Erfolgskriterien gelingender Organisation und Führung

Tom Peters und Robert Waterman haben in ihrer Untersuchung zu Spitzenleistungen in Unternehmen herausgearbeitet, welche Einflussfaktoren gelingender Organisation es gibt (›7-S‹-Modell, siehe Kapitel 3.2.1: Innere und äußere Einflussfaktoren der Organisation) und über welche ›Grundtugenden‹ gut geführte Unternehmen verfügen müssen (Peters u. Waterman, 1984). Hierbei stellten sie fest, dass die klassischen, rational-technokratischen Organisationsformen nicht zu den Erfolgsmodellen der Organisationsführung gehören. Eine klare Orientierung an den Menschen innerhalb und außerhalb der Organisation und an fortlaufenden Gestaltungsprozessen im Sinne der Organisationsentwicklung ist hingegen ein Indiz für Erfolg. Effizienz und Humanität von Organisationen sind hierbei keine zwangsläufigen Gegensätze, sondern bedingen sich in vielen Bereichen gegenseitig, indem alle Beteiligten lernen, miteinander Probleme zu lösen, sodass sich ihre Bedingungen und die der Organisation verbessern (vgl. Becker u. Langosch, 2002, S. 14).

Dieser Zusammenhang zwischen Beteiligungspraxis, persönlichem und organisationalem Erfolg zeigt sich nicht nur im ›laufenden Geschäft‹, sondern auch, wenn es um die Bewältigung von Krisen oder sogar um die Auflösung einer Organisation geht. Als damit verbundene Kompetenzen erfolgreicher Organisationen haben Peters und Waterman folgende benannt (Peters u. Waterman, 1984, zusammengefasst durch Becker u. Langosch, 2002, S. 69 f.):

1. Primat des Handelns
   - Mut zum Experiment, zum Risiko (Projekte!)
   - Kontinuierliche Innovationen in Produkt und Prozess
   - Probieren geht über Studieren!

2. Klare und anspruchsvolle Ziele
   - Orientierung am Markt und strategisches Denken
   - Realistische Planung und Ergebnisverantwortung
   - Freiraum für Unternehmertum

3. Nähe zum Kunden
   - Gute Produkt- und Service-Qualität
   - Enge Kundenbeziehungen (Leistung und Interaktion)
   - Vom Kunden lernen, ihm helfen, auf ihn hören!

4. Produktivität durch Menschen
   - Gute Leute gewinnen und halten (Commitment)
   - Erreichbare Ziele setzen. Erfolge anerkennen
   - Betroffene zu Beteiligten machen (Eigenverantwortung)

5. Sichtbar gelebtes Wertesystem
   – Identifikation mit den Zielen und Werten der Firma
   – Starke, von allen akzeptierte Organisationskultur
   – ›Wir meinen, was wir sagen – und tun es auch!‹

6. Konzentration auf Kernkompetenzen
   – Bindung an das angestammte Geschäft
   – Vertrauen auf die eigenen Stärken
   – Vorsicht bei Diversifikation (nicht verzetteln!)

7. Einfache, flexible Aufbauorganisation
   – Klare und transparente Aufgabenverteilung
   – Offene Kommunikation untereinander (möglichst viel Teamarbeit)
   – Kleine Zentrale, dezentrale Durchführung

8. Überzeugende (straff-lockere) Führung
   – Autoritär in den Grundwerten, partizipativ in Details
   – Die ›Richtung‹ muss stimmen
   – Langer Zügel – klares Feedback

Wie in anderen Bereichen der Organisations- und Führungstheorie lassen sich auch hier keine Patentrezepte, sondern lediglich Tendenzen für Erfolg definieren. ›Erfolg auf Dauer‹ lässt sich nicht herstellen, hierzu sind die inneren und äußeren Bedingungen der Organisationsführung und -entwicklung zu komplex (vgl. Becker u. Langosch, 2002, S. 70).

Versucht man, *Erfolgskriterien gelingender Führung* zu ermitteln, zeigt sich vor allem in Längsschnittstudien, dass der Zusammenhang zwischen Erfolg und einzelnen Faktoren nur schwach bis moderat ausgeprägt ist (vgl. Brodbeck, Meier u. Frey, 2002, S. 358; Rosenstiel, 2003a, S. 326 ff.). Das Phänomen Führung muss daher multifaktoriell betrachtet werden, wobei je nach Umgebungsvariablen und Situation andere Strategien greifen. Im Folgenden sollen daher gängige Führungstheorien dargestellt und hinsichtlich ihrer Bedeutung für schulische Kontexte betrachtet werden. Hierbei wird keine systematische Unterteilung, etwa in personalistische, verhaltensorientierte, kontingenztheoretische, sowie macht- und einflussorientierte Ansätze vorgenommen, da eher die inhaltlichen Aspekte der vorgestellten Modelle im Fokus liegen als ihre systematische oder historische Einordnung. Ebenso wie die Führungsstile von Blake und Mouton bzw. von Reddin immer noch in der Führungsliteratur und auch Führungskräfteschulungen Verwendung finden, beinhalten alle Führungstheorien Aspekte, die zur Reflexion der eigenen Führungsrolle hilfreich sind (siehe Kapitel 3.3: Führungsstile). Wie schon erwähnt, gibt es ohnehin keinen eindeutigen empirischen Beleg für die alleinige Überlegenheit eines bestimmten Ansatzes, vielmehr kann von wechselnden Trends und Kulturen oder auch von Ideologien und Mythen gesprochen werden (vgl. Rosenstiel, 2003a, S. 169; Brodbeck, Meyer u. Frey, 2002; 358; Neuberger, 2002, S. 59 f. u. 418 ff.).

Im Folgenden wird es daher um Kriterien erfolgreichen Führungshandelns gehen, die je nach Rahmenbedingungen und Situation hilfreich sein können (siehe auch Kapitel 3.3.3: Situative Führung).

Übung:
Übertragen Sie die genannten Erfolgskriterien gelingender Organisation und Führung auf Ihre Schule. Welche davon werden erfüllt und wie genau? Was müsste getan werden, um unerfüllte Erfolgskriterien an Ihrer Schule umzusetzen?

3.2.4 Eigenschaften erfolgreicher Führungskräfte

In den frühen Führungstheorien gab es die Idee, dass sich eine gute Führungskraft durch bestimmte *Eigenschaften und Persönlichkeitsmerkmale* auszeichnet. Führungskräfte müssten also danach ausgewählt werden, in welchem Maße sie über diese Merkmale verfügen. Die überwiegende Anzahl auch neuerer empirischer Untersuchungen hierzu hat jedoch nur einen geringen Zusammenhang zwischen Führungseigenschaften und Führungserfolgen festgestellt (vgl. Lang o. J., S. 22; Rosenstiel, 2003a, S. 166; Kerschreiter, Brodbeck u. Frey, 2006, S. 620). Allein für kognitive Fähigkeiten, für Intelligenz, für die Fähigkeit, sich auf neue Situationen einstellen zu können, für die eigene Motivation zur Zielerreichung und für die Selbstsicherheit wurden stärkere Zusammenhänge zum Führungserfolg herausgestellt, die jedoch allein keine hinreichenden Bedingungen für Führungserfolg darstellen (vgl. ebd.).

Folgende Merkmale wurden in verschiedenen Untersuchungen überprüft (Zusammenstellung nach Rosenstiel, 2003a, S. 166; Lang o. J., S. 21 f.; Neuberger, 2002, S. 233; vgl. Neuberger, 1994, S. 65; Delhees, 1995, S. 902 f.; Bass, 1990, Northouse, 1997, S. 1113 ff.; eigene Ergänzungen und Systematik):

Körperliche Merkmale:
– Alter
– Aussehen, Attraktivität
– Geschlecht
– Gesundheit, Fitness, Energie
– Gewicht
– Größe
– körperliche Verfassung

Status und Herkunft:
- Ansehen und Prestige
- Familie
- Herkunft
- sozialer Status
- Sozialkontakte
- sozioökonomischer Status

Bildung und Zeugnisse:
- Ausbildung
- Erziehung
- Schulleistungen, Laufbahn
- Zeugnisse und Beurteilungen

Persönlichkeitsmerkmale und Kompetenzen:
- Abenteuerlust und Risikofreude
- Aggressivität
- Aktivität, Initiative, Energie
- Anpassungsfähigkeit
- Begeisterungsfähigkeit
- Ehrgeiz, Drang, andere zu übertreffen, Aufstiegswille
- Entscheidungsfähigkeit, Urteilsvermögen
- Extrovertiertheit
- Fleiß
- Gefühlsstabilität
- Gespür, Intuition, Sensibilität
- Humor
- Intelligenz
- Kooperationsfähigkeit
- Leistungsmotiv
- Optimismus
- Originalität
- Selbstvertrauen
- soziale Fertigkeiten, z. B. Kontaktfähigkeit, Interaktionskompetenz, Kooperationsbereitschaft, Teamfähigkeit
- Stressresistenz, Frustrationstoleranz
- Wissen
- Wortgewandtheit

Sichtweisen:
- ethische und moralische Vorstellungen
- Menschenbild
- politische und gesellschaftliche Einstellungen

Wirkung auf andere:
- Beliebtheit
- Dominanz, Durchsetzungsfähigkeit
- Überzeugungsstärke
- Vertrauenswürdigkeit

Welche Merkmale in welcher Ausprägung im Einzelfall zum Führungserfolg beitragen, ist von der jeweiligen Situation und den Rahmenbedingungen ebenso abhängig wie von den zu erreichenden Zielen. Das Bild der Führungskraft hat sich jedoch seit den Anfängen der Führungsforschung grundlegend geändert. Es wird nicht mehr die ›geborene Führungskraft‹ gesucht, sondern »ein Koordinator […], der Vorgesetzte wird zum Moderator, Berater und Coach seiner Gruppe« (Regnet, 2003, S. 57). An die Stelle des Spezialisten mit hohem Fach- und Inhaltswissen treten Generalisten, die stärker auf den Prozess der Zusammenarbeit, die gemeinsamen Ziele und die organisationalen Bedingungen des Erfolgs fokussieren als auf die Details der Vorgehensweisen und Arbeitsergebnisse. Um dies zu erreichen, können ganz unterschiedliche Personen als Führungskräfte erfolgreich sein, je nach Umfeld, Aufgabe, Mitarbeitern und dergleichen Faktoren mehr (siehe Kapitel 3.2.1: Innere und äußere Einflussfaktoren der Organisation).

Vergleichbar hierzu zeigt sich auch ein Wandel im Selbstverständnis pädagogischer Professionalität, etwa gestützt durch eine systemisch-konstruktivistische Argumentation. Neben notwendigem Fach- und Inhaltswissen treten Kompetenzen der Gesprächsführung, Moderation, Beratung, Kooperation, Konfliktklärung, Dokumentation und Evaluation in den Vordergrund, die stärker auf die Gestaltung von Lern- und Arbeitsprozessen ausgerichtet sind und weniger auf deren inhaltliche Aspekte (Lindemann, 2006, S. 210; vgl. auch Carle, 2000, S. 144 f.).

Übungen:
A. Welche der aufgeführten Eigenschaften halten Sie für Lehrer für entscheidend? Bewerten Sie die einzelnen Eigenschaften mit Punkten von 1–6 (1 = völlig unwichtig, 6 = absolut wichtig).
B. Verteilen Sie für sich selbst Punkte von 1–6 auf jede der genannten Eigenschaften, hinsichtlich der Frage, wie stark diese Eigenschaft bezogen auf Ihren persönlichen Erfolg als Lehrer vorhanden ist (1 = überhaupt nicht vorhanden, 6 = sehr stark vorhanden). Woran machen Sie Ihre Wertung fest? Welche Fähigkeiten würden Sie am liebsten verbessern? Was wären jeweils erste Schritte hierzu?

3.3 Führungsstile

Schon in den 30er-Jahren wurden in Forschungen von Kurt Lewin, Ron Lippitt und Robert White verschiedene Führungsstile unterschieden: der autoritäre, der demokratische und der Laisser-faire-Stil (Lewin, Lippitt u. White, 1939). Auch wenn ein demokratischer Führungsstil eher zur Zufriedenheit von Mitarbeitern beizutragen scheint, lässt er sich nicht als Königsweg der Führung verallgemeinern. Qualität und Effektivität der erbrachten Leistungen können nicht eindeutig einem einzigen Führungsstil zugeordnet werden (vgl. Rosenstiel, 2003b, S. 11).

Die empirischen Belege für den generellen Erfolg einzelner Führungstheorien sind in ihrer Aussagekraft, ihrer Generalisierbarkeit und den festgestellten Effektstärken und Zusammenhängen eher gering. Ebenso wie die Gestaltung einer Organisation findet Führung in sehr komplexen Zusammenhängen statt. Entscheidende Faktoren, die das Gelingen von Organisation und Führung beeinflussen, sind Umgebungsvariablen, Aufgabenstellungen, Produktart, Mitarbeiter, Gewinne, Marktentwicklung, Konkurrenz und dergleichen mehr (siehe Kapitel 3.2.1: Innere und äußere Einflussfaktoren der Organisation). Welcher Führungsstil gerade angemessen und erfolgversprechend ist, lässt sich nicht generell vorhersagen. Organisation und Führung unterliegen vielmehr einem stetigen Wandel, der auch von Moden geprägt wird. Es lohnt sich also, über ein umfangreiches Repertoire an Führungsstilen zu verfügen, um diese je nach Situation einsetzen zu können (vgl. Brodbeck, Meier u. Frey, 2002, S. 340).

3.3.1 Beziehungs- und Aufgabenorientierung

In Studien der Ohio State University zum Verhalten von Führungspersonen und vergleichbar in den sogenannten Michigan-Studien in den 1960er- und 1970er-Jahren wurde als ein Ergebnis zunächst jeweils zwischen zwei Grundorientierungen von Führungshandeln unterschieden:

Zwischen der *Beziehungsorientierung* einerseits und der *Aufgabenorientierung* andererseits (Ohio-Studien) bzw. zwischen der *Mitarbeiterorientierung* und der *Produktionsorientierung* (Michigan-Studien). Die Ergebnisse dieser Forschungen wurden vielfach verwendet und weiterentwickelt, vor allem, um sie für das Training von Führungspersonal nutzbar zu machen. Blake und Mouton verfolgten mit ihrem Verhaltensgitter (›Managerial Grid‹) die Idee, dass der ideale Führungsstil in einer sehr hohen Mitarbeiter- und einer sehr hohen Produktionsorientierung – dem sogenannten 9/9 Führungsstil – läge (Abbildung 7; Blake u. Mouton, 1968; vgl. Rosenstiel, 2003a, S. 259; Braunschweig, Kindermann u. Wehrlin, 2001, S. 134 ff.; Lang o. J., S. 30 ff.).

Führungsstile

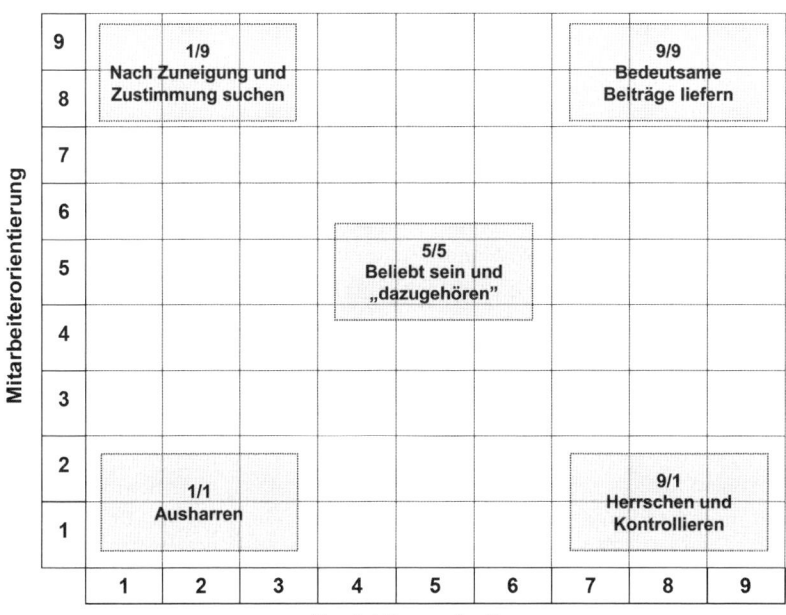

Abbildung 7: Managerial Grid (nach Blake u. Mouton, 1968; vgl. Lang, S. 27).

Dieses zweidimensionale Modell behandelt das Thema Führung recht scherenschnittartig und lässt wichtige Faktoren des Führungshandelns bzw. des Gruppenerfolgs außer Acht, wie z. B. materielle und soziale Rahmenbedingungen, Aspekte der Gruppendynamik, informelle Führungsstrukturen, situative Aspekte, Werte und Einstellungen der Beteiligten oder auch die Organisationsphilosophie, die Kompetenzen der Führungskraft oder die Details der Aufgabe (vgl. Lang o. J., S. 33 f.; siehe auch Kapitel 3.2.1: Innere und äußere Einflussfaktoren der Organisation). Empirisch ließ sich der durch Blake und Mouton definierte ideale Führungsstil nicht als Erfolg versprechendes Modell für Führungshandeln nachweisen (ebd.).

Die Grundidee zweier Leitorientierungen – Mitarbeiter bzw. Beziehung auf der einen und Produktion bzw. Aufgaben auf der anderen Seite – wurde jedoch mehrfach aufgegriffen. Nach wie vor zeigt sich in diesen beiden Dimensionen ein zentrales Moment der Organisationsgestaltung und Mitarbeiterführung, nämlich der Zusammenhang und die Ambivalenz von Menschlichkeit und Produktion. Die Effektivität einer Betonung der einen oder anderen Seite reicht allein jedoch nicht aus, sondern verlangt nach der Integration weiterer Faktoren in das Modell.

3.3.2 Die situative Ausprägung von Führungsstilen

In einer Weiterentwicklung der zweidimensionalen Sicht auf Führung wurde von William J. Reddin das an die Ohio-Studie angelehnte sogenannte 3-D-Modell entwickelt, das zunächst eine Unterscheidung von Führungshandeln in *vier Führungsstile* enthält, je nachdem, in welchem Maße sich das Führungshandeln an Beziehungen oder an der zu erledigenden Aufgabe orientiert. In dieser Differenzierung der Führungsstile wird keine Präferenz festgelegt. Eine Wertung der vier Führungsstile geschieht erst hinsichtlich einer Einschätzung, ob sie in einem konkreten Kontext situationsangemessen und dementsprechend effektiv sind oder nicht (Abbildung 8; vgl. Reddin, 1970, S. 27 ff.).

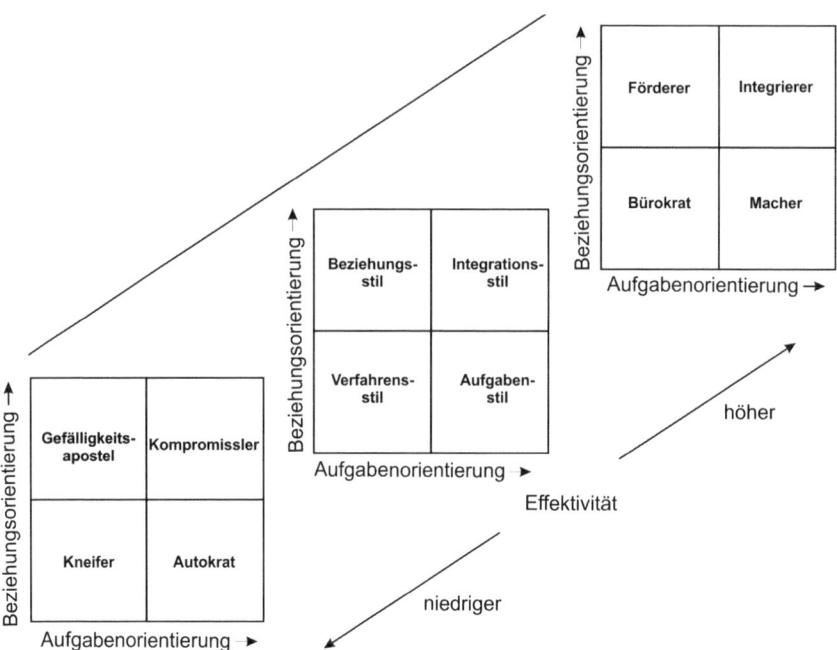

Abbildung 8: Das 3-D-Modell der Führungsstile (nach Reddin, 1970, S. 28)

Zusammengefasst lassen sich die vier Führungsstile wie folgt charakterisieren:

1. Aufgabenstil oder autoritärer Führungsstil
   »Der Aufgabenstil-Manager neigt dazu, andere zu beherrschen. Er gibt seinen Mitarbeitern viele mündliche Anweisungen. Seine Zeitperspektive liegt in der unmittelbaren Gegenwart, und wenn er die Wahl hat, zieht er es vor, Dinge ›sofort zu erledigen‹. […]. In Ausschüssen spielt er gerne eine sehr aktive Rolle, initiiert, bewertet und leitet. […] Stresssituationen löst er durch Dominanz« (Reddin, 1977, S. 50):

- Er definiert die Rolle der Mitarbeiter,
- er weist Aufgaben an und überwacht,
- er trifft Entscheidungen alleine,
- er kommuniziert einseitig,
- er leitet durch direkte Anweisungen,
- er unterdrückt Konflikte,
- für ihn zählt Leistung, Fehler werden bestraft.

Indikatoren: »Bestimmt, aggressiv, zuversichtlich; geschäftig, treibt an, regt an; erteilt Aufträge, delegiert Verantwortung, setzt Maßstäbe jeweils individuell; selbstsicher, unabhängig, ehrgeizig; lobt, tadelt, überwacht; Aufgaben stehen an erster Stelle« (Reddin, 1977, S. 262).
Situationsangemessene Ausprägung: Macher
Situationsunangemessene Ausprägung: Autokrat

2. Integrierender Führungsstil
»Der Integrationsstil-Manager wird gerne zu einem integrierten Teil der Dinge. Grundsätzlich möchte er gerne dabei sein und gibt sich große Mühe, zu Einzelpersönlichkeiten oder Gruppen bei der Arbeit den besten Kontakt zu finden. Kommunikation mit anderen pflegt er gerne im Rahmen von Gruppen oder in häufigen Konferenzen und Besprechungen. […] Natürlich beurteilt er seine Mitarbeiter nach ihrer Bereitschaft, im Team mitzuarbeiten. […] Am besten eignet er sich für Tätigkeiten mit einem hohen Routinegehalt« (Reddin, 1977, S. 51):
- Er definiert die Rolle der Mitarbeiter nach Konsultation,
- er leitet an und arbeitet ein,
- er trifft Entscheidungen nach Konsultation,
- er kommuniziert wechselseitig,
- er leitet über gemeinsame Aufgabenbearbeitung,
- er geht Konflikten auf den Grund,
- aus Fehlern soll gelernt werden.

Indikatoren: »Leitet Autorität aus Zweck, Idealen, Zielen, politischen Richtlinien ab; integriert den Einzelnen in die Organisation; will Mitsprache, geringe Machtunterschiede; bevorzugt gemeinsame Ziele, Verantwortung; interessiert an Motivationstechniken« (Reddin, 1977, S. 271).
Situationsangemessene Ausprägung: Integrierer
Situationsunangemessene Ausprägung: Kompromissler

3. Beziehungsstil oder partizipativer Führungsstil
»Der Beziehungsstil-Manager akzeptiert andere so, wie sie sind. Er hat Freude an langen Gesprächen als Möglichkeit, andere besser kennenzulernen. […] Er sieht Organisationen primär als soziale Systeme und beurteilt seine Mitarbeiter danach, wie gut sie andere verstehen. Er beurteilt Vorgesetzte nach

der Wärme, die sie Mitarbeitern gegenüber zeigen. In Ausschusssitzungen unterstützt er andere, gleicht Differenzen aus und hält andere dazu an, ihr Bestes zu geben. Er eignet sich besonders für die Führung von Fachspezialisten, für einige Arten der Aus- und Weiterbildung und für Koordinierungspositionen [...]« (Reddin, 1977, S. 49):
- Er definiert die Rolle der Mitarbeiter mit ihnen gemeinsam,
- er unterstützt bei der Bearbeitung von Aufgaben und Abläufen,
- er bereitet Entscheidungen vor und bindet andere ein,
- er kommuniziert wechselseitig und persönlich,
- er leitet über Ermutigung und Zusprache,
- er glättet Konflikte,
- er übergeht Fehler, straft durch Entzug des Interesses.

Indikatoren: »Menschen stehen an erster Stelle; betont Förderung des Einzelnen; ungezwungen, ruhig, unbeachtet; lange Gespräche; mitfühlend, verständnisvoll, wohlwollend, freundlich; schafft Atmosphäre der Sicherheit« (Reddin, 1977, S. 256).
Situationsangemessene Ausprägung: Förderer
Situationsunangemessene Ausprägung: Gefälligkeitsapostel

4. Verfahrensstil oder delegierender Führungsstil
»Dem Verfahrensstil-Manager liegt viel an der Korrektur von Abweichungen. Er bevorzugt die schriftliche gegenüber der mündlichen Kommunikation. [...] Von der Zeitperspektive her ist er vergangenheitsorientiert und richtet sich danach, ›wie wir es das letzte Mal schon gemacht haben.‹ [...] In Ausschusssitzungen« verfolgt er gern einen unterkühlten parlamentarischen Stil, versucht Positionen abzuklären, andere bei Erledigung der Tagesordnung zu lenken und alle Beiträge über den Vorsitzenden zu leiten. Er ist offensichtlich gut geeignet für Positionen in der Verwaltung, im Rechnungswesen, in der Statistik oder in der Konstruktion« (Reddin, 1977, S. 48):
- Er lässt seine Mitarbeiter ihre Rolle im Rahmen der Vorgaben und der delegierten Aufgaben selbst definieren,
- er gibt ganze Aufgabenbereiche und deren Kontrolle ab,
- er regelt Entscheidungswege über Verfahrensvorgaben,
- er kommuniziert schriftlich und nach Bedarf,
- er leitet über Vorschriften,
- er entpersonalisiert und vermeidet Konflikte,
- er begegnet Fehlern durch mehr Kontrolle.

Indikatoren: »Vorsichtig, sorgfältig, konservativ, ordentlich; Vorliebe für Schreibtischarbeit, Verfahren, Tatsachen; sucht nach festgelegten Prinzipien; genau, pedantisch, korrekt, perfektionistisch; unerschütterlich, bedächtig, geduldig; still, bescheiden, diskret« (Reddin, 1977, S. 243 f.).

Situationsangemessene Ausprägung: Bewahrer, Bürokrat
Situationsunangemessene Ausprägung: Kneifer, Deserteur, Verwalter

Die in diesem Modell definierten Führungsstile kennzeichnen Stereotype, die so, wie sie charakterisiert sind, wohl kaum ›in Reinform‹ vorkommen. Sie sind also weniger dazu geeignet, eine bestimmte Führungsperson zu beschreiben, als einen Orientierungsrahmen für Führungshandeln zu schaffen. Für die Reflexion von Führungsstilen sind diese Charakterbeschreibungen sehr nützlich und finden auch in aktuellen Trainings für Führungskräfte immer noch Verwendung (vgl. Rosenberg, 2003b, S. 18).

Das Modell macht zunächst eines deutlich: Den alleinigen idealen Führungsstil gibt es nicht. Eine wichtige Erkenntnis besteht darin, dass verschiedene Führungssituationen unterschiedliches Führungshandeln erfordern. Ein angemessener oder erfolgreicher Führungsstil bedingt sich durch viele Faktoren und kann nicht durch einmal erworbene Entscheidungsmuster oder Fähigkeiten sichergestellt werden. Gleiches mag für Lehrer gelten: Einen Idealtypus des in allen Situationen erfolgreichen Lehrers gibt es nicht. Wie man jedoch entscheidet, welcher Führungsstil situationsangemessen ist, erklärt Reddins 3-D-Modell nicht ausreichend.

Für eine *Einschätzung der Situationsangemessenheit des jeweiligen Führungsstils* sind mehrere Faktoren bedeutsam: »Die Stile sind in jeweils unterschiedlichen Bedingungen unterschiedlich effizient. Zu den Bedingungsfaktoren gehören die aus der Aufgabe erwachsenden Arbeitsanforderungen, der Führungsstil des nächsthöheren Vorgesetzten, die Kollegen und Mitarbeiter sowie die Organisationsstruktur und -kultur als System formeller und informeller Regeln. Bei eindeutigen Strukturen, klaren Regeln, hoher Autonomie und fähigen und willigen Mitarbeitern kann sich die Führungskraft heraushalten und das vorhandene System als Bürokrat administrieren« (Lang o. J., S. 36). Bei anderen organisationalen Gegebenheiten sind jedoch andere Führungsstile zu bevorzugen. Hinweise zum Treffen einer situationsangemessenen Entscheidung für einen bestimmten Führungsstil gibt die Weiterentwicklung des Modells zur ›situativen Führung‹.

Übungen:
A. In welcher Situation haben Sie bei sich selbst oder bei anderen Personen Erfahrungen mit den einzelnen Führungsstilen in ihrer angemessenen und unangemessenen Ausprägung gemacht?
B. Welchen Führungsstil halten Sie in welcher Situation für angemessen? Schildern Sie die Situation und das für Sie angemessene Führungshandeln.
C. In welchen Führungsstilen liegen Ihrer Meinung nach Ihre Stärken? Was würden Ihre Schüler sagen?
D. Führen Sie eine Selbstanalyse oder Befragung anhand F.u.Z. AH-10: ›Fragebogen zur Führung 1: Führungsstil‹ auf der Webseite zu diesem Buch durch.

3.3.3 Situative Führung

In einer Weiterentwicklung der Arbeiten von Blake und Mouton (Managerial Grid) und von Reddin (3-D-Modell) durch Paul Hersey und Kenneth Blanchard entstand das *Modell der situativen Führung*. Hierbei wird das jeweilige Führungshandeln darauf abgestimmt, wie hoch die aufgabenrelevante Kompetenz der Mitarbeiter ist und wie hoch ihre Zustimmung zu den aktuellen Zielen und Aufgaben ist. Je nach Einschätzung der Situation erscheint hier ein jeweils anderes Führungshandeln erfolgversprechend (Abbildung 9; vgl. Hersey u. Blanchard, 1977).

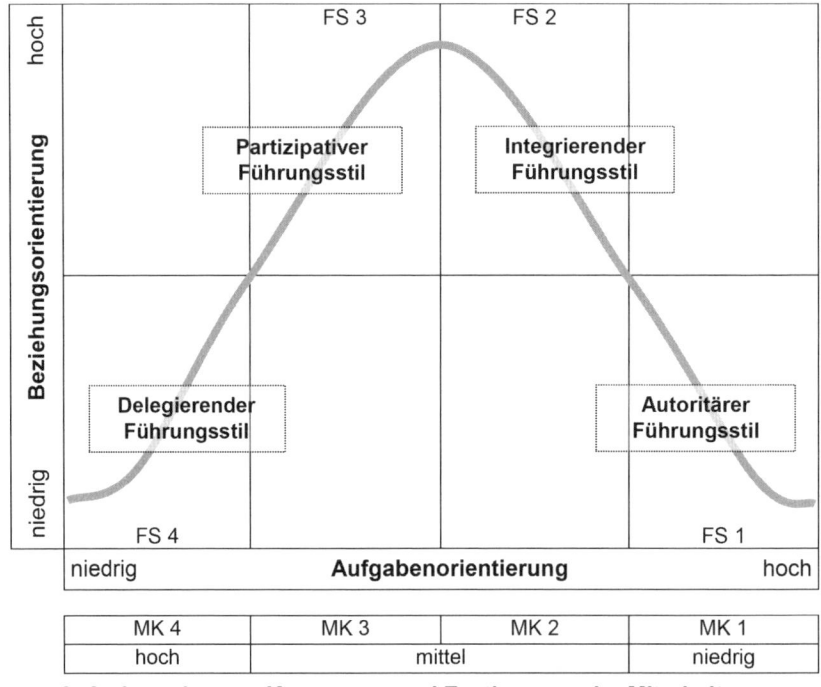

Abbildung 9: Modell der situativen Führung (nach Hersey u. Blanchard, 1977, S. 194)

Das Modell der situativen Führung führt ein entscheidendes Moment in die Überlegungen zum Führungsstil ein, nämlich die interaktive Komponente einer Abstimmung auf die jeweiligen Mitarbeiter, ihre Kompetenzen und Zustimmung. In der Praxis kann es sogar notwendig sein, verschiedene Führungsstile in Bezug auf unterschiedliche Aufgaben oder Mitarbeiter parallel anzuwenden. Dies kann z. B. bei der Einarbeitung neuer Mitarbeiter der Fall sein, was mehr Anleitung und Führung erfordert als die Leitung langjähriger Mitarbeiter.

Das situative Entscheidungsmoment vorhandener Kompetenz und Zustimmung lässt sich sehr gut auf schulische Kontexte übertragen. Ein gutes Beispiel für situative Führung aus schulischen Kontexten kann die Einführung von offenem Unterricht sein. Wenn man in einer Schulklasse oder an einer Schule Formen offenen Unterrichts einführen möchte, so ist dies nichts, was auf einen Schlag zu einem festgelegten Umstellungsdatum geschehen kann. Vielmehr ist es ein Prozess der Öffnung, der anfangs sicherlich noch ein höheres Maß an (autoritärer) Führung benötigt (vgl. Peschel, 2003, S. 86–93). Gerade im leistungsdifferenzierten und individualisierten Unterricht müssen für einzelne Schüler oder Schülergruppen verschiedene Formen der Führung zum Tragen kommen. Während man einige Aufgaben und deren Erledigung delegieren kann, müssen Aufgaben mit anderen Schülern gemeinsam geplant und deren Erledigung muss begleitet werden, während wiederum andere Schüler eine klare Beauftragung und enge Begleitung benötigen, um erfolgreich lernen zu können. In einem individualisierten Unterricht wird es immer Aufgabenstellungen geben, die eher selbstgesteuerten und delegativen Charakter haben, und Aufgaben, die eher fremdgesteuerten und instruktiven Charakter haben.

Vergleichbar mit den Phasen der Teamentwicklung (siehe Kapitel 2.5: Phasen der Teamentwicklung) sind sowohl bezogen auf einzelne Schüler als auch auf gesamte Klassen Stadien zu durchlaufen, die ganz unterschiedliches Führungshandeln erfordern. Gerade zu Beginn der Arbeit mit einer Klasse müssen viele Lern- und Arbeitsmethoden erst noch vorgestellt und geübt werden, bevor (zumindest einige) Schüler ein Maß an Selbstständigkeit erreichen, das eine vermehrt delegative Führung zulässt.

Übung:
Listen Sie Ihre Schüler betreffende Kriterien auf, die für Sie einen Anlass darstellen, einen autoritären, integrierenden, partizipativen oder delegierenden Führungsstil anzuwenden.

3.3.4 Rollendilemmata von Führung

Bezogen auf das Führungshandeln im Rahmen einer multifaktoriellen Sichtweise kann man auch davon sprechen, dass Führung in einem stetigen *Rollendilemma* steckt, da eine Situation mal die eine, mal die andere Führungsorientierung erfordern kann. Oswald Neuberger hat eine Reihe von Gegensatzpaaren zusammengestellt und analysiert, die dieses Dilemma veranschaulichen (Tabelle 6; vgl. Neuberger, 2002, S. 341 ff.):

Tabelle 6: Rollendilemmata von Führung

Die eine Seite:	Die andere Seite:
Mittel (z. B. Mensch als Kostenfaktor oder Einsatzgröße)	**Zweck** (z. B. Selbstverwirklichung, Bedürfnisbefriedigung)
Gleichbehandlung aller (z. B. Fairness, keine Bevorzugung)	**Eingehen auf den Einzelfall** (z. B. Rücksichtnahme auf die Besonderheiten)
Distanz (z. B. Unnahbarkeit, Statusbetonung)	**Nähe** (z. B. Gleichberechtigung, Freundschaft, Einfühlung)
Fremdbestimmung (z. B. Reglementierung, Lenkung, Zentralisierung, Kontrolle, Überwachung)	**Selbstbestimmung** (z. B. Autonomie, Handlungs- und Entscheidungsspielräume, Dezentralisierung, Selbstständigkeit)
Spezialisierung (z. B. Fachmann sein)	**Generalisierung** (z. B. Überblick haben, Zusammenhänge sehen)
Gesamtverantwortung (z. B. wenig Verantwortung delegieren, Zuständigkeiten an sich ziehen)	**Einzelverantwortung** (z. B. Verantwortung und Aufgabengebiete aufteilen)
Bewahrung (z. B. Stabilität, Tradition, Sicherheit, Regeltreue, Kalkulierbarkeit)	**Veränderung** (z. B. Flexibilität, Innovation, Experimentierfreude, Nonkonformität)
Konkurrenz (z. B. Rivalität, Wettbewerb, Konfrontation, Konflikt)	**Kooperation** (z. B. Harmonie, Hilfeleistung, Solidarität, Ausgleich)
Aktivierung (z. B. antreiben, motivieren, begeistern)	**Zurückhaltung** (z. B. sich nicht einmischen, abwarten)
Innenorientierung (z. B. sich auf interne Gruppenbeziehungen konzentrieren)	**Außenorientierung** (z. B. Repräsentieren, Außenkontakte pflegen)
Zielorientierung (z. B. lediglich Ziele oder Ergebnisse vorgeben und kontrollieren)	**Verfahrensorientierung** (z. B. die ›Wege zum Ziel‹ vorgeben und kontrollieren)
Belohnungsorientierung (z. B. Tauschbeziehungen etablieren, mit Belohnungen/Bestrafungen operieren, Kurzzeitperspektive)	**Werteorientierung** (z. B. auf die Verinnerlichung von Normen und Werten dringen, Langzeitperspektive)
Selbstorientierung (z. B. die eigenen Interessen und Ziele verfolgen)	**Gruppenorientierung** (z. B. Kompromisse/übergeordnete Ziele anstreben)

Diesen widersprüchlichen Möglichkeiten der Orientierung können sich Führungskräfte nicht entziehen, sondern sie müssen sich in ihrem Führungsstil generell oder situativ zwischen ihnen positionieren (vgl. Neuberger, 2002, S. 341).

Hierbei ist es in der Führungspraxis wichtig, einen ›erkennbaren Roten Faden‹ und eine Orientierung zu schaffen, die das Führungshandeln als verlässlich und konsistent erkennbar werden lässt, es aber auch ermöglicht, flexibel auf situative Gegebenheiten reagieren zu können. In einer interaktionsbezogenen Definition von Führung gehört es daher zu den Führungsaufgaben, diese Positionierung in der Reflexion und in Feedbackprozessen – und damit in einem Abgleich zwischen Selbst- und Fremdwahrnehmung – vorzunehmen und zu kommunizieren. Dieser Prozess der Stilbildung ist kontext- und persönlichkeitsabhängig und lässt sich grundsätzlich nicht durch theoretische Modelle und Anweisungen vorwegnehmen.

> **Übungen:**
> A. Bearbeiten Sie F.u.Z. AH-11: ›Fragebogen zur Führung 2: Positionierung als Führungskraft‹ auf der Webseite zu diesem Buch für sich selbst als Führungspersönlichkeit. Wie positionieren Sie sich bezüglich der aufgezählten Orientierungen generell in Ihrem Führungsstil?
> B. Nutzen Sie den Fragebogen für eine Rückmeldung durch Ihre Schüler, oder als Schulleitung durch das Kollegium.

3.4 Interaktionsbezogene Faktoren gelingender Führung

3.4.1 Führungsmotive und Macht

Eine weitere Erfolgsvariable stellen die persönlichen Motive von Führung dar und wie sich diese im Führungsverhalten zeigen. Neben den bereits durch Blake und Mouton eingeführten Motivebenen der Mitarbeiter- oder Beziehungsorientierung einerseits und der Produktions- oder Aufgabenorientierung andererseits kann hier als weiteres Motiv die Macht der Führung diskutiert werden. Das Machtmotiv, über das jede Führungskraft im Sinne einer ›zielbezogenen Einflussnahme auf andere‹ (Brodbeck, Meier u. Frey, 2002, S. 329) verfügen muss, kann sich – wie es dem Gebrauch bzw. Missbrauch von Macht eigen ist – in verschiedenster Form zeigen.[3] David McClelland stellt dem *Anschlussmotiv* (Mitarbeiter- oder Beziehungsorientierung) und dem *Leistungsmotiv* (Produktions- oder Aufgabenorientierung) das *Machtmotiv* zur Seite, welches sich in zwei grundlegenden Formen zeigen kann:

Als *sozialisiertes Machtmotiv,* aufgrund dessen Macht in sozial verträglicher Weise ausgeübt wird, etwa durch die Beachtung der Zustimmung der Geführten und ihre würde- und respektvolle Behandlung, und das *personalisierte Machtmotiv,* aufgrund dessen Macht in sozial unverträglicher Weise ausgeübt wird,

---

3 Als *Macht* wird hier die Fähigkeit verstanden, einzelne Personen oder Gruppen dazu zu bewegen, etwas Bestimmtes zu tun. Abzugrenzen sind hiervon die Begriffe *Autorität* (das implizit oder explizit zugesprochene Recht, Einfluss auf andere zu nehmen) und *Einfluss* (das bewusste oder auch unbewusste Bewegen Einzelner und einer Gruppe, etwas Bestimmtes zu tun) (vgl. Luthans 2008, 281 ff.).

etwa als ›Recht des Stärkeren‹ und in alleiniger Ausrichtung auf die persönliche Zielerreichung der Führungsperson (vgl. McClelland, 1975, S. 257 ff.).

Fasst man McClellands Motivtheorie hinsichtlich erfolgreicher Führung zusammen, geht es in erster Linie darum, dass sich die Geführten selbst als machtvoll erleben (vgl. ebd., S. 261 f.). Die Aufgabe der Führungskraft läge also – im Sinne von Empowerment – nur insofern in der Erbringung von Leistung, indem sie dazu beiträgt, dass die Geführten selbst ein hohes Leistungsmotiv entwickeln und verwirklichen (vgl. ebd.; siehe Kapitel 4.2.5: Empowerment). Das Anschlussmotiv von Führung dürfte also nur so weit gehen, wie es ihr durch den Einsatz sozialisierter Macht gelingt, dass die Geführten Leistung erbringen (das sogenannte ›leadership motive pattern‹ – LMP; vgl. Brodbeck, Maier u. Frey, 2002, S. 333). Die Verwirklichung eines starken Anschlussmotives könnte hingegen eher dazu führen, gänzlich auf Machteinsatz und Leistungsansprüche zu verzichten.

Wenn das Anschluss- und das Leistungsmotiv also – im Gegensatz zur Idee der weiter oben dargestellten Führungsstile – eher moderat ausgeprägt sein sollen, stellt sich für erfolgreiche Führung die entscheidende Frage nach verschiedenen Formen sozialisierter Machtausübung und einem darauf basierenden Handlungsrepertoire.

In Bezug auf eine Auseinandersetzung mit dem Machtmotiv und mit Formen seiner sozial verträglichen bzw. sozial unverträglichen Verwirklichung ist es sinnvoll, verschiedene *Formen der Macht* zu differenzieren. Basierend auf der Unterteilung von French und Raven und ergänzt durch Raven und Kruglanski können sechs Machtformen unterschieden werden (French u. Raven, 1959; Raven u. Kruglanski, 1970):

1. Belohnungsmacht
   Macht aufgrund der Möglichkeit, Vorteile und Privilegien zu verschaffen und Belohnungen zu verteilen. Auch die Zuweisung von Ressourcen kann diesem Machtbereich zugeordnet werden (Verteilungsmacht).
2. Bestrafungsmacht
   Macht aufgrund der Möglichkeit, Vorteile und Privilegien zu entziehen und Strafen zu verhängen.
3. Expertenmacht
   Macht aufgrund von Wissen und der Möglichkeit, einen Sachverhalt zu definieren oder etwas als gegebene Tatsache darzustellen (Definitionsmacht).
4. Legitimierte Macht
   Macht aufgrund der Position und Berechtigung des Machtausübenden in einer Organisationsstruktur, einer Hierarchie oder aufgrund bestehender Regeln und Gesetze. Diesem Machtbereich kann die Berechtigung zum Fällen von Entscheidungen zugeordnet werden (Entscheidungsmacht).
5. Identifikationsmacht
   Macht aufgrund des Gefühls der Verbundenheit und Zugehörigkeit zu den Machtausübenden.

6. Informationsmacht
   Macht aufgrund der Möglichkeit, Informationen weiterzugeben, zugänglich zu machen oder zurückzuhalten.

Inwieweit diese Machtformen aufgrund personalisierter oder sozialisierter Machtmotive genutzt werden, ist von entscheidender Bedeutung. Der Einsatz von Macht kann für Mitarbeiter und für die Erreichung gemeinsamer Ziele eine zielführende und für alle gewinnbringende Wirkung haben. Entsteht jedoch der Eindruck, dass es lediglich um das Erreichen der persönlichen Ziele der Führungskraft geht oder um den Einsatz von Macht als Selbstzweck, geht viel Energie verloren, die allein für den Einsatz personalisierter Macht und für den Umgang hiermit (Widerstand, Verarbeitung, Kompensation) verwendet wird.

Übung:
Listen Sie zu den genannten Formen der Macht diejenigen Formen sozialisierter und personalisierter Macht auf, die Sie aus Ihrer Schulpraxis kennen.

3.4.2 Mikropolitik

Organisationen sind immer auch kulturelle und politische Systeme (siehe O.u.OE., Kapitel 2.3: Organisation als Kultur und als politisches System). Diese Idee von Organisation kann man im Führungshandeln reflektieren und Handlungen daraufhin ausrichten. Allein schon die Sprachspiele der Politik auf Führung (oder Schule) zu übertragen, kann zu hilfreichen Erkenntnissen führen. Zur Einstimmung auf ein derartiges ›Reframing‹ folgen hier zunächst einige Begriffe politischer Systeme:

> Koalition, Koalitionsbruch, Partei, Parteiräson, Pakt, Wahlen, Wahlwerbung, Wahlversprechen, Lobbyisten, Hinterbänkler, Linke, Rechte, Mitte, Konservative, Liberale, Sozialisten, Kanzler, Kanzlerkandidat, Parteisprecher, Parteifunktionär, taktisches Bündnis, Regierung, Opposition, Demokratie, Meinungsbildungsprozess, Kampfabstimmung.

Im Übertrag auf die Gesamtorganisation (Schule) oder eine Organisationseinheit (Schulklasse) spiegeln sich politische Aspekte in verschiedenster Weise wider. Ganz direkt z. B. bei Wahlen, Entscheidungsprozessen, Verhandlungen, Pro-Contra-Debatten, Organisationspolitik nach außen und dergleichen. Solche Prozesse können als *makropolitische Phänomene* bezeichnet werden, da sie größere Zusammenhänge betreffen. Eine Übertragung auf das Führungshandeln bedeutet eine Auseinandersetzung mit der *Mikropolitik,* also damit, was im kleineren Rahmen bzw. im Handeln einzelner Personen auftritt, die hinsichtlich ihrer Umwelt unter politischen Gesichtspunkten agieren (Neuberger, 2003; Neuberger, 2002, S. 680–729). Es geht dabei um Taktiken, die geeignet sind, eigene oder gemeinsame Ziele im Gesamtsystem durchzusetzen. Ein großer Unterschied zu (makro-)

politischen Prozessen liegt jedoch darin, dass die Koalitionen und Aktionen durchaus flexibler sein können und nicht unbedingt feststehenden Gruppen oder Teilgruppen zugeschrieben werden können.

Wie in der Politik üblich, wird hierbei mit ›harten Bandagen gekämpft‹, man versucht, andere schlecht aussehen zu lassen, um selbst besser dazustehen, man verheimlicht etwas oder macht etwas öffentlich, agiert heimlich, verdeckt und informell. Auch wenn man das anrüchig finden mag, wird man feststellen müssen, dass es durchaus üblich ist, offen oder verdeckt, bewusst oder unbewusst derartige Handlungsweisen zu zeigen (vgl. Neuberger, 2003, S. 45). Ziele mikropolitischen Handelns liegen generell in der kurz-, mittel- oder langfristigen Erlangung von Ressourcen (materiell, organisational, normativ, ideologisch, informationell, sozial, personell; vgl. Altrichter, 2004, S. 87, mit Bezug auf Kelchtermans u. Vandenberghe, 1996, S. 7 u. Ball, 1987, S. 16) oder der Erlangung von Macht und Entscheidungsbefugnissen (siehe Kapitel 3.4.1: Führungsmotive und Macht).

Für die Reflexion von Führungs- und auch Mitarbeiterhandeln ist es hilfreich, sich diese mikropolitischen Strategien bewusst zu machen, um sie entweder gezielt einzusetzen, zu unterlassen, zu unterbinden oder anzusprechen. Neben der Frage nach dem Erfolg solcher Strategien ist es letztlich auch eine Frage des eigenen Handlungsstils. Das kurzzeitige Erreichen eines Ziels ›um jeden Preis‹ bietet zumindest in längerfristigen Situationen der Zusammenarbeit in der Regel auch nur einen kurzfristigen Gewinn. Die nachfolgende Aufzählung mikropolitischer Taktiken von Oswald Neuberger gibt eine gute Übersicht über die Vielfalt der damit zusammenhängenden Handlungsoptionen (Neuberger, 2003, S. 44 f.)[4]:

1. Informationskontrolle
   z. B. Schönfärberei, Informationsfilterung und -zurückhaltung, Informationen durchsickern lassen, Gerüchte verbreiten, Informationsmonopole erwerben
2. Kontrolle von Verfahren, Regeln und Normen
   z. B. Entscheidungsprozeduren kontrollieren und ändern, Präzedenzfälle schaffen, passende Kriterien etablieren
3. Beziehungen nutzen oder stören
   z. B. Netzwerke und Bündnisse bilden (›Seilschaften‹), unbequeme Gegner isolieren, Loyalität belohnen, intrigieren, herabsetzen, diskreditieren, schlecht aussehen lassen
4. Selbstdarstellung
   z. B. vorteilhafte Selbstdarstellung *(impression management)*, die eigene Sichtbarkeit erhöhen, demonstratives Imponiergehabe
5. Situationskontrolle und Sachzwang
   z. B. Dienst nach Vorschrift, Sabotage, vollendete Tatsachen schaffen, Fakten vertuschen und verschleiern

---

4 Eine weiterführende Aufstellung mikropolitischer Taktiken findet sich in Neuberger 2002, 697–714.

6. Handlungsdruck erzeugen
   z. B. emotionalisieren, einschüchtern, schikanieren, pokern, Termine setzen und kontrollieren, ›Kuhhandel‹
7. Timing
   z. B. verfügbar sein, den richtigen Zeitpunkt, die Gelegenheiten und Überraschungseffekte nutzen, abwarten (können); Entscheidungen verzögern, Zeitdruck erzeugen

Diese Aufzählung spiegelt durchaus Taktiken und Handlungen wider, die nicht nur in der Politik oder in Organisationen zu beobachten sind, sondern die ebenso in Schulen oder im Freundeskreis auftreten. Der Eindruck des ›Pathologischen, Illegitimen, Schädlichen und Verderbten‹ (Neuberger, 2003, S. 44) entsteht durch die entsprechende negative Konnotation der beschriebenen Taktiken. Diese ›dunkle Seite der Macht‹ lässt sich durch eine positiv formulierte Liste von Techniken ergänzen, die schon eher neutral und legitim erscheinen (Neuberger, 2003, S. 45):

1. Rationales Vorgehen
   z. B. Expertise aufbauen, systematisch, differenziert und belegt argumentieren, fundierte Ausarbeitungen vorlegen
2. Begeistern
   z. B. charismatisch auftreten, durch Visionen und Inspirationen mitreißen, an höhere Werte appellieren, Bedenkenträger zurückweisen
3. Koalition und Partizipation
   z. B. sich mit Gleichgesinnten zusammentun, Mitspracherechte einräumen, eine förderliche Gruppenatmosphäre herstellen und pflegen, eine hoch motivierte Mannschaft formen
4. Personalisieren
   z. B. Vorbilder und Identifikationsfiguren präsentieren, an Ehre, Treue, Verantwortung etc. jedes Einzelnen appellieren, Selbstverpflichtung fordern und ermöglichen
5. Bestimmtheit
   z. B. mit Nachdruck und Selbstsicherheit auftreten, klare Forderungen stellen, die Führungsrolle beanspruchen, der Konfrontation mit Opponenten nicht aus dem Weg gehen
6. Belohnen
   z. B. Loben, Vorteile verschaffen, mit Statussymbolen auszeichnen, öffentlich positiv hervorheben, lohnende Tauschgeschäfte anbieten
7. Beraten
   z. B. bereitwillig Ratschläge geben und annehmen, hilfreiche Tipps geben, von eigener Erfahrung profitieren lassen, als Mentor fungieren

Vergleichbar mit Formen personalisierter und sozialisierter Machtausübung (siehe Kapitel 3.4.1: Führungsmotive und Macht), entsteht erst im direkten Handeln und Erleben ein ›guter oder schlechter Beigeschmack‹ der aufgezählten mikropolitischen Taktiken. Erst in der Wertung durch andere, die dem Handeln bestimmte Werte und Motive zuschreiben bzw. diese als sozial verträglich oder als sozial unverträglich erleben, lässt sich erkennen, wie Führungs- und Mitarbeiterhandeln wirkt. Alle mikropolitischen Strategien unterliegen subjektiven Deutungen und Interpretationen, die eine Handlung beispielsweise als Führung, Dominanz oder Herrschsucht werten (vgl. Altrichter, 2004, S. 91).

Wichtig ist bei einer Analyse mikropolitischer Aspekte von Handlungen auch immer, dass die hierbei (bewusst und unbewusst) angewendeten Strategien nie einseitig sein können, sondern immer in einem interaktiven Rahmen des Handelns und Nicht-Handelns anderer Personen stattfinden und sich entwickeln (vgl. Altrichter, 2004, S. 89). Aufgrund dieser interaktiven Perspektive auf Mikropolitik müssten bei der hier dargestellten Aufzählung mikropolitischer Taktiken immer auch entsprechende Handlungen, Nicht-Handlungen, Aufforderungen, Duldungen, Begünstigungen, Bedürfnisse, aber auch Gegenreaktionen, Auslöser und Provokationen anderer beteiligter Personen mitgedacht werden, die sozusagen die Gegenseite und den Nährboden für mikropolitisches Handeln bieten.

Übung:
Ergänzen Sie die Liste sozialisierter und personalisierter Machtausübung aus der vorherigen Übung durch mikropolitische Taktiken, die Sie aus Ihrer Schulpraxis kennen.

3.4.3 Formen der Entscheidungsfindung

Die jeweilige *Form der Entscheidungsfindung* trägt zum Führungserfolg bei, wenn man vor dem Hintergrund sozialisierter und personalisierter Machtausübung darüber nachdenkt, wie erfolgreich getroffene Entscheidungen sind, die autoritär oder die konsultativ getroffen werden. Die Akzeptanz getroffener Entscheidungen ist abhängig von ihrer Nachvollziehbarkeit und Effektivität. Es mag aber hinsichtlich der Motivation und Leistung von Mitarbeitern auch der Sinnspruch gelten, dass häufig ›der Weg das Ziel‹ darstellt, zumindest wenn es darum geht, dass sie sich diese Ziele und Entscheidungen zu eigen machen und aus eigenen Antrieb zu ihrer Umsetzung beitragen sollen. Das sogenannte *Führungskontinuum* von Robert Tannenbaum und Warren Schmidt stellte erstmals die Möglichkeiten der Entscheidungsfindung in Zusammenhang mit Führungsstilen dar (Abbildung 10; vgl. Braunschweig, Kindermann u. Wehrlin, 2001, S. 140; Wunderer, 2007, S. 209; bezogen auf Tannenbaum u. Schmidt, 1958):

Interaktionsbezogene Faktoren gelingender Führung

Willensbildung bei der Führung			
	1	Führung entscheidet alleine.	autoritär
	2	Führung entscheidet, ist aber bestrebt, Geführte von ihrer Entscheidung zu überzeugen.	patriarchalisch
	3	Führung entscheidet, gestattet aber Fragen, vor allem, um die Akzeptanz zu erhöhen.	informierend
	4	Führung informiert über beabsichtigte Entscheidungen, Geführte können ihre Meinung äußern, bevor Führung die Entscheidung trifft.	beratend
	5	Geführte entwickeln Vorschläge, Führung entscheidet sich für den von ihr favorisierten Vorschlag.	kooperativ
	6	Geführte entscheiden nach Darstellung des Ziels, der Probleme und des Entscheidungsspielraums durch die Führung.	delegativ
Willensbildung bei Geführten	7	Geführte entscheiden, Führung fungiert als Koordinator nach innen und außen.	(teil-)autonom

Abbildung 10: Führungsverhalten und Mitarbeiterbeteiligung nach Tannenbaum und Schmidt

In dem Modell von Tannenbaum und Schmidt stellt sich jedoch die Frage, nach welchen Kriterien entschieden werden soll und welche Meinungsbildungsstrategie angewendet wird. Hierzu haben Victor H. Vroom und Philip Yetton ein *Modell zur Analyse und Prognose von Entscheidungswegen* (das ›normative Entscheidungsmodell‹) vorgelegt. Sie haben einen Entscheidungsbaum entworfen, anhand dessen man Hinweise darauf bekommt, auf welche Art Entscheidungen durch Führungskräfte getroffen werden sollen (vgl. Rosenstiel, 2003a, S. 335 f.; Vroom u. Yeton, 1973; Jago, 1995). Sie unterscheiden fünf Formen von Entscheidungen (nach Jago, 1995, S. 1061):

A1. Autoritäre Entscheidung
 Sie lösen das Problem selbst und treffen die Entscheidung allein. Grundlage für Ihre Entscheidung bilden dabei die im Moment verfügbaren Informationen.

A2. Autoritäre Entscheidung nach Einholung von Informationen bei den Mitarbeitern
 Sie verschaffen sich die für die Entscheidung Ihrer Ansicht nach notwendigen Informationen von Ihren Mitarbeitern; dann entscheiden Sie selbst, wie das Problem zu lösen ist (Mitarbeiter als Informationsbeschaffer, nicht als Anreger).

B1. Alleinige Entscheidung nach individueller Beratung mit einzelnen Mitarbeitern

Sie besprechen das Problem mit einzelnen Mitarbeitern, ohne sie als Gruppe zusammenzubringen (Mitarbeiter als Ideengeber und Vorschlagslieferanten).

B2. Alleinige Entscheidung nach Beratung mit der Gruppe
Sie diskutieren das Problem auf einer Gruppenbesprechung (Gruppe als Ideengeber und Vorschlagslieferant).

G1. Gruppenentscheidung
Sie diskutieren das Problem zusammen mit der Gruppe. Alle zusammen entwickeln Alternativen, wägen sie ab und versuchen, Übereinstimmung für eine Lösung zu finden (Gruppe als Entscheidungsgremium).

Welche Entscheidungsform angemessen ist, ergibt sich aus einer Bewertung der anzunehmenden *Qualität der Entscheidung* und der angenommenen *Akzeptanz der Entscheidung bei den Mitarbeitern* anhand folgender Fragen (Abbildung 11; vgl. Rosenstiel, 2003a, S. 335):

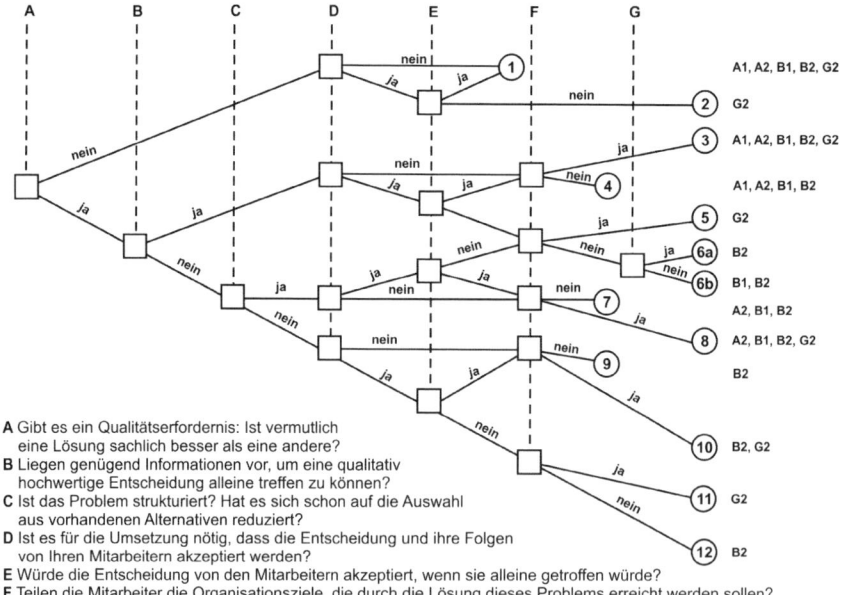

Abbildung 11: Das normative Entscheidungsmodell von Vroom und Yetton (aus Jago, 1995, S. 1065). 1995 © Schäffer-Poeschel Verlag für Wirtschaft, Steuern, Recht GmbH in Stuttgart. Korrigiert und ergänzt mit Bezug auf Rosenstiel, 2003a, S. 335

Je nach Kombination der Antworten zu den einzelnen Fragen ergibt sich in dem Entscheidungsbaum von Vroom und Yetton eine Empfehlung für eine oder mehrere Entscheidungsformen. Will man die Erfolgsstrategien des Modells vereinfacht zusammenfassen, wird man feststellen, dass in allen Entscheidungsmöglichkeiten die Lösungswege B2 (Alleinige Entscheidung nach Beratung mit der Gruppe) und/oder G2 (Gruppenentscheidung) enthalten sind. Als vereinfachte Erfolgsstrategie nach dem Modell von Vroom und Yetton wären also die partizipativen Entscheidungsformen B2 und G2 zu bevorzugen (vgl. Neuberger, 2002, S. 507 f.).

Das grobe Entscheidungsraster vernachlässigt jedoch einige entscheidende Bedingungsfaktoren, etwa die *Zeitökonomie* des gewählten Weges oder die Frage, inwieweit der Entscheidungsprozess auch der *Mitarbeiterentwicklung* dienen soll (vgl. Rosenstiel, 2003a, S. 334; Jago, 1995, S. 1063 ff.). Die Aufschlüsselung und Unterteilung allein ist, ganz gleich wie differenziert sie betrieben und weiterentwickelt wird, kein Garant für die Qualität, Akzeptanz oder den Erfolg tatsächlich getroffener Entscheidungen. Vielmehr muss zudem beachtet werden, wie die entsprechende Entscheidungsform durchgeführt wird (Prozessqualität), ob und in welcher Form der gewählte Entscheidungsweg transparent gemacht wird und wie sowohl die Inhalte als auch die Form der Entscheidung dargestellt und begründet werden. Eine Gruppenentscheidung könnte z. B. über einen Mehrheitsbeschluss oder einen Konsens herbeigeführt werden, auch wäre es bei einigen Entscheidungen möglich, für Teilgruppen jeweils unterschiedliche Entscheidungen zuzulassen oder Erprobungs- und Überprüfungsphasen zu vereinbaren. Letztlich können sich auch während des Entscheidungsprozesses einzelne Parameter verändern, sodass eine andere Entscheidungsform gewählt werden muss. In einer Detaillierung normativer Entscheidungsbäume wird mittlerweile mit Computerprogrammen gearbeitet, da sich die Komplexität möglicher Variablen nicht mehr in einfachen Entscheidungsbäumen abbilden lässt (vgl. Jago, 1995, S. 1073). Die Erstellung eines eigenen Entscheidungsrasters kann ein hilfreicher Lernprozess für eine Organisationseinheit oder eine Schulklasse sein, auch um die entscheidenden Variablen und die Komplexität von Entscheidungen transparent zu machen.

 Übungen:
A. Notieren Sie verschiedene Entscheidungen, die Sie getroffen haben oder treffen müssen: Wie haben Sie die Entscheidung getroffen bzw. wie haben Sie dies vor?
B. Reflektieren Sie dann Ihre Entscheidungspräferenz anhand der Kriterien Ergebnisqualität, Akzeptanz, Zeitökonomie und Mitarbeiterentwicklung. Welches dieser vier Kriterien war Ihnen dabei am wichtigsten? Welche Entscheidungen würden oder werden Sie nun anders fällen als zunächst schon geschehen oder als noch geplant?
C. Wie sähe ein Entscheidungsbaum für Entscheidungen in Ihrer Schulklasse aus? Wie für Entscheidungen in Ihrem Kollegium?

3.4.4 Austausch mit Mitarbeitern

Das von George B. Graen und Kollegen entwickelte Modell des ›Leader-Member-Exchange (LMX)‹ definiert Führung als interaktiven Prozess zwischen Führung und Geführten (vgl. Graen u. Uhl-Bien, 1995). Hierbei werden Führung und Geführte zunächst jeweils in ihren wechselseitigen Zweierbeziehungen als Dyaden betrachtet, in denen die Beziehungen individuell unterschiedlich gestaltet werden. Diese dyadischen Beziehungen unterscheiden sich sowohl qualitativ voneinander als auch in der Häufigkeit der Kontaktaufnahme. Grundsätzlich wird dabei von einer gegenseitigen Beeinflussung ausgegangen und nicht von einer unidirektionalen Einwirkung von Führung auf Geführte.

Der Austausch besteht auf ökonomischer Ebene (Güter, Belohnungen, Dienstleistungen) und auf sozialer Ebene (Lob, Vertrauen, Loyalität). Hierbei kann davon gesprochen werden, dass die jeweiligen (potenziellen) ›Beziehungsnutzen und Beziehungskosten‹ von den Beteiligten abgeschätzt werden (Zalesny u. Graen, 1995, S. 864). Jeder Geführte erfordert so gesehen ein individuelles Führungshandeln, das zudem von bestimmten Aufgabenstellungen, Zeiten oder anderen Faktoren abhängig ist. Die Gestaltung dieser dyadischen Beziehungen und die Qualität dieser Beziehung haben Auswirkungen auf Arbeitszufriedenheit und Arbeitsleistung.

Die dyadischen Beziehungen lassen sich in zwei Gruppen unterteilen (vgl. Lang o. J., S. 37):
- *Beziehungen geringer Qualität (›out-group‹)*
  Gekennzeichnet durch eher formale Kontakte auf der Basis von Arbeitsvertrag, formalen Absprachen und Strukturen
- *Beziehungen hoher Qualität (›in-group‹)*
  Gekennzeichnet durch Vertrauen, Respekt, wechselseitige Beeinflussung und ausgehandelte Rollenverantwortungen

Die Zugehörigkeit zur ›in-group‹ oder zur ›out-group‹ entwickelt sich aufgrund der unterschiedlichen Handlungsstile und Persönlichkeiten und kann sich schon recht früh in einer Führungsbeziehung verfestigen. »Je höher die Bereitschaft ist, über die formalen, arbeitsvertraglich geregelten Beziehungen hinaus etwas für die Zielerreichung der Gruppe zu tun, desto mehr werden sie Teil der ›in-group‹ und die wechselseitigen Beziehungen zwischen Führungskraft und Geführten beinhalten mehr als formale Aspekte. Wenn ein Geführter nicht an neuen und erweiterten Verantwortlichkeiten interessiert ist, bleibt/wird er Mitglied der ›out-group‹« (Lang o. J., S. 38).

Letztlich ist es auch eine Frage der Führungskultur einer Arbeitseinheit oder einer Organisation, wie sich die dyadischen Beziehungen entwickeln können. Die Effekte hoher Beziehungsqualität in der Führung sind z. B. »weniger Fluktuation, höhere positive Leistungseinschätzungen, höheres organisationales Engagement, bessere Arbeitseinstellungen sowie höhere Partizipationsgrade« (Lang o. J.,

S. 38). Während die Effekte hoher Beziehungsqualität empirisch gut untersucht sind, sind die Austauschbeziehungen selbst nur schlecht messbar. Das frühzeitige Übertragen von Verantwortung und das Gewähren von Handlungs- und Entscheidungsfreiheiten scheint eine hohe Beziehungsqualität zu fördern. Im Einzelfall müsste aber genauer untersucht werden, welches die Übergangskriterien zwischen ›in-group‹ und ›out-group‹ sind, die als implizites oder explizites Regelwerk in einem Team, einer Abteilung, einer Organisationseinheit oder Firma vorhanden sind.

Es lässt sich bei der Untersuchung der dyadischen Beziehungen auch fragen, ob es wünschenswert, hilfreich oder überhaupt möglich ist, zu allen Geführten eine hohe Beziehungsqualität herzustellen. Jedenfalls kann die Unterscheidung in ›in-group‹ und ›out-group‹ dazu dienen, zu reflektieren, welche Geführten man welcher Gruppe zuordnet, ob sie dort gute Arbeitsleistungen erbringen oder ob eine Erhöhung oder auch Verringerung der Beziehungshäufigkeit oder eine Veränderung der Beziehungsqualität und -inhalte die Situation verbessern könnte.

In Weiterentwicklungen dieses dyadischen Denkens wird hervorgehoben, dass sich die Beziehungsgestaltung und Kommunikation auch verändert, wenn Führungskräfte mit zwei oder mehr Geführten interagieren, mit einem Team oder im Beisein einer weiteren Führungskraft oder des Managements (vgl. Graen u. Uhl-Bien, 1995). Hierbei wird verstärkt die Interaktion mit Gruppen in den Blick genommen und Führung im Rahmen von Teambildungsprozessen beschrieben (vgl. ebd., S. 1049 ff.). Dies trägt auch dem Umstand Rechnung, dass (implizite oder explizite) Zugehörigkeiten zur ›in-group‹ und zur ›out-group‹ dazu führen können, dass die Idee von ›Insidern‹ und ›Outsidern‹, von ›Lieblingen‹ und ›Ungeliebten‹ in das Team transportiert wird. Im Rahmen von Teambildung, die nicht bewusst Konkurrenz schüren möchte, müsste es daher darum gehen, zum einen Gemeinsamkeiten der Teammitglieder zu betonen und zum anderen den ›positiven Eigenwert‹ der Einzelnen für das Team hervorzuheben. Es wird sich aber wohl kaum vermeiden lassen, dass die Austauschbeziehungen zwischen Führung und Geführten bewusst oder unbewusst gewertet werden. Solche gewachsenen Beziehungsstrukturen zwischen informell-lockeren, vertrauensvollen und respektierenden Beziehungen einerseits *(in-group)* und eher formalen, auf Misstrauen und Distanz ausgerichteten Beziehungen andererseits *(out-group)* zeigen sich auch darin, inwieweit die Geführten ihre Rolle aktiv mitgestalten können *(role-making)* oder ihre Rolle zugewiesen bekommen bzw. übernehmen müssen *(role-taking)* (vgl. Neuberger, 2002, S. 335).

Eine weitere Ergänzung des dyadischen Denkens in Richtung komplexerer Beziehungsstrukturen liegt darin, dass sich Geführte selbstverständlich auch gegenseitig beeinflussen und in Beziehung zueinander treten. Es muss daher beim Führungshandeln immer in Beziehungsnetzwerken gedacht werden und nicht in vereinzelten Zweierkonstellationen (vgl. Neuberger, 2002, S. 37 ff.).

Übungen:
A. Unterteilen Sie eine Schulklasse oder Ihr Kollegium danach, wie hoch die Beziehungsqualität und wie hoch die Beziehungshäufigkeit ist. Erstellen Sie eine Liste der wichtigsten Kriterien, die eine Unterscheidung zwischen ›in-group‹ und ›out-group‹ ermöglichen. Überlegen Sie, was Sie tun müssten, um ein bestimmtes Mitglied der ›in-group‹ in die ›out-group‹ zu bringen, und was Sie unternehmen müssten, um ein bestimmtes Mitglied der ›out-group‹ in die ›in-group‹ zu bringen.
B. Was tun Sie bewusst oder unbewusst, um in einem Team Konkurrenz zu vermeiden? Welche Strategien haben Sie, um in einem Team Gemeinsamkeiten und Eigenwert im Gleichgewicht zu halten?
C. Zeichnen Sie ein Netzwerk eines Teams, in welchem Sie die Häufigkeit und Qualität der Beziehungen darstellen (etwa durch verschieden dicke Striche und verschiedene Farben).

3.4.5 Transaktionale, transformationale und charismatische Führung

Transaktionale Führung bezieht sich auf Aushandlungsprozesse mit Mitarbeitern, wobei sehr deutlich herausgestellt wird, dass Mitarbeiter nicht alle gleich behandelt werden, und dass Führungskräfte nicht immer gleich handeln. In einer Form des Gebens und Nehmens sollen Erfolg und Leistung erreicht werden (vgl. Rosenstiel, 2003a, S. 254; Muck, 2007, S. 362 f.). Transaktionale Führung setzt eher auf extrinsische Motivation zur Erreichung von Zielen und zur Erledigung von Aufgaben. Der transaktionalen Führung können drei Handlungsstrategien zugeordnet werden:

- *Führung durch leistungsorientierte (bedingte) Belohnung*
  Der Mitarbeiter hat für die Erbringung von Leistung einen bestimmten Gewinn zu erwarten, etwa indem eine Belohnung in Aussicht gestellt wird.
- *Führung durch aktive Ausnahmen (›management by exception active‹)*
  Es werden Ausnahmen gemacht und angeboten, wenn ein Mitarbeiter dadurch gute Leistungen erbringt.
- *Führung durch passive Ausnahmen (›management by exception passive‹)*
  Es werden Ausnahmen und eigene Vorgehensweisen und Arbeitsstile toleriert, wenn ein Mitarbeiter dadurch gute Leistungen erbringt.

Transformationale Führung bezieht sich auf eine aktivere Motivierung und Veränderung von Mitarbeitern hinsichtlich der Organisationsziele und zu erledigenden Aufgaben. Sie versucht eine hohe intrinsische Motivation zur Erreichung von Zielen und zur Erledigung von Aufgaben zu erreichen. Die Idee, die ›Geführten zum Führer zu machen‹, bezieht sich darauf, dass sie sich die Ziele, Strategien und Aufgaben zu eigen machen und somit ohne fortwährende Beauftragung oder Anweisung zur Zielerreichung beitragen. Diese Form der Führung lässt sich unter vier Gesichtspunkten umschreiben (vgl. Bass u. Aviolo, 1990, S. 22; Muck, 2007, S. 362 f.):

– *Idealisierter Einfluss durch Vorbildlichkeit und Glaubwürdigkeit*
 Die Führungskraft stellt eigene Interessen hinter Interessen der Gruppe zurück und handelt auf eine Weise, die ihr bei den Geführten Respekt einbringt. Die Führungskraft spricht über ihre Werte, bedenkt die ethischen Konsequenzen von Entscheidungen und betont die Bedeutung gegenseitigen Vertrauens.
– *Inspirierende Motivation durch begeisternde Visionen*
 Die Führungskraft begeistert Geführte für eine gemeinsame Vision und für gemeinsame Ziele, und bringt ihr Vertrauen zum Ausdruck, dass diese erreicht werden.
– *Intellektuelle Stimulierung, als Anregung und Förderung von kreativem und selbstständigem Handeln*
 Die Führungskraft regt neue Sichtweisen bei der Problemlösung und Aufgabenerledigung an und fordert die Geführten dazu auf, ihre Sichtweisen und ihren Horizont zu erweitern.
– *Individuelle Unterstützung und Förderung*
 Die Führungskraft betrachtet jeden als Einzelperson und unterstützt diese individuell beim Erreichen von Zielen und in ihrer Weiterentwicklung (Coaching, Mentoring, Empowerment).

Charismatische Führung steht eng mit transformationaler Führung in Zusammenhang, ist vor allem mit den Faktoren idealisierten Einflusses deckungsgleich und wird teilweise zur Bezeichnung dieser Faktoren verwendet (vgl. Felfe, 2005). Abgesehen von einem esoterischen Anklang des Begriffs und möglichen Assoziationen zu beeinflussenden und manipulativen Formen von Führung stecken in einer charismatischen Deutung von Führung noch ergänzende Aspekte, die beim Führungshandeln bedenkenswert sind.

– *Charisma – Ausstrahlung und emotionale Bindung*
 Die Führungskraft wirkt durch ihr Auftreten und ihre Persönlichkeit auf die Geführten, und diese sind stolz darauf, mit ihr zusammenzuarbeiten.

Im englischsprachigen Diskussionszusammenhang der ›educational leadership‹ wird in Bezug auf transformationale und charismatische Führung auch von ›transzendenter Führung‹ gesprochen, die ebenfalls eine idealisierte und auf Visionen bezogene Führung bezeichnet (vgl. Kochan u. Reed, 2005, S. 79f.). Der Begriff der Transzendenz verweist ergänzend zum Begriff der Transformation auf Bereiche von Führung, die über die Einflussnahme hinausgehen. Neben der Person der Führungskraft wird Führung hier auf idealisierte Aspekte fokussiert, die unter anderem das eigene Lernen und die Haltung der Führungskraft einschließen. Die Idee transformationaler und charismatischer Führung lässt sich gut an einem Ausspruch von Antoine de Saint-Exupéry illustrieren:

»Wenn du ein Schiff bauen willst, so trommle nicht Männer zusammen, um Holz zu beschaffen, Werkzeuge vorzubereiten, Aufgaben zu vergeben und die Arbeit einzuteilen, sondern lehre die Männer die Sehnsucht nach dem weiten, endlosen Meer.«

Wie bei jeder Form der Führung bestehen auch bei diesem Modell von Führung Gefahren. Vor allem, wenn sich Führung ausschließlich auf einen Führungsstil beschränkt. Die Bandbreite von Effekten charismatischer Führung bestimmt sich durch unzählig viele (interaktionale) Faktoren und reicht von eigenständiger Arbeit und gemeinsamen Zielen über (blinden) Gehorsam, unhinterfragte Meinungsübernahme, Abhängigkeit und Zwang bis zu Verweigerung und Auflehnung. Vor dem Hintergrund personalisierter oder sozialisierter Machtmotive der Führungskraft sind charismatische Führungsansätze zudem kritisch zu hinterfragen. Personalisierte Machtmotive sind in Kombination mit charismatischer Führung sicherlich nicht erstrebenswert. Versuche transformationaler und charismatischer Führung können sehr schnell dazu führen, dass Geführte sich abwenden, den Führungsstil als anbiedernd empfinden und die gewünschten Effekte nicht eintreten. Charismatische Persönlichkeiten scheinen zu polarisieren mit allen negativen Folgen, die Gefolgschaft und Opposition mit sich bringen.

Vor allem in schulischen Kontexten sind charismatische Führungsstile aufgrund ihrer Ausrichtung auf eine ›Verführung zum Erfolg‹ kritisch zu betrachten (vgl. Dubs, 2005, S. 160 f.; Dubs, 2006, S. 123). Dies gilt nicht nur hinsichtlich des demokratischen und kritisch-reflexiven Auftrags von Schule, der ja auch gegen eine Gefolgschaft von starken Führungspersönlichkeiten wappnen soll. Allein schon aufgrund der Tatsache, dass charismatische Führung ein hohes ›Absturzrisiko‹ birgt und mehrere charismatische Persönlichkeiten fast zwangsläufig in Konkurrenz zueinander geraten, bietet sie weder für die Schulleitung noch für das Führungsverhalten von Lehrern in ihrem Unterricht eine allzu hilfreiche Orientierung. Begreift sich jede Lehrkraft als Führungskraft ihrer Klasse, ist in Schule ohnehin vom ›normalen Menschen‹ als Führung auszugehen und jede Orientierung an charismatischen Führungspersönlichkeiten fragwürdig. Es ist aber dennoch hilfreich, sich der eigenen ›charismatischen Wirkungen und Potenziale‹ bewusst zu sein, um diese gezielt und auch wohldosiert einsetzen zu können.

In vielen Situationen und bei vielen Aufgaben, z. B. einfachen Routineaufgaben, sind Formen der transformationalen oder charismatischen Führung auch prinzipiell nicht sinnvoll. Diese Führungsstile sind vor allem dann hilfreich, wenn es um neue Aufgaben geht, um den Aufbau neuer Strukturen, um innovative und kreative Arbeiten, um einmalige Projekte oder um die Bewältigung einer Krise. Wenn jedoch die Ausnahmesituation oder Krise gemeistert ist, mag sich der ›charismatische Effekt‹ abgenutzt haben. Abgesehen von Einzelsituationen und voneinander abgegrenzten Bereichen ist fraglich, ob Charisma als Grundmotiv von Führung universalisiert werden sollte, zumal, wenn man sich fragt, wie viele charismatische Persönlichkeiten nebeneinander bestehen können. Eine gute Mischung aus transaktionaler und transformationaler Führung ›mit einem Schuss Charisma‹ scheint daher eher praktikabel zu sein.

Bezogen auf Schule zeigt sich charismatische Führung am ehesten dann als positiv, wenn es um krisen- oder projektbezogene Arbeiten geht oder darum, Kollegen und Schüler von einer Idee zu begeistern. Hierbei geht es aber eher um das Zeigen einer authentischen eigenen Begeisterung für ein Thema und um die klare Vertretung persönlicher Ideen, Werte und Motive. Gerade schulische Arbeit in Projekt- und Arbeitsgruppen benötigt diesen Anteil an Begeisterung und Charisma, ohne den Neugestaltungen, Umstrukturierungen, aber auch Theater-, Band- oder Kunstprojekte nicht mit dem entsprechenden ›Feuer‹ durchgeführt werden, das notwendig ist, um mit Begeisterung gute Ergebnisse zu erzielen.

Aufgrund von Gesprächen mit Lehrern und Fortbildnern einerseits und mit Seminarteilnehmern und Studierenden andererseits soll der Bereich charismatischer und transformationaler Führung hier noch um einige Aspekte ergänzt werden, die für die erfolgreiche Führung von (Lern-)Gruppen als wichtig benannt wurden. Diese betreffen die Haltung und das Auftreten von Führungskräften bzw. Lehrern:

– *Authentizität, Glaubwürdigkeit und Konsistenz*
  Die Führungskraft zeigt sich als eine authentische, glaubwürdige und konsistente Persönlichkeit, die Vertrauenswürdigkeit ausstrahlt und ›mit sich im Reinen‹ ist.
– *Präsenz im Raum*
  Die Führungskraft ist in Auftreten, Mimik, Gestik, dem Aufnehmen von Blickkontakt und in der Ansprache direkt und präsent.
– *Eigenständigkeit und Originalität*
  Die Führungskraft zeigt sich als eine eigenständige und originelle Persönlichkeit und nicht als ein ›Abziehbild‹ oder eine ›Maske‹.
– *Drive*
  Die Führungskraft zeigt Begeisterung (›Feuer‹, ›Zunder‹) für die Sache und für die Zusammenarbeit.
– *Groove*
  Die Führungskraft hat einen eigenen (Arbeits-)Rhythmus, kann Arbeitsprozesse rhythmisieren und zu Phasen der Anspannung oder Entspannung, der Aktion oder Reflexion überleiten.
– *Flow*
  Die Führungskraft ist ›im Fluss‹, kann selbst Flow-Phasen erreichen und bei den Geführten initiieren und unterstützen.

Abschließend bleibt wohl festzuhalten, dass sich Formen der transformationalen und charismatischen Führung nicht gut für eine Operationalisierung eignen. Entsprechende Empfehlungen muten daher häufig an wie ›Kalenderweisheiten‹ (vgl. Neuberger, 2002, S. 205). Grundsätzlich lässt sich das eigene Führungshandeln aber vor dem Hintergrund der dargestellten Aspekte reflektieren, vor allem die Idee der Führung durch das Erzeugen gemeinsamer Ziele und verbindender Visionen und die damit verbundene Eigenaktivität und -motivation der Geführten. Charisma hingegen lässt sich nicht einfach lernen oder verordnen.

> **Übungen:**
> A. Erstellen Sie zu den einzelnen Aspekten transaktionaler, transformationaler und charismatischer Führung ein eigenes Persönlichkeits- und Situationsprofil:
> In welchen Situationen haben Sie welche Aspekte dieser Führungsformen praktiziert? War dies hilfreich oder nicht? In welchen Situationen könnten spezifische Führungsaspekte hilfreich sein?
> B. Erstellen Sie eine Selbstbeschreibung Ihrer charismatischen Persönlichkeit. Welche Aspekte charismatischer Persönlichkeit sind bei Ihnen gut entwickelt, welche weniger gut?

3.4.6 Symbolische Führung

Weitere Faktoren erfolgreicher Führung finden sich im Modell der *symbolischen Führung*. In dieser Sicht auf Führung werden weniger einzelne Handlungen beleuchtet als der ideelle und ritualisierte Rahmen, in dem sie ablaufen. Der von J. Pfeffer aufgebrachte Gedanke setzt sich vermehrt damit auseinander, welche Deutungs- und Begründungsmuster es für Führung gibt (vgl. Rosenstiel, 2003b, S. 21 f.; Pfeffer, 1981). Der Kontext solcher Überlegungen stammt aus einer soziologischen und ethnologischen Betrachtung von Organisationen, in welcher diese als soziale Systeme ähnlich einer Stammesgemeinschaft gedeutet werden und ihr Zusammenhalt, ihre Entscheidungsfindung und ihre Zielsetzung entsprechend untersucht wurden.

Neben Normen, Standards, Richtlinien und Regeln umfasst symbolische Führung alles, was formell und informell der Kultur der Organisation zugeschrieben werden kann. Als ›unsichtbarer Kern der Organisationskultur‹ (vgl. Rosenstiel, 2003b, S. 22) können Werte- und Glaubensvorstellungen, Grundannahmen, Menschenbild und übergeordnete Organisationsziele gelten. Der Definition von Führung nach Wheatley folgend (siehe Kapitel 3.1: Definitionen von Führung) zeigt sich gerade hier die weitreichende Bedeutung der Kongruenz. Je weniger das tatsächliche (Führungs-)Verhalten den symbolischen Aspekten bzw. der Organisationskultur zugeordnet werden kann, desto unglaubwürdiger wirkt Führung und desto unverbindlicher wirken die symbolischen und kulturellen Aspekte der Führung und der Organisation. Dies kann so weit führen, dass Inkongruenz bis hin zu den Kunden spürbar wird und sich auf die Vermarktung auswirkt.

Symbolische Führung lässt sich in drei Bereiche aufteilen (Tabelle 7; vgl. Rosenstiel, 2003b, S. 21):

Tabelle 7: Bereiche symbolischer Führung

Verbale Symbole	Interaktionale Symbole	Artifizielle Symbole
– Geschichten – Mythen – Anekdoten – Parabeln – Legenden, Sagen, Märchen – Witze, Sprüche – Slogans, Mottos, Maximen, Grundsätze, Glaubenssätze – Sprachregelungen – Jargons, Argots, Tabus – Lieder, Hymnen	– Riten, Zeremonien, Traditionen – Feiern, Festessen, Jubiläen, Belobigungen, Begrüßungen, Verabschiedungen – Conventions, Konferenzen, Tagungen – Teamsitzungen, Besprechungen – Mitarbeitergespräche – Vorstandsbesuche, Revisorbesuche – Strategische Planungen und Organisationsentwicklung – Auswahl und Einführung neuer Mitarbeiter – Rituale bei Beförderung, Degradierung, Entlassung, freiwilliger Kündigung, Pensionierung, Tod – Informelle Treffen (z. B. Stammtisch, Sport, Kantine) – Verfahrens- und Verhaltensmaßregeln, Checklisten (z. B. Umgang mit Konflikten oder Beschwerden)	– Statussymbole – Abzeichen, Embleme, Logos, Schriftzüge, Fahnen – Idole, Totems, Fetische – Geschenke, Preise, Urkunden, Incentives – Kleidung, äußere Erscheinung, Dresscode – Arbeitsbedingungen, Arbeitsplatzgestaltung, Architektur, Dekoration und Raumgestaltung – Verpflegung (z. B. auf Sitzungen, Kaffeeautomat, Kantine) – Plakate, Broschüren, Flugblätter, Werkszeitung, Werbung – schriftlich fixierte Systeme (z. B. Beförderung, Belohnungen, Auszeichnungen)

Das *Organisationsklima* als ›Qualität der sozialen Beziehungen‹ und ›Gesamtheit innerbetrieblicher Bedingungen, die sich auf das Verhalten der Betriebsangehörigen auswirken‹ (Bögel, 2003, S. 708), ist stark mit der Organisationskultur verbunden. Das Klima ist hierbei gekennzeichnet durch die Wertung organisationskultureller Aspekte durch die Mitarbeiter, sodass das Klima in verschiedenen Bereichen oder Abteilungen durchaus unterschiedlich sein kann. Die Beziehung zwischen Kultur und Klima ist hierbei wechselseitig und daher nur schwer gezielt zu steuern. Kulturwandel aufseiten der Organisation und Einstellungswandel aufseiten der Mitarbeiter bewegen sich hierbei zwischen Vertrauen und Misstrauen, Verlässlichkeit und Unverlässlichkeit, Gewohnheiten und Wandel, Schein und Sein. Auch wenn Kultur eine eher überdauernde Struktur darstellt, muss sie nicht nur ständig aktualisiert werden, um wirksam zu sein, sondern es muss auch überprüft werden, ob bestimmte kulturelle Aspekte der Organisation noch zu aktuellen Bedingungen passen.

	Übung: Erstellen Sie eine Sammlung von Aspekten symbolischer Führung Ihrer Schul- und Unterrichtspraxis und ordnen Sie diese der Systematik zu (siehe F.u.Z. AH-12: ›Fragebogen zur Führung 3: symbolische Führung‹ auf der Webseite zu diesem Buch).

3.5 Systemische Führung

Es gibt keinen Führungsstil, keine Methode und keine Organisationsform, die Erfolg und Zufriedenheit der Mitarbeiter garantieren kann. Allein im Zusammenspiel zahlreicher interner und externer Faktoren entstehen ›Erfolgs- und Zufriedenheitsmuster‹ (siehe Kapitel 3.2: Einflussfaktoren gelingender Organisation und Führung). Diese können nicht linear auf einzelne Ursachen zurückgeführt werden, sondern sind immer mehrdimensional zu betrachten. Komplexe Systeme wie Menschen, Teams, Kunden, Abteilungen, Organisationen, Unternehmen, Märkte oder eben Schüler, Arbeitsgruppen, Schulklassen, Bildungskooperationen und Elternbeteiligungen lassen sich nicht steuern, sondern müssen immer unter der Prämisse von Selbststeuerung und Selbstorganisation betrachtet werden, um ihrer Komplexität gerecht zu werden (vgl. Lindemann, 2006 u. 2008).

3.5.1 Systemisches Denken im Management

Systemisches Denken als vernetzte Form der Welt- und Systemsicht liefert hierbei eine gute Ausgangsbasis für die aktive Gestaltung komplexer Systeme. Alle hier dargestellten Führungstheorien bieten in diesem Kontext mögliche Ansatzpunkte, die im Einzelfall aber nie ausschließlich zu Erfolgen führen können. Somit können alle Theorien des Managements und der Führung ebenso wie pädagogische Theorien, etwa der Didaktik und Methodik, Reflexionshilfen bereitstellen, aber letztlich keine einzelnen Entscheidungen für Handlungsplanungen und Handlungen vorwegnehmen. In ihrer frühen Übertragung von vernetztem (systemischem) Denken auf Managementprozesse stellen Peter Gomez und Gilbert Probst das Umdenken aufgrund der Akzeptanz von Komplexität, Nichtlinearität und prinzipieller Unsteuerbarkeit wie folgt dar (Tabelle 8; vgl. Gomez u. Probst, 1987, S. 62):

Tabelle 8: Denkfehler und ganzheitliches Problemlösen im Umgang mit komplexen Situationen

Denkfehler im Umgang mit komplexen Situationen	Schritte ganzheitlichen Problemlösens
1. Probleme sind objektiv gegeben und müssen nur noch klar formuliert werden.	*Abgrenzung des Problems:* Die Situation ist aus verschiedenen Blickwinkeln zu definieren. Ganzheitliches Denken bedeutet Perspektivwechsel, die Akzeptanz von Widersprüchen und den Versuch einer Integration verschiedener Perspektiven.
2. Jedes Problem ist die direkte Konsequenz einer Ursache.	*Ermittlung der Vernetzung:* Zwischen den Elementen einer Problemsituation bestehen zahlreiche Beziehungen und Wechselwirkungen. Eine Problem-, bzw. Lösungsanalyse muss daher auch nichtlineare, zirkuläre und auch paradoxe Wirkzusammenhänge untersuchen.
3. Um eine Situation zu verstehen, genügt eine ›Fotografie‹ des Ist-Zustandes.	*Erfassung der Dynamik:* Die zeitlichen Aspekte der einzelnen Beziehungen und einer Situation als Ganzes sind zu ermitteln. Die Bedeutung der Beziehungen in Netzwerken sind hierbei ebenso relevant wie Zyklen und saisonale Effekte.
4. Verhalten ist prognostizierbar, notwendig ist nur eine ausreichende Informationsbasis.	*Interpretation der Verhaltensmöglichkeiten:* Verhalten ist prinzipiell nicht vorhersagbar. Künftige Entwicklungspfade und ihre Möglichkeiten können entworfen und simuliert, aber nicht vorhergesagt werden.
5. Problemsituationen lassen sich beherrschen, es ist lediglich eine Frage des Aufwandes.	*Bestimmung der Lenkungsmöglichkeiten:* Problemsituationen lassen sich hinsichtlich lenkbarer, nicht lenkbarer und zu überwachender Aspekte definieren, aber nicht gänzlich abbilden und beeinflussen.
6. Ein ›Macher‹ kann jede Problemlösung in der Praxis durchsetzen.	*Gestaltung der Lenkungseingriffe:* Lenkungseingriffe müssen situations- und kontextgerecht erfolgen. Sie sind immer nur Impulse, deren Wirkungen sich durch die Dynamik und Selbstorganisation der Praxis entfaltet.
7. Mit der Einführung einer Lösung kann das Problem endgültig ad acta gelegt werden.	*Weiterentwicklung der Problemlösung:* Lösungen müssen immer wieder an aktuelle Veränderungen angeglichen werden. Eine Lösung ist immer nur zeitlich begrenzt in einem Kontext nützlich und kann selbst zum Problem werden, wenn starr an ihr festgehalten wird.

Die durch jede Entscheidung und Handlung herbeigeführte Reduktion von Komplexität, bestimmt sich in ihrer Akzeptanz und Wirksamkeit nicht über ihre ›Wahrheit‹, ›Richtigkeit‹ und ›Notwendigkeit‹, sondern über das Zusammenspiel der verschiedenen Sichtweisen und Empfindungen der Beobachter und der Angehörigen des Systems. In diesem Wandel von scheinbar klaren ›Entweder-oder‹-Szenarien zu ›Sowohl-als-auch‹-Situationen kann beispielsweise eine autoritäre Entscheidung des Managements in der Organisation begrüßt werden und erfolgreich sein, aber bei Kunden auf Unverständnis und Ablehnung stoßen. Es können auch Teile der Organisation negativ darauf reagieren, Spaltungen können sich abzeichnen und dergleichen mehr. Die systemische Idee multifaktorieller Analysen, Simulationen und Parallelaktivitäten versuchen dieser Ausgangslage gerecht zu werden. Welches genaue Vorgehen hilfreich sein kann, kann in diesem Sinne nicht theoretisch vorgegeben, sondern muss im Einzelfall bestimmt werden.

Übung:
Schildern Sie ein Ereignis an Ihrer Schule oder in Ihrer Schulklasse, bei dem lineares oder technisches Denken bei einer Problemlösung und bei einem Steuerungsversuch gescheitert ist. Welche Kontextvariablen wurden hierbei vernachlässigt? Welche Prozesse sind nicht linear verlaufen?

3.5.2 Handlungs- und Einflussfelder von Führung

Die Ebenen, auf denen die dargestellten Führungstheorien ansetzen können, verdeutlicht das *Modell der logischen Ebenen,* das von Robert Dilts in Erweiterung der ›logischen Typen‹ Gregory Batesons aufgestellt wurde (vgl. Dilts, 2005)[5]. Die logischen Ebenen bestehen aus sechs aufeinander aufbauenden Ebenen, die Ansatzpunkte für Beschreibungen und Veränderungen ordnen. Dieses Ordnungsschema dient von seiner Herkunft her als Orientierung für die Beratungspraxis, zeigt sich aber auch in anderen Zusammenhängen als hilfreiches Instrument, zwischenmenschliche und organisationsbedingte Aspekte zu sortieren.

1. Ebene: Kontext, Umgebung und Rahmenbedingungen
    Wo? Womit? Wann?
    Personen, materielle und personelle Ausstattung, Raumsituation, örtliche Umgebung, persönlicher Besitz und Wohlstand, Ressourcen und Verteilung

---

5 Diese Darstellung der logischen Ebenen weicht in zwei Punkten von der Darstellung bei Robert Dilts ab: 1. die Ebene der ›Überzeugungen und Glaubenssätze‹ wurde über die Ebene der ›Identität‹ gesetzt. Dies geschieht aufgrund der Erfahrung, dass die Rollen, Funktionen und die Identität sich eher an den Glaubenssätzen ausrichten als umgekehrt. 2. Die sechste Ebene der ›Vision und Spiritualität‹ wurde um die Bereiche »Bedürfnisse und Werte« ergänzt. Dies geschieht, da Bedürfnisse und Werte starke Antreiber sind, die die nachfolgenden Ebenen beeinflussen.

Welche Personen arbeiten hier? Wie können wir einen Arbeitsplatz gestalten? Sollen wir anderes Arbeitsmaterial verwenden? Was können wir an räumlichen, sächlichen und zeitlichen Strukturen verändern, um die Arbeitszufriedenheit und Produktivität zu verbessern?

2. Ebene: Handlungen, Verhaltensweisen und Aktivitäten
   Was? Auf welche Art?
   Handeln und Nicht-Handeln, Taten, Vorgehensweisen, Vorgehensreihenfolgen, Handlungsstile
   Wie gehen wir mit Konflikten um? Welche gezeigten Verhaltensweisen wollen wir unterstützen? Was soll als nächstes getan werden?

3. Ebene: Kompetenzen, Fähigkeiten und Talente
   Wie? Auf welcher Grundlage?
   Know-how, Wissen, Aufgabenbereiche, Berechtigungen, Abschlüsse, Nutzungsrechte
   Wer von uns hat die Kompetenzen für eine anstehende Aufgabe? Müssen wir eine Schulung organisieren, einen Artikel zum Thema lesen oder einen Fachmann beauftragen? Wie läuft in unserer Organisation der Kompetenztransfer zwischen den Kollegen?

4. Ebene: Rollen, Identität und Zugehörigkeiten
   Wer? Welche Rolle?
   Selbstbild, Fremdbild, Leitungsansprüche, Hierarchien, Machtkämpfe, Freundschaft, Rollenunsicherheiten, Geschlechterrollen, Zuneigung und Abneigung, Zugehörigkeit und Abhängigkeit, Freundschaft, Feindschaft, Hass
   Gehört es zu meinem Selbstverständnis, das zu tun? Warum ist Klaus immer der Rebell in der Klasse? Welche Aufgaben hat die Schulleitung? Welches Bild habe ich von Führung? Welches Bild haben die anderen von mir?

5. Ebene: Überzeugungen, Leit- und Glaubenssätze
   Mit welcher Begründung? Nach welchen Regeln?
   Persönlicher Antrieb, soziale Normen, Moral, Ethik, Regeln
   Warum soll ich das tun? Welche Grundsätze vertrete ich? Wofür soll das gut sein? Was steht in unserem Leitbild?

6. Ebene: Bedürfnisse, Werte und Vision
   Warum? Wozu? Zu welchem Zweck? Was ist der Lohn dafür?
   Erfüllte Bedürfnisse, geteilte Werte, gerechter Lohn, Sinn, Religion, Ideale, Nutzen
   Deckt sich meine Zukunftsvision mit den Zukunftsvisionen der Organisation oder der Kunden? Wie kann ich erreichen, dass die Schüler auch

ihre eigene Vision entwickeln, verfolgen und verwirklichen können? Was ist unsere gemeinsame Vision?

Ordnet man die dargestellten Führungstheorien den einzelnen Ebenen zu, zeigt sich, dass die frühen Theorien eher auf die unteren Ebenen (1–3) Bezug nehmen. Persönlichkeits- und kulturbezogene Führungstheorien nehmen verstärkt die oberen drei Ebenen (4–6) in den Blick. Unter einer systemischen Perspektive wird eine umfassende Sicht versucht, die situativ jeweils einzelne Aspekte der Führung als Schwerpunkte herausgreift, diese aber nicht im Sinne eines Patentrezeptes generalisiert.

Übung:
Notieren Sie zu den einzelnen logischen Ebenen, wie Ihre Führung auf diese Bereiche Bezug nimmt. Wo tun Sie viel, welche Bereiche haben Sie bisher eher vernachlässigt?

3.6 Die Rolle der Lehrkraft als Führungskraft

Die Rollenvielfalt von Führungskräften findet sich in der Rollenvielfalt von Lehrern wieder. Neben Fachkompetenz und Führungskompetenz gehören Delegation und Arbeitsorganisation ebenso zu ihren Aufgaben wie die Rollen als Coach, Mentor, Lernprozessbegleiter, Lernberater, Provokateur, Moderator und dergleichen, wie sie in der Personalführung zu finden sind (vgl. Lindemann, 2006, S. 210).

Die mögliche Rollen- und Handlungsvielfalt von Führung an Schulen ist jedoch – zumindest auf kollegialer Ebene – durch ein stark demokratisiertes Verständnis schulischer Führung eingeschränkt. So besteht weithin die Vorstellung, Entscheidungen der Schulleitung müssten auf einem Konsens des Kollegiums basieren oder in demokratischen Abstimmungen gefällt werden. Schulleiter seien eher Moderatoren solcher Entscheidungsprozesse und keine Führungspersönlichkeiten mit eigenständiger Entscheidungskompetenz (vgl. Dubs, 2005, S. 127). Fragen der Entscheidungsfindung sind hier schon vorweggenommen und auf eine Form basisdemokratischer Abstimmungsprozesse reduziert (siehe Kapitel 3.4.3: Formen der Entscheidungsfindung).

Bezogen auf die Rolle von Lehrern als Führungskraft ihrer Klasse findet sich jedoch oft eine andere Vorstellung der Entscheidungsfindung, da hier eher autoritäre Entscheidungen vorherrschen. Dieser ›Kulturbruch‹ zwischen verschiedenen Führungsstilen macht Überlegungen zu einem Führungsleitbild der Schule zu einer zweischneidigen Angelegenheit, da sie auf der einen Seite weniger, dafür aber auf der anderen Seite mehr Demokratie bedeuten könnten.

In der englischsprachigen Diskussion um ›educational leadership‹ zeigt sich eine große Spannbreite an Übertragungsmöglichkeiten von Führungstheorien auf

Schule. Diese bestehen in teilweise sehr vereinfachenden Setzungen und Aufzählungen (›… artikuliert eine positive Zukunft für die Schüler‹, ›… zeigt ein echtes Interesse am Leben der Schüler‹, ›… entwirft Lernerfahrungen, die sich auf die Bedürfnisse der Schüler beziehen‹, ›… testet eher Grenzen aus, als den Status Quo zu akzeptieren‹ etc.; Crowther, Kaagan, Ferguson u. Hann, 2002, S. 4), die darauf aufbauend versuchen, diese Rollensetzungen durch Übungen und Trainings zu entwickeln. Solche Konzeptionen von Führung in Bildungszusammenhängen sind schon sehr an einer bestimmten Idee von Schule und Führung ausgerichtet – wie etwa auch bei Clive Dimmock, der zehn Komponenten von ›Führung in einer lernzentrierten Schule‹ postuliert (Dimmock, 2003, S. 12 f.). Andererseits gibt es aber auch zahlreiche Veröffentlichungen, die die ethischen Dimensionen und kritischen Aspekte von Führung in den Vordergrund rücken (vgl. Begley u. Johansson, 2003; Samier, 2003).

Entsprechend der Darstellung von Führung als komplexem Phänomen, dem man nicht durch allgemeingültige Setzungen, sondern höchstens im jeweiligen Kontext gerecht werden kann, ist bei jeglichen Verallgemeinerungen Vorsicht geboten. Aussagen der Art ›Die gute Lehrkraft bzw. Schulleitung …!‹ oder ›Der Lehrer bzw. die Schulleitung als Führungskraft muss …!‹ sind nicht unbedingt geeignet für einen kritischen und reflexiven Umgang mit der Rolle bzw. den Rollen von Lehrkräften und Schulleitung. Sie führen eher dazu, die eigene Reflexion und Festlegung von Zielen, Grundsätzen und Schwerpunkten zu blockieren. In der hier dargestellten Vielfalt der Sichtweisen auf Organisation und Führung gibt es keine Patentrezepte für die Übertragung auf Schule. Die wichtigsten Elemente der Organisations- und Führungsentwicklung liegen im kollegialen Diskurs und im gegenseitigen Feedback (siehe Kapitel 5.1.1: Feedback). Erst in der Entwicklung der eigenen Erfahrungen und in einer Abstimmung von Strategien und Handlungsweisen auf das innere und äußere Umfeld lässt sich ein eigenes Profil als Führungskraft bzw. auch als Organisation entwickeln. Wichtig ist hierbei auch eine eigene Positionierung im Hinblick auf (Bildungs-)Werte und eine Konkretisierung, was diese für die praktische Arbeit bedeuten sollen. Zu diesen Werten können z. B. gehören: Lernzentrierung, Innovation, lebenslanges Lernen, Bildung für alle, Serviceorientierung, Beteiligung und Partizipation, Gleichwertigkeit und Fairness, Ganzheitlichkeit (vgl. Dimmock, 2003, S. 16 f.).

Fasst man die *Bereiche schulischer Führung,* die eine Positionierung erfordern und für welche adäquate Führungsgrundsätze entwickelt werden müssen, zusammen, lassen sich fünf Bereiche definieren, die in den einzelnen Handlungsfeldern von Schulleitung und Lehrerkräften ineinandergreifen (vgl. Dubs, 2006, S. 146 ff.):
– administrative Führung (Bürokratie, Regeln, Abläufe),
– symbolische Führung (Symbole, Rituale),
– human-soziale Führung (Personalführung, Anleitung, Führungsstil),
– politisch-moralische Führung (Mikropolitik, Verhandlungen, Entscheidungsfindung),
– pädagogische Führung (Lehr- und Lernverständnis, Bildungsverständnis).

Damit die Leitsätze und Werte der Organisation und ihrer Führung nicht nur als reine Schlagwörter und ›Worthülsen‹ in Konzepten und Schulprogrammen auftauchen, müssen sie als Ziel- und Handlungsformulierungen in der Schule vereinbart werden. Solche Abstimmungs- und Entscheidungsprozesse lassen sich theoretisch nicht vorwegnehmen, sondern sind zentraler Bestandteil der Organisationsentwicklung (siehe O.u.OE., Kapitel 6: Organisationsentwicklung und Change Management).

	Übung: Verwenden Sie F.u.Z. AH-13: ›Fragebogen zur Führung 4: Bewertung von Führungshandeln‹ auf der Webseite zu diesem Buch für eine Selbstreflexion Ihrer Führungsqualitäten. Was müssten Sie tun, um Ihre Selbsteinschätzung zu verbessern?

4 Organisationen im Spannungsfeld von Individualisierung und Standardisierung

In den bisherigen Ausführungen wurde schon an mehreren Stellen auf eine grundlegende Ambivalenz organisationaler Gestaltung hingewiesen, den Gegensatz und die gegenseitige Bedingtheit von Individualisierung und Standardisierung. Weder in der Gestaltung der Struktur noch der Prozesse von Organisationen lässt sich generalisieren, wie beiden Ansprüchen Rechnung getragen werden kann bzw. wo eine Seite überwiegen sollte oder auch wo sie sich gegenseitig bedingen.

Das ›Spannungsfeld zwischen Mensch und Organisation‹ zeigt sich in der Organisationsgestaltung und Führung als facettenreichem Handlungsfeld. Das Wagnis gelingender Organisation liegt darin, die vielen Einzelaspekte der Organisations- und Mitarbeiterführung so auszutarieren, dass die inneren und äußeren Ansprüche nach Autonomie und Humanität in einem ausgewogenen Verhältnis zu Kriterien der Wirtschaftlichkeit und Produktivität stehen. Humanisierung oder Produktivität allein sind keine ausreichenden Kriterien für eine gelingende Organisation. Mitarbeiter- und Organisationsführung bewegen sich immer zwischen diesen Polen der Aufgabenorientierung (Produktivität) und Mitarbeiterorientierung (Humanität) (siehe Kapitel 3.3: Führungsstile) und muss daher die verschiedenen individuellen und gruppenbezogenen Faktoren, die Heterogenität der Persönlichkeiten, Rollen, Produkte, Aufgaben und Ziele immer wieder aufeinander abstimmen. Hierzu bietet das folgende Kapitel Einblicke in grundlegende Modelle individueller Bedürfnisse und organisationaler Möglichkeiten, diese aufzugreifen und bei einer produktiven Organisationsgestaltung zu berücksichtigen bzw. diese im Sinne der Produktivität nutzbar zu machen.

Kapitelübersicht:
- Bedürfnisse, Motive und Motivation
- Humanisierung der Arbeitsbedingungen
- Identität und Identifikation
- Stress, Abwehrmechanismen und Copingstrategien

4.1 Bedürfnisse, Motive und Motivation

Ein wichtiger Aspekt, der für den Umgang mit Rollen und Aufgaben in der Organisation zu beachten ist, liegt in den Bedürfnissen, Motiven und der Motivation der beteiligten Personen. Bei *Motiven* und *Bedürfnissen* handelt es sich um grundlegende, länger überdauernde psychische und physische Dispositionen. *Motivation* hingegen bezeichnet eher innere und äußere Anregungsbedingungen, die die Intensität, Richtung, Form und Dauer von Verhalten bestimmen, welches wiederum dazu dient, die zugrundeliegenden Motive und Bedürfnisse zu realisieren (vgl. Rosenstiel, 2003a, S. 225 f.; Gerrig u. Zimbardo, 2008, S. 412). Motive, Bedürfnisse und Motivation können als die Antreiber und Motoren für Handlungen und für Leistung betrachtet werden.

4.1.1 Bedürfnisse und Motive

Eine sehr grundlegende Theorie der Bedürfnisse und Motive stellt die sogenannte Motiv- oder Bedürfnishierarchie von Abraham Maslow dar (Abbildung 12; vgl. Maslow, 1954). Maslow ging davon aus, dass zunächst grundlegende Motive befriedigt sein müssen, bevor sich weitergehende Motive entfalten können. So müssen beispielsweise physiologische Bedürfnisse, wie Hunger oder Schlaf, befriedigt sein, bevor andere Bedürfnisse und Motive, etwa nach Sicherheit und Geborgenheit, eine größere Bedeutung erlangen können.

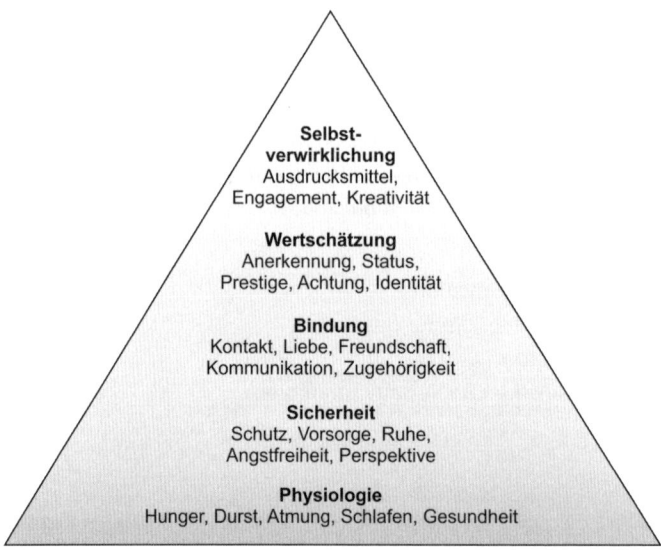

Abbildung 12: Motiv- oder Bedürfnishierarchie nach Maslow

Maslows Modell stellt – auch in seiner später vorgenommenen Erweiterung – eine starke Vereinfachung der vielfältigen Motive und Bedürfnisse dar und ist vor allem in seiner hierarchischen Logik empirisch nicht haltbar. So ist es beispielsweise entgegen der Logik von Maslows Modell möglich, das Bedürfnis nach Selbstverwirklichung und Wertschätzung zu befriedigen, obwohl physiologische Bedürfnisse unbefriedigt sind – etwa als ›hungernder Künstler‹, der zu selbstverwirklichenden und anerkannten Höchstleistungen imstande ist. Auch bietet das Modell eine sehr positive und optimistische Sichtweise auf menschliche Motivation, die Motive wie Konkurrenz, Macht oder Dominanz nicht einbezieht (vgl. Gerrig u. Zimbardo, 2008, S. 421).

Letztlich muss auch immer die Ambivalenz verschiedener Motive berücksichtigt werden. Bestimmte Formen der Selbstverwirklichung können beispielsweise sowohl mit Wertschätzung und Bindung zu anderen Personen einhergehen, aber auch zu Ablehnung und Beziehungsabbruch führen. Dies ist beispielsweise bei Selbstverwirklichung durch Schulerfolg der Fall, dessen Motive durch einige Personen (z. B. Lehrer, Eltern, gute Freunde) anerkannt werden, von anderen jedoch als ›Strebertum‹ abgelehnt werden. Ein umfassendes Bild persönlicher Motive und Bedürfnisse ließe sich wohl nur in einer ›individuellen Hierarchie‹ erstellen, die zudem je nach sozialem Kontext anders zu bewerten wäre.

Dennoch bietet das einfache, hierarchische Modell der Motiv- oder Bedürfnispyramide nach Maslow eine gute Grundlage der Reflexion über die Frage: Welche grundlegenden Bedürfnisse müssen befriedigt sein, damit andere Bedürfnisse in den Blick genommen werden können? Gerade im betrieblichen oder schulischen Alltag kann gefragt werden, inwieweit unbefriedigte grundlegende Bedürfnisse einzelne Personen daran hindern, produktiv und erfolgreich zu sein. So mag sich jemand als Einzelgänger und sozialer Außenseiter sogar wohlfühlen, jemand anderes leidet jedoch darunter und kann daher sein Potenzial nicht entfalten. Es lohnt sich also für den Umgang mit Rollen und Aufgaben, die grundlegenden Bedürfnisse und Motive der Einzelnen zu thematisieren und Überlegungen darüber anzustellen, wie diese befriedigt und verwirklicht werden können.

Eine Reflexion von Bedürfnissen und Motiven kann sinnvoll auch anhand gegensätzlicher Begriffe erfolgen:
– Wie viel Kontinuität muss vorhanden sein, um sich auf Wandel einlassen zu können? Oder anders herum: Wie viel Wandel braucht jemand, um Kontinuität in anderen Bereichen aushalten zu können?
– Wie viel Distanz ist notwendig, um Nähe zuzulassen? Oder anders herum: Wie viel Nähe ist notwendig um Distanz halten zu können?

> **Übungen:**
> A. Beschreiben Sie, wie sich die bei Maslow genannten Bedürfnisse und Motive bei Ihnen zeigen. Bewerten Sie dann auf einer Skala von 1–6, wie stark diese in Ihrem aktuellen Erleben erfüllt sind (1 = überhaupt nicht erfüllt, 6 = absolut erfüllt). Beschreiben Sie dann, was konkrete Veränderungen sein könnten, um Ihre Bewertungen zu verbessern.
> B. Nehmen Sie ein Gegensatzpaar von Bedürfnissen (z. B. Kontinuität – Wandel, Nähe – Distanz, Ruhe – Aktivität, Allein sein – Gesellschaft haben). Notieren Sie, welche Ihrer Alltagssituationen zu dem jeweiligen Begriff passen. Bewerten Sie dann, ob sich die beiden gegensätzlichen Bedürfnisse die Waage halten oder ob eines überwiegt. Sind sie mit dem Verhältnis zwischen den beiden gegenläufigen Bedürfnissen zufrieden oder würden Sie gerne in einem Bereich mehr oder weniger der zugeordneten Alltagssituationen erleben? Überlegen Sie, was Sie tun könnten, um ein für Sie befriedigendes Verhältnis zwischen den beiden Seiten herzustellen.

4.1.2 Motivation und Motivationspotenziale in Organisationen

Für eine Auseinandersetzung mit Bedürfnissen, Motiven und Motivation ist die Unterscheidung zwischen *intrinsischer und extrinsischer Motivation* notwendig. Die weitaus wirksameren Faktoren sind intrinsisch, liegen also in der jeweiligen Person begründet (z. B. eigene Wünsche, Bedürfnisse, Ziele). Extrinsische, also äußere Faktoren, sind bei Weitem nicht so nachhaltig und führen bei ihrem Wegfall schnell zu einem Einstellen von Bemühungen und Aktivitäten (z. B. Belohnungen, Strafe). Die Herausforderung des ›Motivierens‹ besteht darin, interne Faktoren der Motivation aufzugreifen, zu entwickeln, zu fördern und aufrechtzuerhalten. Externe Gestaltungsfaktoren können hierbei hilfreich sein, vor allem um intrinsische Motivation zu belohnen und zu verstärken, eine Bedürfnis- und Motivbefriedigung durch die Handlungen, Aktivitäten und die Arbeit selbst sollte jedoch im Vordergrund der Motivationsbemühungen stehen. Andernfalls würde Motivation im Sinne einer Konditionierung lediglich versuchen, erwünschtes Verhalten zu belohnen und unerwünschtes zu sanktionieren, ohne auf einen inneren Antrieb hinzuwirken. Hierzu müssen im Einzelfall die Motivationspotenziale der Arbeits- und Aufgabengestaltung beleuchtet werden. Für eine genauere Differenzierung können Motivationspotenziale der Arbeits- und Aufgabengestaltung und rollenspezifische Motivationspotenziale unterschieden werden:

1. Die *Motivationspotenziale der Arbeits- und Aufgabengestaltung* in einer Organisation sind von weitreichender Bedeutung. Neben dem Aspekt der Beteiligungsmöglichkeiten an der Rollen- und Aufgabenausgestaltung lassen sich hier folgende Punkte benennen (vgl. Rosenstiel, 2003a, S. 87, mit Bezug auf Hackman u. Oldham, 1974; Schreyögg, 2003, S. 242 f.):

- *Vielseitigkeit*
  Aufgaben und Rollen, die unterschiedliche Einzelaufgaben beinhalten, angemessen komplex und anregend sind und bei denen unterschiedliche Fähigkeiten verlangt werden.
- *Ganzheitlichkeit*
  Aufgaben und Rollen, die nicht nur in einem abgegrenzten Teilbereich stattfinden, sondern eine Beteiligung an verschiedenen Prozessabläufen ermöglichen (siehe das Modell der vollständigen Handlung im Kapitel 1.5: Rollen- und Aufgabenverteilung). Die »Erstellung eines abgeschlossenen und eigenständig identifizierbaren ›Arbeitsstückes‹« (Schreyögg, 2003, S. 243).
- *Bedeutung*
  Aufgaben und Rollen, die sowohl eine persönliche Bedeutung haben, als auch für die Organisation bedeutsam sind hinsichtlich eines »bedeutsamen und wahrnehmbaren Nutzen für andere innerhalb und außerhalb der Organisation« (Schreyögg, 2003, S. 243).
- *Autonomie*
  Aufgaben und Rollen, die Handlungs- und Entscheidungsspielräume sowie selbstgesteuerte Prozesse beinhalten durch »Unabhängigkeit und einen zeitlichen und sachlichen Spielraum bei der Arbeitsausführung« (Schreyögg, 2003, S. 243).
- *Selbstkontrolle und Rückmeldung (Feedback)*
  Aufgaben und Rollen, deren Reflexion, Kontrolle und Bewertung eigenständig oder unter Beteiligung der betreffenden Person ausgefüllt werden (siehe Kapitel 1.5: Rollen- und Aufgabenverteilung, und Kapitel 5.1.1: Feedback). Hierzu wird eine Arbeitsumgebung benötigt, die gegenseitige Rückmeldungen von anderen Personen ermöglicht und wertschätzt.

2. Die bisher genannten Potenziale fokussieren auf die Arbeitsbedingungen, Aufgabengestaltung und die eigene Rolle in der Organisation. Nimmt man *Aspekte der Interaktion und Beziehung* gesondert in den Blick, ergibt sich eine ergänzende Sichtweise auf motivationale Faktoren (vgl. Wunderer, 2007, S. 124):
   - *Professionelle Motivation (durch Arbeit)*
     interessante, sinnhafte Tätigkeit – Entwicklungschancen – Einkommen – sachlich, personell fördernde Arbeitssituation
   - *Organisationsmotivation (durch Institution)*
     seriöser, sozialer, erfolgreicher Arbeitgeber – interessante Branche – interessantes Leistungsprogramm – attraktive Location – fördernde Organisationskultur – fördernde Führungskultur
   - *Private Motivation (durch berufliche Rolle)*
     sinnvolle Balance, Differenzierung zwischen Arbeit und Freizeit – Synergien zwischen Berufs- und Privatrollen – Synergien für private Bezugspersonen (Partner, Kinder, Freunde) – Selbstachtung, Anerkennung, Entwicklung

- *Geführtenmotivation (durch Führung)*
  menschliches, fachliches Vorbild des Vorgesetzten – Mitwirkung bzw. Selbstständigkeit – persönliche und fachliche Kommunikation – Anerkennung und Förderung durch Vorgesetzte
- *Führungsmotivation (durch Geführte)*
  ziel- und zeitgerechte Leistungsergebnisse – selbstständiges, entlastendes Leistungsverhalten – unterstützendes, loyales, kollegiales Sozialverhalten – Akzeptanz, Förderung persönlicher Ziele
- *Kollegenmotivation (durch Kollegen)*
  Unterstützung der Arbeitsziele – Offenheit für eigene Arbeitsprobleme – Zuverlässigkeit – aufwandsminimierende Kooperation

Die aufgezählten Motivationspotenziale müssen nicht immer maximal erfüllt sein und gleichzeitig zutreffen, sollten aber in einem ›guten Mischverhältnis‹ zur Arbeitspraxis gehören. Einfache, routinemäßige und einseitige Arbeiten mögen zwar für einige Personen angenehm sein, führen aber in der Regel nicht zu Weiterentwicklungen, wie sie für viele Organisationen und besonders für Schulen notwendig sind. Die Mischung zwischen Routine und Neuem, einfachen und komplexen Aufgaben muss daher auf einzelne Arbeitsbereiche und Mitarbeiter abgestimmt werden. Bezogen auf Schule und ihre Produkte, die ja explizit die Weiterentwicklung der Beteiligten beinhalten, gilt es daher ein gutes Gleichgewicht zwischen verschiedenen Herausforderungen und Interessen herzustellen (vgl. Lindemann, 2008, S. 116 f.).

Übungen:
A. Überprüfen Sie, inwieweit die genannten Motivationspotenziale in Ihrer Arbeit vorhanden sind. Nutzen Sie hierzu F.u.Z. AH-14: ›Arbeitsblatt zu Motivation und Motivationspotenzialen‹ auf der Webseite zu diesem Buch.
B. Listen Sie auf, welche Rollen und Aufgaben Ihrer Tätigkeit ›Motivations-Highlights‹ sind und welche ›Motivations-Killer‹.

4.1.3 Verhalten zwischen intrinsischer und extrinsischer Motivation

Durch das Zusammenspiel intrinsischer (innerer) und extrinsischer (äußerer) Motivatoren wird ein Verhaltensrahmen geschaffen, der das eigene Handeln im Spannungsfeld zwischen persönlichen, sozialen und kontextuellen Möglichkeiten bestimmt. Es kann für die Verhaltenskoordination der Beteiligten sehr hilfreich sein, dieses Spannungsfeld bewusst zu machen und gemeinsam zu thematisieren. Hierbei können Aspekte der Motivation zwischen sozialem Dürfen und Sollen, situativer Ermöglichung sowie individuellem Wollen und persönlichem Können als Grundlage gezeigten Verhaltens analysiert werden. Dieses Spannungsfeld zwischen Motivatoren und gezeigtem Verhalten lässt sich grafisch wie folgt darstellen (Abbildung 13; vgl. Rosenstiel, 2003a, S. 55):

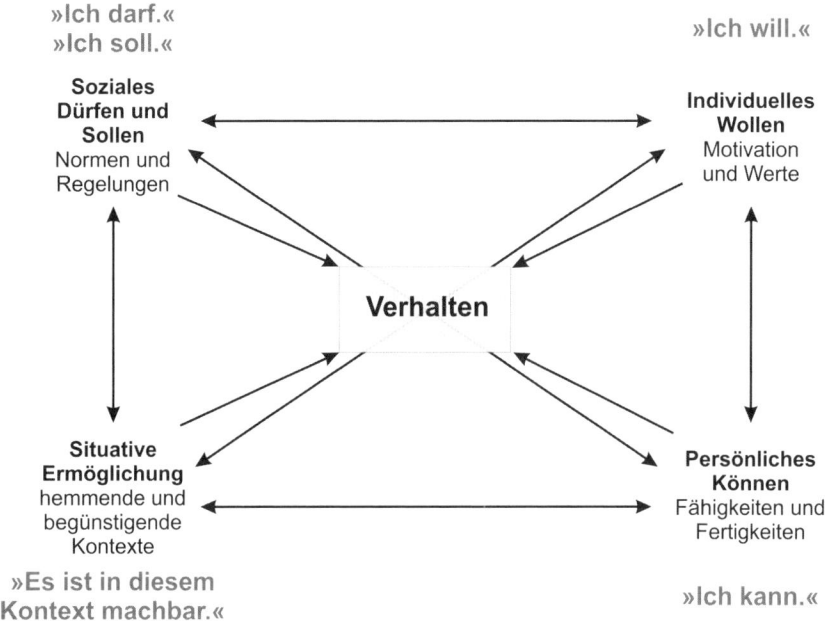

Abbildung 13: Verhalten im Spannungsfeld von Motivation und Möglichkeiten

In schulischen Kontexten findet eine solche Auseinandersetzung bezüglich der verschiedenen Motivatoren z. B. im Zusammenhang mit Wochenplanarbeit oder Förderplänen statt, sofern diese nicht einfach nur vorgegeben und ohne Beteiligungspraxis erstellt werden. Soziale Erwartungen werden hierbei ebenso angesprochen wie persönliches Können und das individuelle Wollen. Die situative Ermöglichung wäre dann eine Aufgabe der Unterrichts- und Arbeitsgestaltung. Die handlungsbezogene Auseinandersetzung mit diesen unterschiedlichen Beeinflussungsfaktoren ist vor allem dann wichtig, wenn man sich und andere sowie ihr Verhalten nicht nur als ›Ergebnis innerer und äußerer Umstände‹ interpretieren, sondern die Beeinflussungsfaktoren aktiv mitgestalten möchte.

> **Übungen:**
> A. Beschreiben Sie Verhaltensweisen, die Sie in ihrem beruflichen Kontext gerne zeigen würden. Beschreiben Sie anhand der vier Beeinflussungsfaktoren von Verhalten (Dürfen und Sollen, Wollen, Können, Ermöglichung) Aspekte, die Sie daran hindern, dies zu tun. Beschreiben Sie dann jeweils Aspekte, die Sie dabei unterstützen würden.
> B. Führen Sie diese Übung mit Ihrer Schulklasse hinsichtlich Ihres eigenen Unterrichts oder mit Ihrem Kollegium hinsichtlich übergeordneter Aufgaben durch.

4.1.4 Lohn und Anerkennung

Intrinsische Motivation durch die (Arbeits-)Handlung selbst reicht in der Arbeitswelt nicht aus, um produktive Prozesse zu gestalten. Als Rahmen dieser Handlungen müssen daher zum einen bestimmte Grundbedürfnisse befriedigt sein (z. B. ausreichender monetärer Lohn, soziale Anerkennung) und auch Systeme etabliert werden, die intrinsische Motivation anerkennen und fördern. Neben der Arbeits- und Aufgabengestaltung selbst, um die es auch in den folgenden Kapiteln gehen wird, sind dies maßgeblich die Faktoren Lohn und Anerkennung.

Der *Lohn* besteht in der Regel in einer Bezahlung, die sich aus den unterschiedlichsten Komponenten zusammensetzen kann (vgl. Luthans, 2008, S. 108 ff. u. 387 ff.; eigene Ergänzungen):
- *Grundlohn* mit einer gestaffelten Höhe je nach Position in der Organisation, mit entsprechenden Erhöhungen gemäß Zugehörigkeit, Alter oder durch tarifliche Veränderungen,
- *Generelle Zulagen* wie Urlaubs- und Weihnachtsgeld, Geburtstags- und Jubiläumszahlungen, Beteiligung an den Gewinnen der Organisation,
- *Zeitzuschläge*, etwa für Überstunden, Wochenend- und Nachtarbeit,
- *Generelle Leistungszulagen*, z. B. für Schicht- oder Akkordarbeit,
- *Personenbezogene Leistungszulagen* für herausragende Leistungen, hohe Stück- oder Verkaufszahlen, gute Kundenbewertungen, Vorschläge zur Effizienzsteigerung der Arbeit oder zur Einsparung von Ressourcen.

Ergänzende Leistungen der Organisation können nach generellen Kriterien oder im Einzelfall als *Mischung aus Lohn und Anerkennung* gestaltet sein (vgl. Luthans, 2008, S. 108 ff. u. 387 ff.; eigene Ergänzungen):
- *Versicherungen*, z. B. betriebliche Altersvorsorge und Krankenzusatzversicherungen,
- *Freizeit*, z. B. als zusätzliche Frei- und Urlaubstage,
- *Sachgeschenke* wie Präsentkörbe oder Wellness-Reisen,
- *Ausstattung* mit zusätzlichen Betriebsmitteln, wie Dienstwagen oder größeren Büros,
- *Events* wie Feste, Feiern, Ausflüge, Reisen, Restaurant-, Konzert- oder Theaterbesuche für Einzelpersonen, Teams oder die gesamte Belegschaft,
- *Fort- und Weiterbildungen*, etwa für die direkte Arbeit benötigte Bildungsangebote, Angebote zur weitergehenden Qualifikation oder die Unterstützung von Bildungsangeboten zu gesundheitlichen und kulturellen Themen sowie die Teilnahme an Kongressen und Tagungen,
- *Beratungsangebote* wie die Möglichkeit zur Teilnahme an Supervision oder Coaching,
- *Aufstiegsmöglichkeiten und Beförderungen* auf eine andere Position in der Organisation mit anderen Aufgabenbereichen, größerer Verantwortung und höherem Lohn.

Anerkennung zeigt sich eher in Verhaltensweisen und Ritualen, die weniger monetär und materiell ausgerichtet sind, sondern ideelle Werte betonen (vgl. Luthans, 2008, S. 107 u. 387 ff.; eigene Ergänzungen):
- *Arbeit und Arbeitserfolge selbst,* insofern sie zu persönlicher Zufriedenheit führen,
- *Übertragung verantwortungsvoller Aufgaben,* z. B. durch Vergabe eines Auftrags oder auch durch Veränderung der Position im Team,
- *persönliche Feedback-Gespräche,* in denen dem Gegenüber Lob und Anerkennung für konkrete Leistungen ausgesprochen werden,
- *Dankesschreiben* für gute Leistung oder vorbildliches Verhalten,
- *anerkennende Bemerkungen* ›im Vorübergehen‹ wie Schulterklopfen, Zunicken, kurze verbale oder schriftliche Wertschätzungen auch per Mail oder auf Klebezetteln,
- *nonverbale Anerkennung,* durch Zunicken, Lächeln oder freundliche Begrüßung,
- *Urkunden, Plaketten und Pokale,* z. B. für die beste Jahresleistung oder als ›Mitarbeiter des Monats‹,
- *Weitergabe von Anerkennung,* die man selbst für etwas erfahren hat, an der aber auch andere Personen beteiligt waren,
- *Veröffentlichung* guter Leistungen durch das Aufhängen von Fotos, einen Zeitungsartikel in der Betriebs- oder Lokalpresse, einen Artikel in einer Fachzeitschrift oder das Weitertragen der Anerkennung für Personen auf eine höhere Hierarchieebene der Organisation,
- *Anerkennung durch Personen einer höheren Hierarchieebene,* indem diese persönlich erscheinen, an Sitzungen teilnehmen, einen Anerkennungsbrief schreiben oder andere Formen der Anerkennung nutzen,
- *Einladung zu einem privaten Treffen,* etwa zu einer Feier, einem ›Feierabendbier‹ oder einem Essen,
- *Angebot, geduzt zu werden,* z. B., wenn dies ›in bestimmten Kreisen‹ der Organisation so üblich ist und die betreffende Person dadurch in diesen Kreis aufgenommen wird.

Bei allen Möglichkeiten des Lohns und vor allem der Anerkennung gilt es zu entscheiden, welche für eine Organisation, eine Situation und die Persönlichkeit der beteiligten Personen angemessen sind. Bei einigen Möglichkeiten wird man in bestimmten Situationen sogar eine Abwertung nicht ausschließen können, wenn sie dazu führen, dass man jemanden beschämt oder die Anerkennung als bedeutungslose und alltägliche Floskel erscheint. Je nach Zusammensetzung der Belegschaft und der Team- bzw. Organisationskultur können Anerkennungen auch zu negativen Reaktionen durch andere Kollegen führen, beispielsweise, wenn die dahinterstehenden Bewertungskriterien nicht transparent sind, als ungerecht empfunden werden oder wenn es zum guten Ton gehört, ›unter sich‹ zu bleiben und sich von denen ›da oben‹ abzugrenzen, sodass bei einem ›Lob von oben‹ der negative Beigeschmack des Anbiederns oder der Lieblingsperson entsteht. Es ist in diesem Zusammenhang auch ein wichtiger Aspekt, wie Mitarbeiter, gleich welcher Hierarchieebene, untereinander mit Anerkennung umgehen (siehe Kapitel 5.1.1: Feedback).

In Schulen ist die Frage nach Lohn und Anerkennung zunächst schwierig zu beantworten, da ein Teil der Mitarbeiter (die Schüler) sich weder diesen Arbeitsplatz ausgesucht hat noch einen direkten monetären oder materiellen Lohn für ihre Arbeit erhält. Vergleichbar mit dem Bereich Lohn sind für Schüler wohl am ehesten das Taschengeld und ›Bonuszahlungen für gute Schulleistungen‹. Der eigentliche Lohn von Schule scheint in ferner Zukunft zu liegen, im Versprechen auf persönliche Berufsaussichten und Karriere. Der Umkehrschluss dieser Definition schulischen Lohns führt jedoch zu einer für viele Schüler fatalen Schlussfolgerung: Wo das Versprechen von Berufsaussichten und Karriere und damit zukünftigen Lohns nicht erfüllbar scheint, scheint sich auch Arbeitsleistung in der Schule nicht zu ›lohnen‹.

In das Zentrum schulischer Entlohnungsdebatten rücken somit Mischungen aus Lohn (z. B. Freizeit, Ausstattung, Events) und Anerkennung (z. B. Dankesschreiben, anerkennende Bemerkungen, Urkunden). Welche Auswirkungen hat es aber, wenn man in schulischen Kontexten für seine Arbeit gelobt wird und Anerkennung findet? Ist man dann ein ›Streber‹? Auch kann gefragt werden, wer von den Kollegen im schulischen Kontext und wofür Anerkennung findet und ob dies den Organisationszielen dienlich ist. Der sparsame, wenn nicht mangelnde Umgang mit Anerkennung gegenüber Kollegen, Schülern oder auch Eltern zeigt sich in Schulen oft in der Form, dass fast ausschließlich schlechte Leistungen gewertet und zurückgemeldet werden. Eine Anerkennung besteht dann nur darin, nicht abgewertet zu werden.

Wie mit Lohn und Anerkennung in einer Organisation umgegangen wird, ist nicht nur eine Frage der tariflichen Festlegung des Grundlohns und der betrieblichen Lohngestaltung, der Aufstiegschancen und vereinbarten Sonderzahlungen, sondern maßgeblich eine Frage der Organisationskultur und -politik (siehe O.u.OE., Kapitel 2.3: Organisation als Kultur und als politisches System). Gerade dort, wo man nicht möchte, dass die Belegschaft allein wegen des Lohns zur Arbeit kommt, sondern innovativ und kreativ tätig ist, nimmt diese Kultur- und Politikfrage eine zentrale Stellung ein. Dies trifft erst recht auf Schulen zu, wo der Großteil der Mitarbeiter (Schüler) gar keinen Lohn bekommt.

 Übungen:
A. Beschreiben Sie zu jeder der genannten Formen von Lohn und Anerkennung Möglichkeiten, wie diese für Kollegen an Ihrer Schule aussehen könnten. Nutzen Sie hierzu F.u.Z. AH-15: ›Arbeitsblatt zu Lohn und Anerkennung‹ auf der Webseite zu diesem Buch.
B. Führen Sie die Übung erneut durch, diesmal bezogen auf die Schüler an Ihrer Schule.

4.2 Humanisierung von Arbeitsbedingungen

Der Begriff der Humanisierung von Arbeit entstand in der Gegenbewegung zu mechanistisch ausgerichteten Organisationsstrategien, nachdem erkannt wurde, dass soziale Beziehungen und Bedürfnisbefriedigung der Mitarbeiter nicht nur deren Wohlbefinden und Zufriedenheit zuträglich sind, sondern auch Effektivität und Produktivität der Organisation steigern können. Diese Idee der Humanisierung findet sich aber nicht nur in wirtschaftlichen Bezügen, sondern auch bezogen auf Schulen, wo die Zufriedenheit und Produktivität sowohl von Lehrkräften als auch von Schülern in den Blick genommen wird (siehe z. B. Olechowski u. Garnitschnig, 1999). Die Humanisierung von Arbeitsbedingungen und somit eine Erhöhung der Arbeitszufriedenheit von Mitarbeitern ist zwar kein allein ausreichendes Qualitätskriterium für gelingende Organisation, stellt aber für die Produktivität der Organisation einen entscheidenden Faktor dar. Maßnahmen der Humanisierung einerseits und der Rationalisierung andererseits dienen hierbei – häufig im Widerstreit miteinander – dazu, Produktivität, Effektivität und organisationale Interessen mit der Zufriedenheit und den Interessen der Mitarbeiter in Einklang zu bringen, wobei mal die eine Seite, mal die andere überwiegt.

Der Begriff der Humanisierung lässt sich unter Kategorien zusammenfassen wie Persönlichkeitsförderung, Beeinträchtigungsfreiheit, Schädigungslosigkeit und Ausführbarkeit bzw. Zumutbarkeit (vgl. Hacker u. Richter, 1980; Ulich, 2001, S. 144). In einer Definition zusammengefasst lassen sich Arbeitstätigkeiten als human bezeichnen, »die die psychophysische Gesundheit der Arbeitstätigen nicht schädigen, ihr psychosoziales Wohlbefinden nicht – oder allenfalls vorübergehend – beeinträchtigen, individuelle und/oder kollektive Einflussnahme auf Arbeitsbedingungen und Arbeitssysteme ermöglichen und zur Entwicklung ihrer Persönlichkeit im Sinne der Entfaltung ihrer Potentiale und Förderung ihrer Kompetenzen beitragen« (Ulich, 2001, S. 146).

Diese ›humane Qualität der Arbeitsbedingungen‹ wirkt sich nicht nur auf die Produktqualität aus, sondern auch auf das Ansehen der Organisation und auf die Motivation der Belegschaft. Unter Gesichtspunkten der Qualitätssicherung und auch Produktivität sind humane Arbeitsbedingungen von vielfacher Bedeutung, vor allem dort, wo Effektivität und Humanität in einer Weise etabliert werden können, bei der sie nicht im Widerstreit miteinander liegen, sondern sich ergänzen (vgl. Rosenstiel, 2003a, S. 116 f.).

4.2.1 Kriterien humaner Arbeit

Für eine detailliertere Überprüfung der Effektivität und Humanität von Arbeitsformen sind daher nicht nur Überprüfungen des Produktes notwendig, sondern auch Überprüfungen der Prozessqualität und Arbeitszufriedenheit. Hierzu bedarf es aber genauerer Kriterien humaner Arbeit, die über eine kategoriale Definition hinausgehen und anhand derer ihr Vorhandensein und ihr Ausmaß festgestellt werden können. Eine solche detaillierte Aufstellung hat Oswald Neuberger vorgelegt, sie soll hier in erweiterter Form dargestellt werden (Neuberger, 1980).[6]

Bei einer Übertragung auf eine Organisation bzw. eine Schule kann dann anhand dieser Kriterien das subjektive Erleben der Organisationsangehörigen befragt werden, um Erkenntnisse über den aktuellen und gewünschten Zustand zu gewinnen (siehe F.u.Z. AH-16 ›Fragebogen zur Humanisierung von Arbeitsbedingungen‹ auf der Webseite zu diesem Buch). Im Rahmen von Organisationsentwicklungsprozessen ginge es dann darum, die hierbei überprüften Kriterien humaner Arbeit hinsichtlich ihrer Kosten, ihres Nutzens, ihrer generellen Umsetzbarkeit und Auswirkungen auf die Organisation, deren Produkte und Kunden auszuwerten und Veränderungsschritte für eine Verbesserung zu entwerfen (siehe O.u.OE., Kapitel 6.2.2: Bezugspunkte der Organisationsentwicklung).

1. Würde und Selbstwert
   Positive Ausprägung: Selbstachtung, Selbstwert, Identität
   Verwirklicht durch: Respekt vor persönlichen Eigenarten, freie Meinungsäußerung, Schutz der Privatsphäre, menschenwürdige Behandlung
   Negative Ausprägung: Erniedrigung, Bloßstellung, Beleidigung, Zwang, Ausbeutung

2. Sinn und Nutzen
   Positive Ausprägung: Nutzen für andere, existenzielle Bedeutsamkeit der Tätigkeit, Ganzheitlichkeit der Tätigkeit, Verantwortung, Begeisterung, Freude, Sendungsbewusstsein
   Verwirklicht durch: ›ganze‹ Aufgaben durchführen können, gesellschaftlicher Nutzen der Arbeit, sichtbarer Beitrag zum Gesamtergebnis, Einordnung der konkreten Tätigkeit in einen übergreifenden Zusammenhang
   Negative Ausprägung: Gefühle der Entfremdung, Leere, Nutzlosigkeit, Nichtigkeit

3. Gerechtigkeit und Integration
   Positive Ausprägung: Fairness, Chancengleichheit, Nichtdiskriminierung
   Verwirklicht durch: Faire Organisationspolitik, Nichtdiskriminierung von Frauen, Alten, Jungen, Menschen mit Behinderungen, Menschen anderer kultureller Herkunft, gleiche Aufstiegschancen, Beschwerderecht
   Negative Ausprägung: Bevorzugungen, Diskriminierung, Ausgrenzung

4. Sicherheit und Perspektive
   Positive Ausprägung: Schutz, Absicherung, Vorsorge, Planbarkeit, Kontinuität

---

6 Die folgende Auflistung wurde in den Punkten 1 bis 15 aus Neuberger 1980 übernommen, jedoch hinsichtlich ihrer Überschriften und Konkretisierungen (positive Ausprägung, verwirklicht durch, negative Ausprägung) neu strukturiert und ergänzt. Punkt 16 wurde neu hinzugefügt.

Verwirklicht durch: Schutz vor Ausschluss, Transparenz über die nähere und weitere Zukunft, Laufbahnplanung
Negative Ausprägung: Risiko, Unsicherheit, gefährdete Zukunftsperspektive, Verlustangst

5. Orientierung und Information
   Positive Ausprägung: Information, Rückmeldung, Überblick, Struktur, Ordnung, Offenheit
   Verwirklicht durch: Information, Beratung und Betreuung, Einarbeitung neuer Kollegen, überschaubare Aufgaben, persönliche Rückmeldungen, Informationen über Stand, Entwicklung und Veränderungen der Organisation
   Negative Ausprägung: Informationsflut, Gerüchte, Kommunikationshindernisse, Informationsfilterung

6. Gesundheit und Wohlbefinden
   Positive Ausprägung: körperliche und seelische Unversehrtheit, Wohlbefinden
   Verwirklicht durch: Unfallschutz, Lärmschutz, Gesundheitsfürsorge, ergonomisch gestaltete Arbeitsplätze, Arbeitszeit- und Pausenregelung, Ruheräume, Sportmöglichkeiten
   Negative Ausprägung: gesundheitliche Belastungen, Krankheitssymptome, Stress, Depressionen

7. Autonomie und Mitbestimmung
   Positive Ausprägung: Selbst- und Mitbestimmung, Entscheidungsfreiheit, Wahlmöglichkeit, persönlicher Einfluss
   Verwirklicht durch: Mitbestimmung in der Leitung und am Arbeitsplatz, (teil-)autonome Gruppenarbeit, Erweiterung des Handlungs- und Entscheidungsspielraums, Delegation, Mitsprache bei Planung und Kontrolle, eigene Verantwortungs- und Kompetenzbereiche
   Negative Ausprägung: Fremdbestimmung, Arbeit nach Vorgabe, Fremdkontrolle und -bewertung

8. Soziale Kontakte und Akzeptanz
   Positive Ausprägung: Hilfe, Zugehörigkeit, Solidarität, Nähe, Akzeptiert-Werden, Zuneigung, Kameradschaft
   Verwirklicht durch: kleine Arbeitsgruppen, Gelegenheit zu informellen Kontakten, kommunikationsfreundliche Umgebung, kooperative Führung, Gemeinschaftsräume, Feiern, Ausflüge
   Negative Ausprägung: Ausschluss, Gegnerschaft, Feindschaft, Hass

9. Inner- und außerbetriebliche Privatsphäre
   Positive Ausprägung: Rückzugsmöglichkeiten, Privatsphäre, Kraft und Zeit für außerbetriebliches Engagement

Verwirklicht durch: eigenes ›Territorium‹, individuelle Gestaltung des Arbeitsplatzes, Achtung der Intimsphäre
Negative Ausprägung: keine Rückzugsmöglichkeiten, ständiger Beobachtung ausgesetzt sein, ›Arbeit mit nach Hause nehmen‹

10. Entfaltung und Selbstverwirklichung
    Positive Ausprägung: Aufbau von Fähigkeiten, Einsatz von Fähigkeiten, Selbstverwirklichung, Lernen, Weiterentwicklung, Kreativität, Vielseitigkeit
    Verwirklicht durch: vielseitigen Einsatz von Fähigkeiten, wechselnde Aufgaben, Qualifizierungsmöglichkeiten, individuelle Gestaltungsmöglichkeiten der Arbeit, Verbesserungsvorschläge, Entfaltung in der Freizeit
    Negative Ausprägung: reine Reproduktion, Eintönigkeit, Einseitigkeit

11. Abwechslung und Routine
    Positive Ausprägung: Variation, Neues, Aufgaben- und Methodenvielfalt, Spannung, Neuartigkeit, Interessantheit
    Verwirklicht durch: abwechslungsreiche Arbeits- und Auftragsgestaltung, gute Mischung aus Neuem und Bekanntem
    Negative Ausprägung: Monotonie, Chaos, Überflutung

12. Aktivität und Leistung
    Positive Ausprägung: Betätigungsmöglichkeiten, Leistungs- und Erfolgserlebnisse, Selbstbestätigung
    Verwirklicht durch: Bewegungsraum; körperliche und geistige Betätigungsmöglichkeiten, angemessene Schwierigkeit, Sichtbarkeit und Zurechenbarkeit des Erfolges
    Negative Ausprägung: Langeweile, Zeit absitzen, Defizitorientierung, Anforderungsarmut, ›Gammelei‹

13. Konfliktregelung und Offenheit
    Positive Ausprägung: Vertrauen, Verständnis, Offenheit
    Verwirklicht durch: Mechanismen zur Konfliktregelung (Beschwerdeordnung, Gruppengespräche), Mediation, Interessenvertretung, Feedback-Kultur
    Negative Ausprägung: Streitklima, Konkurrenz, Rivalität, Doppelzüngigkeit

14. Lohn und Anerkennung
    Positive Ausprägung: Bestätigung, Erfolgserlebnisse, Auszeichnung, Status, Prestige, Aufwertung
    Verwirklicht durch: Sichtbarkeit von Arbeitsergebnissen, transparente Bewertungskriterien, Aufstiegsmöglichkeiten, Entlohnung
    Negative Ausprägung: keine Leistungsanreize und -würdigung, Statuslosigkeit

15. Schönheit und Ästhetik
Positive Ausprägung: sich wohlfühlen, Sauberkeit, repräsentative Ausstattung
Verwirklicht durch: Design der Arbeitsumgebung und -ausstattung, persönlicher Gestaltungsraum, Kunst, angenehme Akustik, angenehmer Geruch
Negative Ausprägung: Vandalismus, Unsauberkeit, schlechte und kaputte Ausstattung

16. Ausstattung und Arbeitsmittel
Positive Ausprägung: Modernität, Funktionalität, Aktualität, Angemessenheit
Verwirklicht durch: gutes Arbeitsgerät, funktionale und ergonomische Geräte, aktuelle Software, Sicherheitsausstattung
Negative Ausprägung: unzuverlässiges, geflicktes oder veraltetes Arbeitsgerät, improvisierte und fehlende Ausstattung

Der große Vorteil einer solch differenzierten Auflistung besteht darin, dass Humanisierung und Arbeitszufriedenheit nicht auf der Ebene von Schlagwörtern und Floskeln stehen bleiben, sondern letztlich zu operationalisierten Überprüfungen, etwa durch Befragungen der Belegschaft führen können (siehe F.u.Z. AH-16 ›Fragebogen zur Humanisierung von Arbeitsbedingungen‹ auf der Webseite zu diesem Buch). Die hinter den einzelnen Aspekten der Humanisierung stehenden Potenziale einer Verbesserung der Arbeitsbedingungen und Produktivität sind so vielfältig, dass hier nicht detailliert darauf eingegangen werden kann. Sobald jedoch verbesserungswürdige Aspekte identifiziert sind, können diese durch gezielte Recherche und Beratung verändert werden (bezogen auf Ästhetik z. B. durch Licht und Farbgestaltung, Veränderungen an der Akustik, Beseitigung von ›Müllecken‹ und dergleichen).

Hilfreich ist hierbei auch die Berücksichtigung von Aspekten des Diversity-Managements, indem gezielt nach Gemeinsamkeiten und Unterschieden z. B. zwischen den Befragungsergebnissen von Männern und Frauen, jungen und älteren Mitarbeitern und zwischen anderen Aspekten differenziert werden kann (siehe Kapitel 4.2.6: Heterogenität, Vielfalt und Diversity Management).

Gerade Schule verdient es, ein humaner Arbeitsplatz zu sein. Auch hier wiederum bezogen auf die Situation von Lehrern und Schülern. Im gemeinsamen Interesse liegt ein großes Potenzial für gemeinsame Entwicklungsprozesse und auch für demokratisches Lernen. Allein der Diskurs über Aspekte und Qualitätskriterien von Humanität sowie der Entwurf geeigneter Veränderungen wäre in den verschiedensten Schulfächern sinnvoll und auch darüber hinaus hilfreich für das Lernen und die Entwicklung aller Beteiligten.

Übung:
Bearbeiten Sie F.u.Z. AH-16: ›Fragebogen zur Humanisierung von Arbeitsbedingungen‹ auf der Webseite zu diesem Buch als Selbstreflexion für Ihre Schule oder Ihren Unterricht. Setzen Sie ihn danach in Ihrem Kollegium, in ihrer Klasse oder der gesamten Schule ein. Werten Sie die Ergebnisse aus und planen Sie erste Schritte zur Verbesserung.

4.2.2 Arbeitsrecht und Betriebsverfassung

Um in Organisationen einen Abgleich zwischen Rahmenbedingungen, Arbeitsformen und Ansprüchen an die Menschlichkeit der Arbeitsbedingungen zu gewährleisten, sind in der Arbeitswelt verschiedenste Gremien fest vorgesehen bzw. im Rahmen der Organisationsgestaltung möglich, wie die betriebliche Interessenvertretung (Betriebs- oder Personalrat), Qualitätszirkel, Zukunftswerkstätten oder auch externe Beratung und Supervision.

Das Vermitteln zwischen Arbeitgeber- und Arbeitnehmerinteressen – oder auch zwischen Produktivität und Humanität – ist hierbei ein Kernpunkt. In den meisten Organisationen gibt es hierzu eine klare Mitarbeitervertretung – oder zumindest das Recht, diese zu wählen. Dieser Betriebs- oder Personalrat überwacht die Einhaltung der verschiedensten Bestimmungen und Gesetze, hat ein Mitbestimmungsrecht bei Einstellungen, Kündigungen und Versetzungen, kann Betriebsvereinbarungen vorschlagen und in einigen Bereichen auch erzwingen und muss in vielen Punkten vom Arbeitgeber zumindest gehört werden. Von Urlaubs- und Pausenregelungen über Personalangelegenheiten, Anti-Diskriminierung, Gleichstellung bis zum Umwelt- und Gesundheitsschutz sind diese auf der Grundlage des Betriebsverfassungsgesetzes gewählten Mitarbeitergremien aktiv an der Organisationsgestaltung beteiligt.

In Schulen gibt es zwar Schülersprecher, Elternvertretungen und entsprechende Gremien, diese haben jedoch nicht die gleichen starken gesetzlichen Grundlagen wie ein Betriebsrat. Allein schon für das demokratische Lernen wäre es in diesem Punkt spannend zu erproben, wie sich eine Schule entwickeln würde, wenn man dort einen Betriebsrat wählen und diesem die gleichen Rechte und Gesetze zur Verfügung stellen würde, wie dies in anderen Organisationen der Fall ist. Würde man die Lehrer und pädagogischen Mitarbeiter als ›leitende Angestellte‹ der Arbeitgeberseite zurechnen, wären allein die Schüler sowie Reinigungs- und Hilfskräfte wählbar und wahlberechtigt. Zumindest als Planspiel oder für einen begrenzten Zeitraum wäre dies ein interessantes Lernfeld für alle Beteiligten.

Übungen:
A. Lesen Sie in Auszügen das Betriebsverfassungsgesetz und andere arbeits- und betriebsrechtlich relevanten Gesetze und übertragen Sie das Gelesene jeweils auf Ihre Schule. Was würde sich ändern, wenn Sie einen ›Schul-Betriebsrat‹ hätten, der auf die Einhaltung dieser Gesetze achtete und sich aktiv in Gestaltungs- und Entscheidungsprozesse einmischte?
B. Was wäre der Unterschied zwischen einem ›Schul-Betriebsrat‹, der allein aus Lehrern besteht, und einem, der sich nur aus Schülern zusammensetzt?

4.2.3 Aufgabenvielfalt und Autonomie

Bei der Vielfalt der Rollen, Aufgaben, Arbeitsstile und Persönlichkeiten in Organisationen haben sich einige Prinzipien entwickelt, mit deren Hilfe versucht werden kann, Bedürfnisse, Motive und Motivation der Belegschaft, ihre Arbeitszufriedenheit und persönliche Weiterentwicklung, mit Ansprüchen der Produktivität in Einklang zu bringen. Hierbei geht es vor allem darum, monotone und gleichförmige Arbeitsprozesse abwechslungsreicher und herausfordernder zu gestalten oder durch zusätzliche Tätigkeiten anzureichern. Hier sollen zunächst vier Prinzipien dargestellt werden:

1. Job Rotation
   Hinter dem Konzept der Job Rotation steht die Idee, sowohl die Produktqualität als auch die Zufriedenheit der Mitarbeiter zu erhöhen. Durch diesen auf eigene Initiative oder in einem vorbestimmten Rhythmus vorgenommenen *Arbeitsplatzwechsel* wird der Tätigkeitsspielraum erweitert, nicht jedoch der Entscheidungsspielraum (vgl. Rosenstiel, 2003a, S. 106 f.). »Vermieden werden sollen auf diese Weise Monotonie, Übersättigung oder die einseitige Belastung bestimmter Muskelgruppen« (ebd.). Je nach Spezialisierungsgrad des Arbeitsplatzes und seiner Position im Arbeitsprozess dient die Job Rotation jedoch nicht dazu, vollständige Handlungen zu ermöglichen (siehe Kapitel 1.5: Rollen- und Aufgabenverteilung), sondern sorgt für den Übergang von einer spezialisierten Tätigkeit zu einer anderen.

   An Schulen bedeutet dies für *Lehrer* beispielsweise einen Wechsel zwischen Ober- und Unterstufe, die Übernahme der Klassenlehrerfunktion oder eines fachfremden Unterrichts (vgl. Buhren u. Rolff, 2009, S. 101).

   Für *Schüler* wären Wechsel zwischen verschiedenen Aufgaben und Funktionen denkbar, etwa im Rahmen von Arbeitsgruppen oder zusätzlichen Funktionen in der Klasse oder bezogen auf die gesamte Schule, die in einem bestimmten Rhythmus von wechselnden Schülern eingenommen werden.

2. Job Enlargement
   Die *Aufgabenerweiterung* besteht darin, einen Arbeitsplatz mit einem größeren Aufgaben- und Entscheidungsbereich auszustatten. Gegenüber einer starken Spezialisierung bietet sich hier schon eher die Chance, Schritte in Richtung vollständiger Handlungen zu gehen, da je nach Zuschnitt der Aufgaben die Entscheidungsfreiheit dazu gehört, wann welche Aufgabe erledigt wird.

   Für *Lehrer* bedeutet dies z. B. die zusätzliche Übernahme der Funktion als Beratungslehrkraft oder Mitglied der Lehrplankommission, die Übernahme administrativer oder moderierender Aufgaben (vgl. Buhren u. Rolff, 2009, S. 102).

   Für *Schüler* könnte beispielsweise die Übernahme von Paten- oder Mentorenfunktionen in diesen Bereich fallen oder die längerfristige Übernahme von

Aufgaben in einem Klassen- oder Jahrgangsverbund. Auch Funktionen in der Theatergruppe, dem Chor, der Band oder einer Sportmannschaft gehören in diesen Bereich.

3. Job Enrichment
Im Gegensatz zu der horizontalen Anforderungs- und Aufgabenvielfalt eines Job-Enlargement (größere Aufgabenfülle), bedeutet *Aufgabenbereicherung* eine vertikale Bereicherung, indem hierarchische Entscheidungsprozesse einer anderen Ebene zugeordnet werden (größere Entscheidungsfülle). Im didaktischen Modell der vollständigen Handlung wäre dies eine Erweiterung über den Rahmen des Ausführens hinaus auf Information, Planung, Entscheidung, Kontrolle und Bewertung.

Für *Lehrer* wäre diese Situation beispielsweise gegeben, wenn sie von einem bisher nur selbst geleiteten Unterricht auf die Zusammenarbeit mit Gastreferenten umstellen oder Unterrichtsmaterialien vermehrt selbst herstellen und somit ihre eigentliche Aufgabe durch andere und weiterführende Tätigkeiten ›anreichern‹.

Für *Schüler* läge eine Aufgabenbereicherung etwa in der Übernahme unterrichtender, moderierender oder planender Tätigkeiten und die Mitbestimmung über Lehrpläne im Rahmen ihrer regulären Funktion als Schüler. Auch die Ausbildung und Übernahme einer Konfliktlotsenfunktion oder die Wahl zur Schülervertretung in einem Gremium wären denkbar.

4. Teilautonome Arbeitsgruppen
In teilautonomen Arbeitsgruppen werden ganze *Aufgabenzusammenhänge* übertragen und gewähren somit auch einen größeren Kontakt- und Kommunikationsspielraum in der Abstimmung von Aufgaben mit anderen Arbeitsgruppen (vgl. Rosenstiel, 2003a, S. 107 f.). Sie verlangen von den Beteiligten ein hohes Maß an Kooperation und Selbststeuerung in ihren Arbeitszusammenhängen. In der Regel fasst man unter dem Begriff teilautonomer Arbeitsgruppen kleine funktionale Einheiten (bis ca. 20 Personen), die eigenverantwortlich arbeiten, deren Kernaufgabe die Erstellung eines kompletten Produkts oder einer kompletten Leistung ist und die ebenso Organisations-, Planungs-, Steuerungs- und Kontrollaufgaben übernehmen (vgl. Bea u. Göbel, 2006, S. 427).

Für *Lehrer* wäre dies beispielsweise gegeben, wenn Fachgruppen ihre Lehrpläne eigenständig beschließen und aufeinander abstimmen, ohne dies durch die Schulleitung in allen Einzelheiten genehmigen zu lassen.

Für *Schüler* ist Teilautonomie in Arbeitsgruppen gegeben, wenn sie im Unterricht eine Aufgabenstellung erhalten, ohne Vorgaben, wie diese bewältigt werden soll. Im Kontext der gesamten Schule wäre beispielsweise die alleinige Ausrichtung eines Schulfestes oder einer anderen Aufgabe denkbar. Dies kann auch eine übergeordnete Funktion sein wie eine Beschwerdestelle oder ein Konfliktlösungsbüro.

Im Rahmen der Notwendigkeit einer Integration von organisationalen und individuellen Bedürfnissen, Motiven und Motivationen stellen die genannten Möglichkeiten Versuche dar, den Sinngehalt und die Ganzheitlichkeit der Arbeit zu erhöhen, für Abwechslung zu sorgen und die individuellen Fähigkeiten von Mitarbeitern passgenauer zu entwickeln und nutzen zu können. Bei Bestrebungen nach mehr Autonomie in der Gestaltung von Arbeitsprozessen spielen besonders Aspekte der Selbststeuerung und Selbstorganisation eine Rolle. Im Gegensatz zur reinen Aufgabenerweiterung oder -bereicherung verlangt die Autonomisierung von Arbeitsbereichen eine ständige Meta-Reflexion über die Art und Weise der Zusammenarbeit, das eigenständige Aufstellen und Überprüfen von Arbeitshypothesen und eine Selbststrukturierung der zeitlichen und inhaltlichen Abläufe.

Übungen:
A. Sammeln Sie bestehende und wünschenswerte Möglichkeiten für Job Rotation, Job Enlargement, Job Enrichment und teilautonome Arbeitsgruppen für Lehrer an Ihrer Schule.
B. Sammeln Sie bestehende und wünschenswerte Möglichkeiten für Job Rotation, Job Enlargement, Job Enrichment und teilautonome Arbeitsgruppen für Schüler an Ihrer Schule.

4.2.4 Kriterien und Rahmenbedingungen autonomer Arbeit

Gerade die Autonomie einzelner Mitarbeiter und Arbeitsgruppen ist ein entscheidendes Merkmal komplexer und vernetzter Organisationsformen (siehe O.u.OE., Kapitel 2: Organisationsmodelle und Organisationstheorie). Betrachtet man Autonomie als eine Arbeitsform, die in verschiedenen Abstufungen umgesetzt werden kann – worauf der Begriff ›teilautonom‹ hindeutet – ist es sinnvoll, Autonomie in ihrer Qualität und Quantität zu differenzieren, um sichtbar zu machen, welcher Grad an Autonomie letztlich gemeint ist und in der konkreten Arbeit erreicht werden soll. Zu einer solchen Analyse bietet sich die Unterteilung von Jon Gulowsen an, der verschiedene *Kriterien autonomer Arbeit* unterschieden und systematisiert hat (Gulowsen, 1972, nach Rosenstiel, 2003a, S. 108 f.):

A. Kriterien auf der Ebene der Gruppe:
1. Die Gruppe hat Einfluss auf die für sie geltenden Zielsetzungen
   a. in quantitativer Hinsicht,
   b. in qualitativer Hinsicht.
2. Innerhalb übergeordneter Rahmenbedingungen kann die Gruppe selbst festlegen,
   a. wo sie arbeitet,
   b. wann sie arbeitet,
   c. welche zusätzlichen Tätigkeiten sie ausübt.

3. Die Gruppe entscheidet über die Produktionsmethode.
4. Die Gruppe regelt die interne Aufgabenverteilung.
5. Die Gruppe entscheidet darüber, wer Mitglied wird.
6. Die Gruppe entscheidet über Führungsfragen, wie z. B.,
   a. ob sie für gruppeninterne Angelegenheiten einen Führer haben will und gegebenenfalls welchen, oder
   b. ob sie zur Regelung von Grenzbedingungen einen Führer haben will und gegebenenfalls welchen.

B. Kriterien auf der Ebene des einzelnen Gruppenmitglieds:
1. Das Gruppenmitglied entscheidet, wie die von ihm auszuführenden Aufgaben bewältigt werden.

Je nachdem, welche Aspekte von Autonomie erfüllt sind, spielen die individuellen Bedürfnisse, Motive und Motivationen eine größere oder kleinere Rolle bei der Festlegung der Rollen und Aufgaben bzw. bei der Ausgestaltung in der Arbeitspraxis. Das Spannungsfeld zwischen Mensch (Selbstbestimmung, Ganzheitlichkeit, Freiheit, persönliche Interessen) und Organisation (Fremdbestimmung, Arbeitsteilung, Unterordnung, organisationale Interessen) zeigt sich im Umfang der Selbst- und Mitbestimmung der beteiligten Personen sowie der Produktivität, die hierbei – oder gerade dadurch – entsteht (vgl. Rosenstiel, 2003a, S. 131 ff.).

Welche Form und welches Maß an Autonomie die Arbeitsprozesse in einer Organisation kennzeichnen, richtet sich – ebenso wie Führung und Management des Unternehmens – auch nach den *Rahmenbedingungen* der inneren und äußeren Umwelt der Organisation (vgl. Ulich, 2001, nach Rosenstiel, 2003a, S. 111; siehe auch Kapitel 3.2: Einflussfaktoren gelingender Organisation und Führung):

- *Technik*
  Die Ausstattung muss entsprechend angepasst sein.
- *Aufgabe*
  In den zu erfüllenden Aufgaben muss Entscheidungspotenzial liegen (siehe Kapitel 1.5: Rollen- und Aufgabenverteilung und Kapitel 4.2.5: Empowerment).
- *Organisationsstruktur*
  Das Zusammenspiel der Arbeitsgruppen muss entsprechende Freiheitsgrade beinhalten und ermöglicht werden (siehe Kapitel 5.2.5: Projekte und Projektarbeit).
- *Lohn und Anerkennung*
  Der persönliche Gewinn muss gut definiert sein (siehe Kapitel 4.1.4: Lohn und Anerkennung).
- *Organisationsziele*
  Wirtschaftlichkeit und Gewinn müssen im Sinne der Organisationsziele konsensfähig sein (siehe Kapitel 5.2: Zielformulierung, Zielvereinbarung und Projektarbeit und O.u.OE., Kapitel 6.2.1: Vision, Leitbild, Programm und Aktionspläne).

- *Management*
  Das Management muss die Abgabe von Einfluss und Entscheidungsspielräumen mittragen, wenn nicht sogar initiieren.
- *Gruppenmitglieder*
  Die Gruppenmitglieder müssen bereit sein und befähigt werden, anspruchsvollere Aufgaben zu übernehmen. Ihre Motivation muss hierauf ausgerichtet sein (siehe Kapitel 4.1.2: Motivation und Motivationspotenziale und Kapitel 5.3.2: Fortbildung, Beratung, Supervision und Coaching).
- *Gesellschaft*
  Bestehende Normen und Wertvorstellungen dürfen der Autonomie nicht entgegenstehen.
- *Vorbereitung*
  Für eine Umstellung oder Erweiterung von Handlungs- und Entscheidungsspielräumen müssen gründliche Vorbereitungen bezüglich der strukturellen, organisatorischen und materiellen Gegebenheiten erfolgen (siehe O.u.OE., Kapitel 6.2.2: Bezugspunkte der Organisationsentwicklung).
- *Gesetzgebung*
  Die gesetzlichen Bedingungen müssen (basis-)demokratische Entscheidungen auf Arbeitsgruppenebene ermöglichen.

Wer versucht, den Grad der Autonomie in Arbeitszusammenhängen zu erhöhen, muss entsprechend den hier dargestellten Definitionen entscheiden, welche Arbeitsbereiche in welcher Form ausgefüllt werden sollen (z. B. hierarchisch, auf Anweisung, delegiert, konsultativ, autonom), welche Kriterien und Grade der Autonomie generell, für einzelne Arbeitsbereiche oder Arbeitsschritte gelten sollen und welche Rahmenbedingungen beachtet oder verändert werden müssen, um die entsprechenden Grade der Autonomie zu erreichen. Wichtigste Kriterien gelingender Autonomiebestrebungen sind die Transparenz und der Diskurs über die vorliegenden bzw. zu erreichenden Autonomiegrade (Metareflexion). Vergleichbar mit der Entscheidungsfindung in der Führung muss gerade hier zwischen Formen der Vorgabe und der gemeinsamen Festlegung vermittelt werden (siehe Kapitel 3.4: Interaktionsbezogene Faktoren gelingender Führung).

Übungen:
A. Reflektieren Sie die Arbeit in den verschiedenen Arbeitsgruppen Ihrer Schule. Welche Kriterien autonomer Arbeit treffen zu? Was müsste verändert werden, um den Grad der Autonomie einzelner Arbeitsgruppen zu erhöhen?
B. Zählen Sie Faktoren auf, die autonome Arbeit an Ihrer Schule begünstigen.
C. Durchsuchen Sie das Schulgesetz nach Passagen, die autonomes Arbeiten ermöglichen oder sogar explizit vorsehen.

4.2.5 Empowerment

Die Idee der Förderung von Autonomie und Selbststeuerung gegenüber einer Organisationsführung, die auf Fremdsteuerung setzt, lässt sich – wie bisher schon dargestellt – auf vielen Ebenen begründen. Als Entscheidung für eine bestimmte Organisationsform und eine entsprechende Führungskultur gehören zu diesen Begründungszusammenhängen:
- ein bestimmtes Menschenbild (siehe Kapitel 1.2: Das grundlegende Menschenbild in der Organisation),
- eine Produktpalette, deren Qualität durch autonome Arbeitsformen besser zu erreichen ist als durch andere (siehe O.u.OE., Kapitel 3.1: Die ›Produkte‹ von Schule),
- eine hierauf ausgerichtete Organisationsform, in deren Rahmen autonomes Arbeiten ermöglicht werden kann (siehe O.u.OE., Kapitel 2: Organisationsmodelle und Organisationstheorie),
- Grundhaltungen und Kompetenzen in der Führung (teil-)autonomer Gruppen (siehe Kapitel 3: Organisations- und Mitarbeiterführung).

Unter dem Stichwort ›Empowerment‹, also ›Ermächtigung‹ ergibt sich hieraus die Aufgabe, nicht nur Arbeitsbedingungen entsprechend zu gestalten und entsprechendes Zutrauen zu Mitarbeitern zu haben, sondern sie im Sinne der Personalentwicklung gezielt an eigenständiges Arbeiten heranzuführen und zu schulen. Hierzu gehört im Ergebnis, das auf Mitarbeiter weitreichende Kompetenzen, Befugnisse und auch Wissen übertragen werden (vgl. Schreyögg, 2003, S. 274).

Die mit Eigenverantwortung und Selbstständigkeit zusammenhängenden Haltungen und Werte, die Übernahme von Verantwortung und Initiative, eigene Zielsetzungen und das damit verbundene Selbstwertgefühl verlangen nach Betätigungsfeldern, in denen die damit verbundenen Denk- und Verhaltensmuster ausprobiert und geübt werden können. Diese Betätigungsfelder müssen letztlich auch Fehler und abweichende Ergebnisse zulassen, um entsprechende Lerneffekte zu erzielen (vgl. Whitaker, 1997, S. 22 f.). Für den Gewinn einer höheren Handlungsautonomie des Lernens und für die Zufriedenheit des Einzelnen sowie für den Erfolg der Organisation gilt es jeweils den Grad der Selbstwirksamkeit zu bestimmen, etwa in Formen einer Meta-Reflexion und Qualitätsprüfung.[7]

---

[7] Hierzu bleibt generell anzumerken, dass Metaanalysen darauf hinweisen, dass der Zusammenhang zwischen Selbstwirksamkeit und Arbeitsleistung größer ist (.82), als der Zusammenhang zwischen Arbeitszufriedenheit und Arbeitsleistung (.30) (vgl. Luthans 2008, 144 f. u. 236).

Überträgt man Empowerment auf Schulen, ergeben sich mehrere Ebenen, auf denen dies wirksam sein kann:
- die Schule als Ganzes (Schulautonomie),
- die Schulleitung (weitergehende Führungs- und Gestaltungsbefugnisse),
- das Kollegium (Beteiligungspraxis an Entscheidungen und Gestaltung der Schule),
- die Fachgruppen (fachspezifische Gestaltungsbefugnisse),
- die Jahrgangsgruppen (jahrgangsbezogene Gestaltungsbefugnisse),
- die einzelnen Schulklassen (Mitbestimmung und -gestaltung des Unterrichtsgeschehens),
- die Schüler (eigenverantwortliches Arbeiten am eigenen Lernen, in der Klasse und bezogen auf Funktionen im Schulkontext, Mitbestimmung und Mitwirkung an schulbezogenen Entscheidungen),
- die Eltern (Beteiligungspraxis an Entscheidungen und Gestaltung der Schule),
- Sozialraum und Stadt (Mitwirkung, Unterstützung, Kooperation und Wirksamkeit bezogen auf das tatsächliche Lebensumfeld der Schule und der Schüler).

So vage diese Bereiche auch beschrieben sind, umso wichtiger ist es, sie für den Kontext der konkreten Schule genauer zu definieren. Eine klare Schulpolitik bezüglich der Beteiligungspraxis und Entscheidungsbefugnisse einzelner Gruppen und Personen beinhaltet ein großes Entwicklungspotenzial, das, wenn es nicht genutzt wird, auch zu massiven Störungen führen kann. Um Entscheidungen zu treffen und eigenverantwortlich handeln zu können, muss den beteiligten Personen klar sein, wie groß ihr Handlungsspielraum ist und auf welche Bereiche er sich bezieht. Der Bereich der Schulautonomie sowie die Art und Weise, wie diese gelebt wird, ist daher eine grundlegende Voraussetzung für die Reichweite und die Formen von Empowerment und die damit verbundene Bindung (Commitment) und Identifikation beteiligter Personen (vgl. Gaziel, 2009, S. 221; siehe Kapitel 4.3: Identität und Identifikation). Nicht zuletzt geht es um die schulinterne Verlagerung verantwortungsvoller Aufgaben an die Schüler, nicht nur um ihre Identifikation und ihr Commitment zu stärken, sondern auch, um ihnen erweiterte Lern- und Kooperationsmöglichkeiten zu eröffnen.

Übungen:
A. Erstellen Sie eine Liste konkreter Handlungen und Strukturen an Ihrer Schule, die auf das Empowerment der Lehrer ausgerichtet sind.
B. Erstellen Sie eine Liste konkreter Handlungen und Strukturen in Ihrer Schule und in Ihrer Klasse, die auf das Empowerment der Schüler ausgerichtet sind.
C. Welche Bereiche von Empowerment sind Ihnen wichtig und welche Form von Macht sollten die damit in Zusammenhang stehenden Personen haben?

4.2.6 Heterogenität, Vielfalt und Diversity Management

Heterogenität und Vielfalt (Diversity) sind in Organisationen keine Störgrößen, die beseitigt werden müssen, sondern stellen wichtige Ressourcen für die Produktivität und Weiterentwicklung dar. Hierzu schreibt Gudrun Höy (Höy, 2003, S. 223 f.):
– »Die große Chance von Diversity liegt darin, dass wir uns diese Unterschiede nutzbar machen, indem wir eine Umgebung schaffen, in der jeder seine potenziellen Stärken optimal entfalten kann – zum Wohle einer Organisation oder eines Unternehmens, das mithilfe dieser Potenzialentfaltung Ziele verwirklichen kann. […]. Der Nutzen von Diversity Management für das Unternehmen ist vielfältig […]:
– vielfältiger Input aufgrund zahlreicher verschiedener ›Köpfe‹ […],
– die Anzahl an Ideen und Verbesserungsvorschlägen erhöht sich,
– durch die Begegnung mit anderen Kulturen und Mentalitäten wächst der Respekt vor dem Anderen,
– die Fähigkeit des Unternehmens, Komplexität zu begegnen, wächst,
– erfolgreiches Diversity Management reduziert Konfliktpotenziale,
– die Kreativität des Unternehmens steigt.«

Diese Definition bezieht sich wohlgemerkt auf die Produktivität der Organisation und nicht auf eine sozial-ethische Argumentation, wie sie oft in schulischen Zusammenhängen angeführt wird. Hier werden dann eher das Sinken der Produktivität sowie eine Verringerung der Chancen des Einzelnen und der gesamten Schule als Argument gegen diversitäre Strukturen herangezogen.

Bevor man sich damit auseinandersetzt, wie Diversity in Organisationen oder eben Schulen genutzt werden kann, sollen hier zunächst Aspekte von Diversity aufgezählt werden. Auch hier ist das Verständnis in Organisationen einerseits und in Schulen andererseits verschieden. In pädagogischen Zusammenhängen werden unter Diversity die Bereiche Geschlecht, Behinderung und Herkunft thematisiert, während andere Unterschiede, etwa im Alter oder Arbeitsstil, unter dem Stichwort Heterogenität diskutiert werden. Für ein Diversity Management ist es jedoch entscheidend, dass diese Bereiche als zusammenhängende Faktoren von Vielfalt gedacht werden.

Diversity kann – in der weiteren Definition einer Einheit von Vielfalt und Heterogenität – bezogen auf drei Gruppen betrachtet werden (strukturiert und erweitert in Anlehnung an Höy, 2003, S. 227):

Personenbezogene Merkmale
– Geschlecht,
– Alter,
– Herkunft,
– Aussehen,

– Behinderung,
– Gesundheitszustand.

Persönlichkeitsbezogene Merkmale
– Mentalität und Persönlichkeit,
– Arbeitsstil,
– Lebensstil,
– Identität und Rollenverständnis,
– sexuelle Orientierung,
– Werte und Glaubenssätze,
– Welt- und Menschenbild.

Lebensgeschichtliche Merkmale
– Nationalität,
– Religion,
– Sprache,
– Sozialisation und Erziehung,
– Kultur,
– Ausbildung,
– Beruf,
– sozialer Status.

Bezogen auf Organisations- und Schulziele wie Teilhabe, Toleranz und produktive Zusammenarbeit kann es im Diversity Management nicht darum gehen, sich auf den Standpunkt zurückzuziehen, ›alle Beteiligten seien gleich‹. Es muss vielmehr die Blickrichtung angelegt werden, dass ›alle verschieden sind‹ und dass genau hierin ein unerschöpfliches Potenzial für die individuelle und gemeinsame Entwicklung liegt. »Effektive Toleranz kann nicht gelehrt werden, ohne die Unterschiede zu lehren, die toleriert werden sollen. Diese Inhalte können nicht ohne mitfühlendes Verständnis und ohne individuelle Anerkennung unterrichtet werden, ebenso wenig, wie ohne eine kritische Auseinandersetzung mit den historischen und aktuellen Auswirkungen zu denen der Umgang mit Unterschieden führen kann, wie Konfrontationen, Machtstrukturen und den verschiedensten negativen Erfahrungen« (Green, 1999, zitiert nach Shields, 2002, S. 225; Übers. d. V.).

Was hier in einem schulischen Zusammenhang formuliert wird, gilt in abgewandelter Form für alle Organisationen. Ohne sich in andere Personen hineinversetzen zu können, Wissen und Verständnis für ihre Herkunft, Kultur und individuelle Persönlichkeit zu haben, bleiben Leitsätze des Zusammenlebens und der produktiven Kooperation wirkungslos. Die ›blinden Flecken‹, mit denen wir soziale Prozesse aufgrund mangelnder Erfahrung, mangelnden Wissens und mangelnder Empathie betrachten, müssen thematisiert werden, um ein anderes Verständnis füreinander zu erhalten.

Vor allem Führungs- bzw. Lehrkräfte müssen eine selbstkritische Sensibilität für Macht- und Kontrollmuster entwickeln, die sie selbst aus Unwissenheit oder Unreflektiertheit mit erzeugen (vgl. Shields, 2002, S. 227). Bei allen Bemühungen um interkulturelles und diversitäres Verständnis gilt es darauf zu achten, dass Vielfalt nicht auf Äußerlichkeiten und oberflächliche Unterschiede reduziert wird, etwa indem sich eine Thematisierung auf kulturspezifische Gebräuche, Feiern, Kleidung und Nahrung beschränkt (vgl. Shields, 2002, S. 228 f.). Erst eine kritische Reflexion alltäglicher Kooperationen und Diskriminierungen sowie die Thematisierung gemeinsam erstrebenswerter Abläufe, Regeln, Rituale und Verhaltensweisen können dazu dienen, dass sich ein Umgang mit Vielfalt entwickelt, der über die bloße Wahrnehmung von Differenzen hinausgeht.

In ihrem Modell zum Diversity Management untergliedert Gudrun Höy fünf Schritte, die zu einer Professionalisierung des Umgangs mit Diversity führen sollen (Höy, 2003, S. 226 ff.):

1. *Selbstreflexion vorantreiben*
   Bewusstseinsschärfung für die persönliche Definition und Bedeutung von Diversity mit dem Ziel der Ablehnung von Homogenität und der Wertschätzung von Heterogenität und Vielfalt.
2. *Sensibilität schaffen und Wissen erweitern*
   Entwickeln von Sensibilität für Diversity als ständig vorhandenem Hintergrund von Interaktionen. Interesse und Neugier wecken und Lernprozesse über die vielschichtigen Aspekte von Diversity ermöglichen.
3. *Selbststeuerung optimieren*
   Entwicklung der Erkenntnis, dass jeder Einzelne seine Einstellungen und sein Verhalten selbstverantwortlich steuert und Förderung eines (selbst-)bewussten Umgangs mit Diversity.
4. *Alle Beteiligten gehen aufeinander zu*
   Bewusste Kulturveränderung im Umgang mit Diversity von Strategien der Ausgrenzung, Unterdrückung, Isolierung, Anpassung oder des kulturellen Relativismus zu einem organisationsweiten Diversity Management, der Anerkennung von Unterschieden einerseits und der Beteiligung an Integrationsprozessen andererseits.
5. *Individuelle Empathie und Diversity Management in der gesamten Organisation*
   Sicherung und Fortführung individueller und struktureller Maßnahmen zum Umgang mit Diversity.

Weder in Schulen noch in anderen Organisation kann das Thema Diversity mit einem Workshop, einem Projekt oder einer Unterrichtseinheit nachhaltig geklärt werden. Letztlich geht es um die Etablierung einer ›Kultur der Vielfalt‹. Diese zeigt sich nicht nur in den am häufigsten aufgegriffenen Unterschieden in personenbezogenen Merkmalen (Geschlecht, Alter, Herkunft, Aussehen, Beeinträchtigung, Gesundheitszustand), sondern auch im Umgang zwischen verschiedenen Berufsgruppen oder in der Kooperation verschiedener Arbeitsstile. Die Anerkennung und Nutzung von Vielfalt ist eine umfassende Einstellung, bei der grundsätzlicher Respekt und Kommunikation ›auf Augenhöhe‹ selbstverständlich werden müssen.

An Schulen zeigen sich verschiedene Auffassungen bezogen auf den Umgang mit diversitären und heterogenen Strukturen beispielsweise auch in den Grundsatzdebatten über die Vorzüge von frontalem oder offenem Unterricht. Obwohl vieles dafür spricht, dass hier – wie auch bei anderen Themen – eine Entweder-oder-Debatte wenig hilfreich ist und vielmehr ein Sowohl-als-auch-Denken greifen müsste, gibt es eben Lehrer, die das eine oder andere besser und authentischer vertreten und im Unterricht umsetzen können. So gibt es auch Schüler, die in dem einen oder dem anderen Unterricht besser lernen. Hinderlich ist hier – wie auch bei anderen auf Vielfalt und Heterogenität bezogenen Themen – eine Ausschließlichkeit im Denken und Handeln. Das Nebeneinander, die Verknüpfung, die Kooperation, die Kontrastierung und Integration verschiedener Aspekte von Diversity sind keine allein zielführenden Strategien. Vielmehr muss klar und transparent geplant werden, wann und in welchem Kontext welche Strategie mit welchen Freiheitsgraden der Beteiligten verfolgt wird.

Diversity Management ist für Schulen nicht zuletzt durch die UN-Menschenrechtskonvention über die Rechte von Menschen mit Beeinträchtigung in den Fokus der Aufmerksamkeit gerückt (Vereinte Nationen, 2008). Leider fand hierbei allzu oft eine starke Verkürzung des Gedankens der Teilhabe und Inklusion allein auf die Gruppe von Schülerinnen und Schülern mit einer Beeinträchtigung statt. Die Bedeutung der UN-Konvention – als weiterer Menschenrechtskonvention in der Nachfolge der Allgemeinen Erklärung der Menschenrechte (1948), der UN-Konvention gegen Rassismus (1969), der UN-Konvention gegen die Diskriminierung von Frauen (1981), der UN-Konvention über die Rechte von Kindern (1990) und der UN-Konvention über den Schutz kultureller Ausdrucksformen (2007) – für die Teilhabe aller Menschen in allen Diversitätsbereichen wurde dadurch leider oft nicht gesehen (Lindemann, 2016).

Für das Diversity Management an Schulen – bezogen auf alle Menschen und alle Formen von Diversität – hat sich der ›Index für Inklusion‹ zum entscheidenden Instrument der Reflexion und Maßnahmeplanung entwickelt (Booth u. Ainscow, 2003). Der Index ist eine Anleitung, mit deren Hilfe einzelne Schulen Kriterien für ihre inklusive Bildung und ihr inklusives Zusammenleben diskutieren und festlegen können. Die Arbeit mit dem Index basiert auf einer Beteiligung aller Interessengruppen einer Schule. Neben einer Beschreibung, wie die Zusammenarbeit organisiert werden kann, sind im Index Indikatoren beschrieben, anhand derer die Entwicklung zu einer inklusiven Schule gemessen werden kann (siehe auch Kapitel 5.2.3: Strategiefokussierte Ziele: Die Balanced Scorecard). Den Beteiligten soll geholfen werden, gemeinsam kleine, realistische und zu bewältigende Schritte für ihre Schule zu vereinbaren und Indikatoren festzulegen, anhand derer sie die Qualität der Teilhabe messen können (Tabelle 9).

Tabelle 9: Die Dimensionen und Bereiche des Index für Inklusion

A Inklusive Kulturen schaffen		B Inklusive Strukturen etablieren		C Inklusive Praktiken entwickeln	
A 1 Gemein- schaft bilden	A 2 Inklusive Werte ver- ankern	B 1 Eine Schule für alle ent- wickeln	B 2 Unterstüt- zung für Vielfalt orga- nisieren	C 1 Lern- arrange- ments organisieren	C 2 Ressourcen mobilisieren

Die Indikatoren des Index können durch eigene Aspekte und Vorstellungen zur Inklusion ergänzt werden. Es sind außerdem zahlreiche Materialien im Index enthalten, um sich mit den Merkmalen und der Qualität inklusiver Schule zu befassen. Die Indikatoren des Index können als Schwerpunktsetzung für die Formulierung von Qualitätsmerkmalen der Schule herangezogen werden (siehe O.u.OE., Kapitel 5: Schulische Qualitätsmodelle und -managementsysteme und Kapitel 6: Organisationsentwicklung und Change Management).

Übungen:
A. Beschreiben Sie sich selbst mit Bezug auf die einzelnen Aspekte von Diversity. Gab es Situationen, in denen Sie sich aufgrund einzelner oder mehrerer dieser Aspekte ausgegrenzt oder unfair behandelt fühlten? Wie gestaltet sich der Umgang mit Diversity an Ihrer Schule, im Kollegium und unter den Schülern? Welche ›Entweder-oder-Grundsatzdebatten‹ werden in Ihrem Kollegium geführt, welche in der Schülerschaft?
B. Welche Ideen des Diversity Managements bzw. der Inklusion bestehen an Ihrer Schule? Was wird getan, um einen produktiven Umgang mit der Vielfalt der Schüler, Lehrer und auch Eltern zu organisieren?

4.3 Identität und Identifikation

4.3.1 Identität

Bezogen auf die eigene Vorstellung von Identität kann man sich fragen: »Was oder wer bin ich?« Diese Frage lässt sich nicht ohne Weiteres stimmig beantworten, da Identität nicht im ›luftleeren Raum‹ besteht, sondern immer in konkreten Kontexten. Diese können in Überlegungen zur Identität mit einbezogen werden, indem man fragt, »Was oder wer bin ich *in diesem konkreten Kontext*?« In dieser Kontextabhängigkeit von Identität wird man feststellen, dass man über mehrere Identitäten oder auch Rollen verfügt, die nie unabhängig voneinander existieren: Zuhause ist man jemand anderes als bei der Arbeit, im Urlaub oder im Sportverein. Selbst innerhalb eines spezifischeren Kontextes haben einzelne Faktoren einen Einfluss auf die eigene Identität bzw. Rolle, etwa die An- oder Abwesenheit eines direkten Vorgesetzten, die Einführung eines neuen Kollegen oder die Teilnahme an einer großen Konferenz.

Identität lässt sich in diesem kontextorientierten Zusammenhang folgendermaßen definieren (vgl. Lindemann, 2006, S. 77 ff. u. 125 ff.):

1. Identität entsteht aus Fremd- und Selbstzuschreibungen (Fremd- und Selbstbildern).
   Identität ist eng an Selbst- und Fremdwahrnehmungen gekoppelt. Je mehr ich mich selbst in einer bestimmten Rolle erlebe und auch von anderen darin bestätigt werde, desto stabiler etablieren sich diese eigenen und durch andere direkt oder indirekt zurückgemeldeten Zuschreibungen als das, ›was ich bin‹. Gerade bei Fremdzuschreibungen ist es wichtig, inwieweit diese als konsistent mit eigenen Wahrnehmungen angenommen werden oder different zu den eigenen Selbstbeschreibungen sind.

2. Identität entsteht aus kommunikativen und reflexiven Zuschreibungen.
   Gerade bezogen auf den Zusammenhang zwischen Selbst- und Fremdbeschreibungen ist die kommunikative Seite der Identitätsbildung wichtig, da die entsprechenden Zuschreibungen auch (verbal und nonverbal) kommuniziert werden müssen, um wahrnehmbar zu sein. In der jeweiligen Reflexion bietet sich dann die Möglichkeit, Aspekte eigener und fremder Zuschreibungen zu überdenken, Widersprüche und Übereinstimmungen zu identifizieren, sowie Identitäts- und Rollenalternativen zu entwerfen.

3. Identität ist eine ›Beschreibung, unter der man handeln kann‹.
   Identität ist in dem hier vorgestellten Kontext eine Selbst- und Fremdbeschreibung, die bestimmte Handlungsmöglichkeiten beinhaltet, aber auch ausschließt. Erkennt man (bewusst oder unbewusst) die damit verbundenen Regeln und nimmt diese als eine Art Rollenbeschreibung (›Skript‹) an, kann man sich gezielt identitäts- und rollenkonform verhalten.

4. Identität entsteht in einem fortlaufenden Konstruktionsprozess.
   Identität ist kein irgendwann abgeschlossener Prozess, sondern dauert als Identitätsbildung ein Leben lang an. Nach der eingangs dargestellten Kontextabhängigkeit führt auch jeder Kontextwechsel zu einer mehr oder minder umfassenden (Neu-)Positionierung hinsichtlich bisheriger Identitäts- und Rollenmuster.

5. Identität entsteht als Stabilisierung biografischer Selbsterfahrungen.
   Der Konstruktionsprozess der Identität verläuft sowohl bewusst als auch unbewusst. In der Wiederholung positiver und negativer Identitäts- und Rollenerfahrungen entstehen Erfolgsstrategien, Verhaltensmuster, ›blinde Flecken‹, Vorlieben, Abneigungen und dergleichen. Diese können sich sta-

bilisieren, bis hin zu Persönlichkeitsanteilen mit klarem oder sogar weitgehend vorhersagbarem Identitäts- und Rollenverhalten.

6. Identität steht in Form von Rollen- und Persönlichkeitsmustern in Wechselwirkung mit situations- und kontextbedingten Variablen.
Identität ist situations- und kontextabhängig. Eine Veränderung von Aspekten der Identität und des Rollenverhaltens kann durch eine Veränderung situativer und kontextueller Bedingungen entstehen, ebenso können verfestigte Identitäts- und Rollenmuster situations- und kontextbedingte Variablen verändern.

7. Identität besteht aus dem Gefühl der Zusammengehörigkeit von Rollen- und Persönlichkeitsmustern.
Identität ist (in der Regel) mit dem Wissen und dem Gefühl verbunden, dass alle verschiedenen Facetten der Identität und alle verschiedenen Rollenmuster zu ein und derselben Person gehören und dieser zuzuschreiben sind.

Identität als komplexer Prozess der Selbstwerdung und Selbstfindung ist in dieser Definition entscheidend an Situationen, Erfahrungen, Kontexte und auch andere Personen gebunden. Für die eigene Positionierung in einer Organisation, für die Organisations- und Mitarbeiterführung ist es daher eine entscheidende Frage, welche Identitäten und Rollen man in der Organisation einnehmen kann. Die Relevanz einer Position, die mit einem positiven Selbst- und Fremdbild einhergeht, ist hierbei nicht nur für die persönliche Entwicklung entscheidend, sondern auch für die Arbeitsleistung oder die Teamfindung.

An Schulen können hinderliche Identitätskonstruktionen und Rollenmuster grundsätzlich immer dahingehend hinterfragt werden, inwieweit Veränderungen der Situationen und Kontexte sowie der damit zusammenhängenden Selbst- und Fremdbeschreibungen zu ihrer Veränderung Anlass geben können. Dies trifft auf Schüler und Lehrer gleichermaßen zu. Zur Veränderung von Zuschreibungen und festgefahrenen Rollenmustern müssten alle Prozesse analysiert werden, die diese aufrechterhalten (Problemfaktoren), und diejenigen, die zu Veränderungen Anlass geben können (vgl. Lindemann, 2008, S. 43 f.).

Übungen:
A. Beschreiben Sie Aspekte Ihrer Identität in verschiedenen Situationen und Kontexten. In welchen privaten Rollen- und Identitätsmustern möchten Sie in der Schule auf gar keinen Fall wahrgenommen werden? In welchen schulischen Rollen- und Identitätsmustern möchten Sie auf gar keinen Fall in einem privaten Kontext wahrgenommen werden?
B. Beschreiben Sie eine Identitäts- und Rollenveränderung, die Sie bei einem Schüler beobachtet haben. Listen Sie so detailliert wie möglich alle situations- und kontextbedingten Faktoren innerhalb und außerhalb der Schule auf, die hierzu beigetragen haben.

4.3.2 Identifikation und Bindung

Die persönliche Identifikation mit einer Organisation, ihren Zielen, Wertvorstellungen und Produkten kann ein entscheidender Faktor für den beruflichen Erfolg sein, aber auch für die Persönlichkeitsbildung und Identität der Mitarbeiter. Die Identifikation mit einer Organisation spielt aber nicht nur für die Organisation, ihre Mitarbeiter und Führungskräfte eine Rolle, sondern auch für Kooperationspartner und Kunden.

Von der Identifikation mit einer Organisation bzw. mit einzelnen Aspekten der Organisation muss die Bindung (›Commitment‹) an die Organisation unterschieden werden (vgl. Dick, 2007, S. 288 f.; Felfe, 2008, S. 36 ff.).

Identifikation bedeutet ein Zugehörigkeitsgefühl, das mit positiven Gefühlen und subjektiver Wertschätzung verbunden ist, also zum Bestandteil des Selbstkonzeptes gehört. Zur Identifikation gehört die Zustimmung zu bestimmten Zielen, Werten und Normen. *Bindung bzw. ›Commitment‹* kann auf drei Ebenen bestehen:

1. emotionale Zugehörigkeit (affektive Bindung), etwa aufgrund der Sozialkontakte, des Arbeitsklimas oder der Verbundenheit mit dem Produkt.
2. moralisch-ethische Verpflichtung (normative Bindung), etwa aufgrund der Arbeitsaufgaben und Ziele der Organisation.
3. Abhängigkeit (fortsetzungsbezogene oder kalkulatorische Bindung), etwa wegen mangelnder anderer Berufschancen.

Für Bindung kann allein schon ein gutes Verhältnis zu Kollegen oder eine angemessene Vergütung ausreichend sein, ohne dass höheren Werten der Organisation zugestimmt werden muss. Für eine weitergehende Identifikation jedoch müssen Aspekte der Organisation wichtig für die persönliche Identität sein in dem Sinne, dass persönliche und organisationale Werte und Glaubenssätze übereinstimmen, oder dass man selbst gerne mit der Organisation in Verbindung gebracht wird. Das interne und externe Image der Organisation ist für diese Form der Identifikation ein wichtiger Faktor (vgl. Dick, 2004, S. 52 ff.; siehe O.u.OE. Kapitel 3.2: Anspruchsgruppen, Märkte und Vermarktung). Eine Organisation oder ein Produkt, das hohe gesellschaftliche Anerkennung erhält oder in einer bestimmten Kundengruppe hoch angesehen ist (externes Image), fördert Identifikation und vor allem auch affektive Bindung ebenso wie humane Arbeitsbedingungen, wertschätzender Umgang und gutes Arbeitsklima (internes Image).

Die Vorteile von Identifikation und Bindung für Mitarbeiter und Organisation sind wechselseitig. Auf der Seite der Organisationsangehörigen stehen Sicherheit, Zugehörigkeit, Selbstwert, Sinn und Bedeutung, aufseiten der Organisation eine höhere Produktivität und ein stärkeres Engagement für die Organisation (vgl. Dick, 2004, 10 ff.).

Identifikation und affektive Bindung stehen in positivem Zusammenhang zur Arbeitszufriedenheit, Beteiligung, Leistung, zum aufgabenbezogenem Verhalten und dem sogenannten Extra-Rollenverhalten der Belegschaft (›Organizational Citizenship Behaviour‹).[8]

Normative Bindung steht in schwächerem Zusammenhang zu den benannten Aspekten und *fortsetzungsbezogene Bindung* steht in keiner oder sogar negativer Korrelation hierzu.

Eine zu starke Identifikation oder eine zu starke affektive und normative Bindung (›Overcommitment‹) können aber auch nachteilig oder sogar schädlich sein. Aufseiten der Organisationsangehörigen kann ein Gefühl der Unersetzlichkeit und der Notwendigkeit ständiger Verfügbarkeit für die Organisation entstehen, was sich in Form von Überstunden, Überarbeitung, Mitnahme von Arbeit nach Hause, Vernachlässigung anderer Aktivitäten und damit verbundenem Stress zeigt (vgl. Dick, 2004, S. 41; Felfe, 2008, S. 237 ff.; siehe Kapitel 4.4: Stress, Abwehrmechanismen und Copingstrategien).

Aufseiten der Organisation kann eine zu starke Identifikation problematisch sein, wenn Mitarbeiter dadurch ›ausbrennen‹, aber auch, wenn sie dazu führt, dass die Organisationsangehörigen versuchen, alle Merkmale der Bindung und Identifikation zu erhalten, auch wenn dies für die Weiterentwicklung der Organisation nicht mehr hilfreich oder sogar kontraproduktiv ist (vgl. Dick, 2004, S. 42 f.). Dies kann sich vor allem dann zeigen, wenn es im Zuge von Veränderungen in der Organisation dazu kommt, dass sich zentrale Merkmale der Bindung und Identifikation verändern, etwa durch Wegfall von Belohnungen aufgrund von Einsparmaßnahmen, durch eine neue Organisationsleitung, die andere Werte vertritt oder bei der Fusion von Organisationen.

In Wirtschaftsbetrieben, die – beispielsweise aufgrund von Globalisierungsprozessen – häufigen und massiven Veränderungen ausgesetzt sind, zeigen sich wenige Identifikationsmöglichkeiten, da sich die Identität der Organisation selbst – zumindest in ihren inneren Abläufen – als zu wandelbar zeigt. Bei Organisationen mit einer starken, etablierten und angesehenen Marke und entsprechendem Image hingegen bieten sich allein schon hierdurch gute Identifikationspunkte, selbst wenn sich Vorstände, Geldgeber und Besitzverhältnisse komplett verändern. Für Identifikation und Bindung an Schulen sind die ›Marke‹ und das Image der einzelnen Schule und der Schulform extrem wichtig (siehe O.u.OE., Kapitel 3.2: Anspruchsgruppen, Märkte und Vermarktung).

Die Auseinandersetzung mit Identifikation und Bindung ist ein entscheidender Faktor für die Analyse des Verhaltens von Mitarbeitern und der Arbeitsleistung

---

8 *Extra-Rollenverhalten* oder ›*Organizational Citizenship Behaviour*‹ bezeichnet ›Bürgertugenden‹, wie Hilfsbereitschaft, Gewissenhaftigkeit, Rücksichtnahme, Fairness und Eigeninitiative (vgl. Bell u. Menguc 2002, 141; siehe auch Wunderer 2007 65 f.).
Die Metaanalysen zur Identifikation mit Unternehmen durch Michael Riketta (2005) und zu den verschiedenen Formen der Bindung durch John Meyer, David Stanley, Lynne Herscovich und Laryssa Topolnytsky (2002) ergaben folgende Korrelationskoeffizienten bezogen auf Identifikation und affektive Bindung (vgl. Dick 2007, 290 f.; linker Wert Riketta 2005, rechter Wert Meyer et.al. 2002): Arbeitszufriedenheit (.54/.65), Beteiligung (.61/–), Leistung (–/.16), aufgabenbezogenes Verhalten (.17/–), Extra-Rollenverhalten (.35/.32).

in der Organisation. Für Schulen ist die Auseinandersetzung mit Identifikation und Bindung interessant, da man aufgrund von Schulpflicht und geringen Auswahlmöglichkeiten in der Zugehörigkeit zu dieser Organisation eher mit fortsetzungsbezogener Bindung rechnen muss als mit den anderen Formen der Identifikation und Bindung.

In der amerikanischen Kultur von Bildungseinrichtungen spielen Identifikation und Bindung schon seit jeher eine große Rolle, was sich unter anderem im Stellenwert der jeweiligen Sportmannschaften zeigt. Wo immer es sich um prestigeträchtige Bildungseinrichtungen handelt, mag allein der Stolz der Zugehörigkeit gute Leistungen befördern, sofern dieser Stolz nicht einfach nur in Form von elitärem Dünkel in Erscheinung tritt. Gleiches wird wohl für Schulen gelten, die über ein hohes Maß an Innovation oder ergänzenden Angeboten verfügen. Identifikation kann sich aber auch kontraproduktiv äußern, wenn die Zugehörigkeit zu einer ›besonders schlimmen Schule‹ als Identifikationsraum dient und dazu führt, dass sich Schüler, Lehrer oder auch alle Angehörigen der Schule über Ablehnung und Negativ-Verhalten definieren (etwa abwertende Kommunikation, Verweigerung der Zusammenarbeit, Misserfolgserwartung und Beleidigungen aufseiten der Lehrer und Schüler, und bei Schülern insbesondere Schulverweigerung, Abzocke, Prügeleien, Diebstähle und Vandalismus; siehe Kapitel 4.4.3: Kontraproduktives Verhalten).

Übungen:
A. Werten Sie für sich selbst auf einer Skala von 1 (wenig) bis 10 (sehr stark), wie bedeutsam die verschiedenen Formen der Bindung für Sie bezogen auf Ihre Tätigkeit an Ihrer Schule sind (a. emotionale Zugehörigkeit bzw. affektive Bindung, b. moralisch-ethische Verpflichtung bzw. normative Bindung, c. Abhängigkeit bzw. fortsetzungsbezogene und kalkulatorische Bindung). Was könnten Sie tun, um Ihre emotionale Zugehörigkeit höher zu bewerten?
B. Erstellen Sie bezüglich Ihrer Schule oder Schulklasse eine Übersicht darüber, welche Aspekte zu produktiver und kontraproduktiver Identifikation beitragen und welche Formen affektiver, normativer und fortsetzungsbezogener Bindung Sie in diesem Kontext wahrnehmen.
C. Überprüfen Sie, mit welchen Formen symbolischer Führung Sie zur Identifikation und Bindung beitragen (siehe Kapitel 3.4.6: Symbolische Führung und F.u.Z. AH-12: ›Arbeitsblatt zur Führung 3: symbolische Führung‹ auf der Webseite zu diesem Buch).

4.3.3 Identifikations- und Bindungsebenen

Um die Identifikationsmöglichkeiten mit einer Organisation gezielt reflektieren und auch gestalten zu können, muss differenziert werden, auf welche konkreten Ebenen sich Identifikation und Bindung beziehen. Solche Bezugspunkte können die Organisation als Ganzes, der Beruf oder die Tätigkeit, das Team, die Führungskraft, die Beschäftigungsform, Karriere oder Veränderung sein (vgl. Felfe, 2008, S. 41–53). Die hier vorgestellte Differenzierung bezieht sich einerseits auf die schon im Zusammenhang mit Führungsaufgaben herangezogenen ›logischen Ebenen‹ (siehe Kapitel 3.2: Einflussfaktoren gelingender Organisation und Führung) und andererseits auf den sozialen Kontext.

Differenziert man Identifikations- und Bindungsebenen anhand des *Modells der logischen Ebenen* (vgl. Dilts, 2005), ergeben sich mehrere Aspekte, die für Identifikation und Bindung entscheidend sein können (siehe auch Kapitel 3.5.2: Handlungs- und Einflussfelder von Führung):

1. Ebene: Kontext, Umgebung und Rahmenbedingungen
   (Wo? Womit? Wann?)
   Personen, materielle und personelle Ausstattung, Raumsituation, örtliche Umgebung, persönlicher Besitz und Wohlstand, Ressourcen und Verteilung.
   Welche Personen arbeiten hier? Wie können wir einen Arbeitsplatz gestalten? Sollen wir anderes Arbeitsmaterial verwenden? Was können wir an räumlichen, sächlichen und zeitlichen Strukturen verändern, um die Arbeitszufriedenheit und Produktivität zu verbessern?

2. Ebene: Handlungen, Verhaltensweisen und Aktivitäten
   (Was? Auf welche Art?)
   Handeln und Nicht-Handeln, Taten, Vorgehensweisen, Vorgehensreihenfolgen, Handlungsstile.
   Wie gehen wir mit Konflikten um? Welche gezeigten Verhaltensweisen wollen wir unterstützen? Was soll als nächstes getan werden?

3. Ebene: Kompetenzen, Fähigkeiten und Talente
   (Wie? Auf welcher Grundlage?)
   Know-how, Wissen, Aufgabenbereiche, Berechtigungen, Abschlüsse, Nutzungsrechte.
   Wer von uns hat die Kompetenzen für eine anstehende Aufgabe? Müssen wir eine Schulung organisieren, einen Artikel zum Thema lesen oder einen Fachmann beauftragen? Wie läuft in unserer Organisation der Kompetenztransfer zwischen den Kollegen?

4. Ebene: Rollen, Identität und Zugehörigkeiten
   (Wer? Welche Rolle?)
   Selbstbild, Fremdbild, Leitungsansprüche, Hierarchien, Machtkämpfe, Freundschaft, Rollenunsicherheiten, Geschlechterrollen, Zuneigung und Abneigung, Zugehörigkeit und Abhängigkeit, Freundschaft, Feindschaft, Hass.

Gehört es zu meinem Selbstverständnis, das zu tun? Warum ist Klaus immer der Rebell in der Klasse? Welche Aufgaben hat die Schulleitung? Welches Bild habe ich von Führung? Welches Bild haben die anderen von mir?

5. Ebene: Überzeugungen, Leit- und Glaubenssätze
   (Mit welcher Begründung? Nach welchen Regeln?)
   Persönlicher Antrieb, soziale Normen, Moral, Ethik, Regeln.
   Warum soll ich das tun? Welche Grundsätze vertrete ich? Wofür soll das gut sein? Was steht in unserem Leitbild?

6. Ebene: Bedürfnisse, Werte und Vision
   (Warum? Wozu? Zu welchem Zweck? Was ist der Lohn dafür?)
   Erfüllte Bedürfnisse, geteilte Werte, gerechter Lohn, Sinn, Religion, Ideale, Nutzen.
   Deckt sich meine Zukunftsvision mit den Zukunftsvisionen der Organisation oder der Kunden? Wie kann ich erreichen, dass die Schüler auch ihre eigene Vision entwickeln, verfolgen und verwirklichen können? Was ist unsere gemeinsame Vision?

Allein schon eine Analyse anhand der logischen Ebenen kann ein sehr differenziertes Bild der Identifikation und Bindung ermöglichen. Vor allem in der Selbstreflexion können eigene Vorstellungen und Vorstellungen der Organisation miteinander verglichen werden. Finden Identifikation und Bindung nur auf den unteren Ebenen der Umgebung und Handlungen statt, sind sie bei Weitem nicht so nachhaltig wie auf den höheren Ebenen, etwa der Rolle oder Vision. Andererseits können Identifikation und Bindung auf den unteren Ebenen auch nicht so nachhaltig enttäuscht werden und ihre Bezugspunkte sind eher austauschbar.

Die Analyse anhand der logischen Ebenen lässt sich aber auch erweitern, indem man die logischen Ebenen hinsichtlich verschiedener sozialer Zusammenhänge bearbeitet. In Anlehnung an das *ökosystemische Modell* von Urie Bronfenbrenner können die logischen Ebenen als Bezugspunkte in verschiedenen sozialen Kontexten beleuchtet werden (vgl. Bronfenbrenner, 1981; Carle, 2000, S. 288 ff.).

Als soziale Kontexte von Identifikation und Bindung können (vereinfacht) unterschieden werden:
– *Einzelperson*: Identifikation und Bindung bezogen auf sich selbst als Person und die persönlichen Lebens- und Arbeitsumstände.
– *Gruppe*: Identifikation und Bindung bezogen auf eine oder mehrere andere Personen und die damit zusammenhängenden Lebens- und Arbeitsumstände (mit dem Vorgesetzten, dem Team, der Abteilung, der Schulklasse, dem Partner, der Clique, der Familie).
– *Organisation*: Identifikation und Bindung bezogen auf die gesamte Organisation und die damit zusammenhängenden Arbeitsumstände.

- *Nachbarschaft:* Identifikation und Bindung bezogen auf das jeweilige Umfeld, auf Kooperationen und Konkurrenzen, Kunden, Stadtteil, Viertel, Lage und die damit zusammenhängenden Lebens- und Arbeitsumstände.
- *Gesellschaft:* Identifikation und Bindung bezogen auf die Stadt, das Dorf, das Land, eine gesellschaftliche ›Schicht‹ und die damit zusammenhängenden Lebens- und Arbeitsumstände.

Hinsichtlich einer Differenzierung nach sozialen Kontexten kann beispielsweise eine starke Identifikation mit dem Arbeitsteam oder der Abteilung bestehen, während zur Gesamtorganisation eher nur eine fortsetzungsbezogene Bindung besteht. Auch Identifikationen und Bindungen im privaten und familiären Kontext können hierbei differenziert herausgearbeitet werden.

In einer detaillierten Analyse mit dem Modell der logischen Ebenen und dem ökosystemischen Modell kann ein regelrechtes ›Identifikations- und Bindungs-Portfolio‹ erstellt werden, das Aspekte von Identifikation und Bindung genau aufschlüsselt. Legt man die Perspektiven der logischen Ebenen und des ökosystemischen Modells in einer Tabelle an, können Identifikationspunkte und Identifikationslücken aufgezeigt werden (Tabelle 10):

Tabelle 10: Ebenen der Identifikation und Bindung bezogen auf verschiedene Lebensbereiche

Identifikation und Bindung bezogen auf ...	Einzelperson (z. B. bezogen auf sich selbst als Schüler, Lehrer, Eltern)	Gruppe (z. B. bezogen auf andere Personen, Team, Klasse, Kollegium)	Organisation (z. B. bezogen auf ein Unternehmen, eine Schule)	Nachbarschaft (z. B. bezogen auf Kooperationspartner, Lage der Schule, Stadtteil)	Gesellschaft (z. B. bezogen auf soziale Gruppen, Stadt, Land)
Bedürfnisse, Werte und Vision	Was sind meine Bedürfnisse und Werte? Was ist der Sinn meines Lebens?	Was sind Bedürfnisse und Werte des Teams? Bedürfnisse und Werte der Klasse?	Was sind Bedürfnisse und Werte der Institution?	Was sind Bedürfnisse und Werte der Nachbarschaft? Welche Vision gibt es für den Sozialraum und die Sozialraumentwicklung?	Was sind Bedürfnisse und Werte der Stadt, des Landes?
Überzeugungen, Leit- und Glaubenssätze	Was sind meine Grundhaltungen und Leitsätze? Glauben Weltbilder Leitbilder	Was sind Grundhaltungen und Leitsätze des Teams? ›Unsere‹ Richtung	Was sind Grundhaltungen und Leitsätze der Institution? Schulphilosophie Regeln	Grundhaltungen und Leitsätze der Nachbarschaft Regeln des Sozialraumes und der Sozialraumentwicklung	Grundhaltungen und Leitsätze der Stadt, des Landes Gesellschaftsideal Gesellschaftsentwurf

Identifikation und Bindung bezogen auf ...	Einzelperson (z. B. bezogen auf sich selbst als Schüler, Lehrer, Eltern)	Gruppe (z. B. bezogen auf andere Personen, Team, Klasse, Kollegium)	Organisation (z. B. bezogen auf ein Unternehmen, eine Schule)	Nachbarschaft (z. B. bezogen auf Kooperationspartner, Lage der Schule, Stadtteil)	Gesellschaft (z. B. bezogen auf soziale Gruppen, Stadt, Land)
Rollen, Identität und Zugehörigkeiten	Wer bin ich? Welche Rolle(n) nehme ich ein? Wie sehe ich mich selbst? Wie sehen mich andere?	Wer bin ich hier? Was ist hier meine Rolle? Wie sehe ich mich hier selbst? Wie sehen mich hier andere?	Wer bin ich hier? Was ist hier meine Rolle? Wie sehe ich mich hier selbst? Wie sehen mich hier andere?	Ansehen des Stadtteils Wer bin ich hier? Was ist hier meine Rolle?	Ansehen der Gruppe, der Stadt, des Landes Wer bin ich hier? Was ist hier meine Rolle?
Kompetenzen, Fähigkeiten und Talente	Was kann ich? Worin bin ich richtig gut?	Welche meiner Fähigkeiten werden hier anerkannt, gefordert und gefördert? Welche Fähigkeiten haben wir gemeinsam?	Welche meiner Fähigkeiten werden hier anerkannt, gefordert und gefördert?	Welche meiner Fähigkeiten werden hier anerkannt, gefordert und gefördert?	Welche meiner Fähigkeiten werden hier anerkannt, gefordert und gefördert?
Handlungen, Verhaltensweisen und Aktivitäten	Was tue ich?	Welche Aufgaben, Tätigkeiten und Handlungsmöglichkeiten hat das Team? Welche habe ich?	Welche Aufgaben, Tätigkeiten und Handlungsmöglichkeiten gibt es in der Organisation für mich und andere?	Aufgaben, Tätigkeiten, und Handlungsmöglichkeiten im Umfeld	gesellschaftliche Aufgaben, Tätigkeiten und Handlungsmöglichkeiten
Kontext, Umgebung und Rahmenbedingungen	Was habe ich? Wo und wie lebe ich?	Wo und wann trifft man sich? Welche Ressourcen stehen zur Verfügung?	Arbeitsplatz, Ressourcen, finanzielle und materielle Ausstattung	Freizeit- und Bewegungsräume, Konsum- und Gestaltungsmöglichkeiten	Mittelschicht Deutschland Ort Gegend Ressourcen

Neben qualitativen Aussagen können auch Wertungen in ein solches Raster übernommen werden, etwa indem nach einer qualitativen Sammlung Punkte auf die einzelnen Aussagen verteilt werden oder indem ein Ranking der Aussagen erstellt wird.

An Schulen kann eine Auseinandersetzung mit Identität und Bindung im Unterricht ein guter Anlass sein, über Herkunft, Werte, kulturelle Unterschiede und dergleichen mehr ins Gespräch zu kommen. Im Rahmen von Organisationsentwicklungsprozessen kann eine Analyse der Identitäts- und Bindungsstrukturen an einer Schule dazu dienen herauszuarbeiten, wie bestehende Identifikationen und Bindungen genutzt und wie Identifikations- und Bindungslücken geschlossen werden können.

> **Übungen:**
> A. Bearbeiten Sie das Arbeitsblatt zu Identifikation und Bindung 1 allein als Selbstreflexion, mit Ihrem Kollegium, in Ihrer Schulklasse oder an Ihrer gesamten Schule (siehe F.u.Z. AH-17: ›Arbeitsblatt zu Identifikation und Bindung 1: Identifikationsanalyse Person und Organisation‹ auf der Webseite zu diesem Buch).
> B. Verwenden Sie das Arbeitsblatt zur freien Identifikationsanalyse, um Ihre eigene Identifikation mit einem Team oder Ihrer Schulklasse zu analysieren (siehe F.u.Z. AH-18: ›Arbeitsblatt zu Identifikation und Bindung 2: Identifikationsanalyse anhand der logischen Ebenen‹ auf der Webseite zu diesem Buch)

4.4 Stress, Abwehrmechanismen und Copingstrategien

Stress ist in der Arbeitswelt ein viel verwendeter, wenn nicht gar überstrapazierter Begriff. Es gehört in vielen Arbeitsbereichen fast zum guten Ton, ›Stress zu haben‹. Wer keinen Stress hat, scheint nicht genug leisten zu müssen. Wer äußert, dass er ›stressfrei arbeitet‹, kann sogar Gefahr laufen, dadurch Unterbelastung zu signalisieren und würde somit geradezu dazu einladen, weitere Aufgaben übertragen zu bekommen. ›Tatsächlicher Stress‹, der krankmacht, das Wohlbefinden und die Handlungsfähigkeit einschränkt, wird hierdurch oft nicht wahrgenommen und als Normalzustand abgetan.

Es lohnt sich daher, zwischen ›Stress als Arbeitsbelastung‹ und ›Stress als Schutzbehauptung‹ zu unterscheiden. Hierzu müssen Kriterien definiert werden, um die Grenzen zwischen Leistung, Über- und Unterbelastung erkennbar zu machen. Da die persönliche Reaktion auf solche Stressoren jedoch sehr individuell ist, müssen diese immer im Einzelfall überprüft werden. Eine solche Faktorenanalyse soll einen Blick auf äußere Umstände wie auch auf Verhaltensweisen ermöglichen, mit denen Menschen auf Stress reagieren bzw. diesen bewältigen (Coping).

4.4.1 Stressfaktoren und Ressourcen

Alle mit der Arbeit zusammenhängenden Faktoren können je nach Ausprägung und individueller Wahrnehmung als neutral, stressfördernd oder stressreduzierend empfunden werden. Diese (potenziellen) Stressoren können im Einzelfall als positiv erlebt werden, da sie zu Leistung anspornen und Bedürfnisse befriedigen (sogenannter Eustress). Sie können aber auch als negativ erlebt werden, wenn sie individuelle Leistungspotenziale übersteigen und gegen persönliche Bedürfnisse, Motive und Interessen gerichtet sind (sogenannter Disstress). So erlebt eine Person etwa eine Aufgabe oder Arbeitsumgebung als herausfordernd, anregend und leistungssteigernd, eine andere erlebt sie als unterfordernd und langweilig, eine weitere als überfordernd, anstrengend und leistungsreduzierend. Ebenso, wie die Bewertung von Stressoren individuell ist, richtet sich auch eine darauffolgende Reaktion nach individuellen und persönlichen Maßstäben. Gleiches gilt für die Bewertung von Ressourcen, also von Faktoren, die als förderlich und hilfreich erlebt werden. Bei der Identifizierung von Stressfaktoren (Stressoren) müssen also jeweils die Zusammenhänge zwischen Person und Arbeitsumgebung analysiert werden.

Bezogen auf das *Arbeitsumfeld* lassen sich der Unterscheidung von Joseph McGrath folgend fünf verschiedene Gruppen von Stressoren bzw. Ressourcen unterscheiden, die soziale Aspekte und Umweltfaktoren beinhalten (vgl. McGrath, 1976)[9]. Die Unterscheidung von McGrath wird hier um zwei Bereiche erweitert:

– *Arbeitsaufgaben*
  z. B. Schwierigkeit, Umfang und Komplexität der Aufgabe, Arbeitstempo, Angemessenheit oder Unangemessenheit, Über- oder Unterforderung,
– *Arbeitsrollen*
  z. B. Rollenkonflikte, Rollenkonkurrenz, Degradierung, Prestige, Über- oder Unterqualifizierung, Führungskraft, Vorstand, Auszubildender, Berufseinsteiger,
– *sozialer Verhaltensrahmen*
  z. B. personelle Unter- oder Überbesetzung, Hierarchie, Kommunikationswege, Schichtarbeit,
– *soziale Arbeitsumgebungen*
  z. B. zwischenmenschliche Beziehungen, Freundschaften, Feindschaften, Konkurrenz, Isolation, Umgangston,
– *physikalische Arbeitsumgebung*
  z. B. Lärm, Hitze, Lichtverhältnisse, Luftzufuhr, Farbgestaltung, individuelle Gestaltungsmöglichkeiten.

Ergänzt werden können diese fünf Bereiche durch:

– *arbeitsvertragliche Bedingungen*
  z. B. Lohn, Zeitvertrag, Teilzeit, Überstundenregelungen, Gewinnbeteiligung, Aufstiegschancen, Perspektive,
– *organisationsbezogene Bedingungen*
  z. B. Konkurrenz, Kooperationen, Abhängigkeiten, Marktplatzierung, Ansehen.

---

9   Für eine Analyse von Stressfaktoren könnten beispielsweise auch die in Kapitel 5.2.1 vorgestellten ›Kriterien humaner Arbeit‹ als Untergliederung dienen.

Jeder Mensch reagiert jedoch auf diese Bedingungen nicht nur aufgrund seiner Persönlichkeit und seiner erlernten Bewältigungsstrategien ganz unterschiedlich, sondern auch aufgrund weiterer stressfördernder oder stressreduzierender Faktoren aus seinem *privaten Umfeld*. Positive Aspekte des privaten Umfeldes können als Ausgleich beruflicher Stressoren dienen, ebenso wie positive Aspekte des beruflichen Umfeldes einen Ausgleich für negative Stressoren im privaten Umfeld darstellen können. Auch können sich die einzelnen Faktoren positiv oder negativ verstärken. Eine individuelle Untersuchung und Beeinflussung von Stressfaktoren muss daher immer berufliche und private Aspekte beleuchten.

Stressoren und Ressourcen aus dem privaten Umfeld können folgendermaßen unterteilt werden:

- *private Rollen*
  z. B. Vater, Mutter, Freund, Spaßmacher, Sportler,
- *familiäre Situation*
  z. B. alleinstehend, verheiratet, geschieden, Kinder,
- *Freundeskreis*
  z. B. Clique, regelmäßige Treffen, Telefonkontakte,
- *Wohn- und Lebensumfeld*
  z. B. Größe und Einrichtung der Wohnung, Stadt, Land, Nähe zur Arbeit, Nachbarn, Betätigungs- und Freizeitmöglichkeiten,
- *Freizeitverhalten*
  z. B. Hobbys, Urlaub, Sport, Spiele,
- *finanzielle Situation*
  z. B. Schulden, Kredite, Nebeneinkünfte,
- *privater Verhaltensrahmen*
  z. B. Pflege der Eltern, Erwartungen von Freunden und Familien.

Neben den externen sozialen und umgebungsbezogenen Stressoren und Ressourcen sind *individuumsbezogene Faktoren* entscheidende Aspekte dafür, ob etwas als positiver oder negativer Stress erlebt wird, ob etwas eine Ressource darstellt oder nicht. Zu diesen Faktoren gehören:

- *Bedürfnisse und Motive*
  z. B. Versorgung, Karriere, Anerkennung, Selbstverwirklichung,
- *Handlungs- und Reaktionsmuster*
  z. B. Flucht, Aggression, Kommunikation, Klärung, Verbündete suchen,
- *Gefühlslage*
  z. B. Angst, Gelassenheit, Trauer, Unsicherheit, Freude,
- *Kompetenzen*
  z. B. berufliche Kompetenzen, Entspannungstechniken, kommunikative Kompetenzen,

- *physische Aspekte*
  z. B. Alter, Geschlecht, Aussehen, Größe, Gesundheit,
- *psychische Aspekte*
  z. B. Selbstkonzept, Weltbild, Menschenbild, psychische Stabilität,
- *kulturelle Aspekte*
  z. B. Herkunft, Traditionen, Werte, Religion,
- *Erfahrungen*
  z. B. frühere Erlebnisse, Erfolge und Misserfolge.

Stressreaktionen, Abwehrmechanismen, Bewältigungs- und Copingstrategien entstehen aus dem Gesamtzusammenhang beruflicher, privater und individuumsbezogener Faktoren. Diese lassen sich in einer zusammenfassenden Grafik als Kreismatrix darstellen, in die Stressoren und Ressourcen in ihrem Ausprägungsgrad eingezeichnet werden können. Entscheidend für das persönliche Empfinden von Stress ist hierbei die quantitative und qualitative Gesamtverteilung von Stressoren und Ressourcen (Abbildung 14).

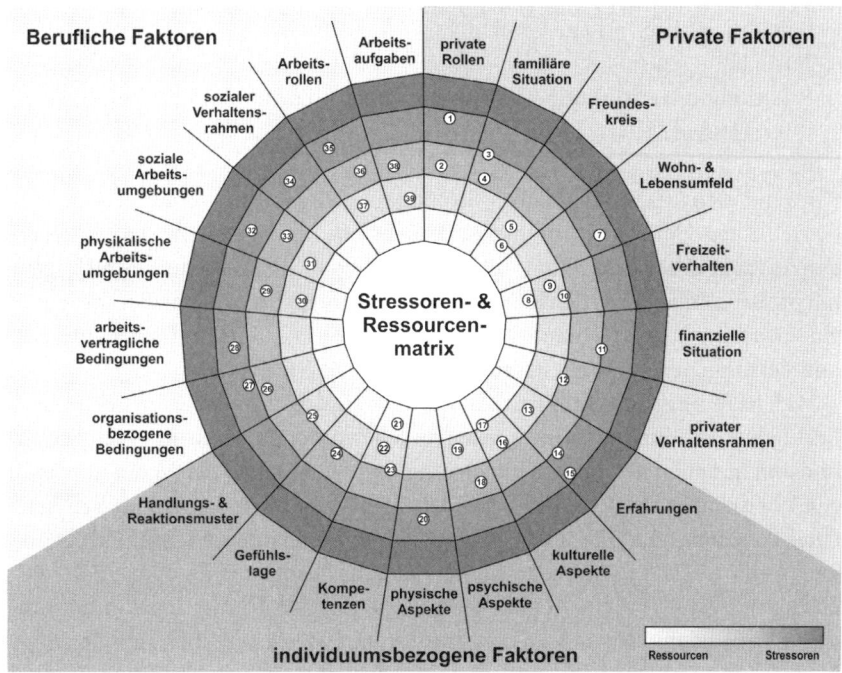

Abbildung 14: Übersicht über berufliche, private und individuumsbezogene Stressoren und Ressourcen. Einzelne Stressoren und Ressourcen sind als Zahlen eingetragen

Ansatzpunkte für den Umgang mit Stress können alle einzeln benannten Faktoren sein. Stressoren in einem Bereich können durch Stress reduzierende oder ausgleichende Faktoren (Ressourcen) in einem anderen Bereich als weniger belastend empfunden werden. Auch ist es möglich, Stressoren zu reduzieren oder neue Ressourcen zu schaffen. Für jeden einzelnen Menschen könnte man – etwa in Analogie zu einer Waage – eine Stressoren- und Ressourcenanalyse durchführen, indem man sammelt, welche Faktoren einerseits Stress fördern und andererseits Stress reduzieren bzw. welche zu Eustress oder Disstress führen. Im Sinne einer Work-Life-Balance gilt es hierbei, ein in der individuellen Bewertung ausgeglichenes Verhältnis zwischen den verschiedenen Faktoren herzustellen.

Ausgehend von solchen Analysen bei einzelnen Personen oder in ganzen Arbeitsbereichen, können verschiedene *präventive oder rehabilitative Maßnahmen* ergriffen werden (vgl. Rosenstiel, 2003a, S. 103).

- *Primär*
  Umstrukturierung und Veränderung der Bedingungen im betrieblichen oder privaten Umfeld.
- *Sekundär*
  Training des Umgangs mit Stress und der Stressbewältigung, bezogen auf das betriebliche oder private Umfeld.
- *Tertiär*
  Schaffung oder Stärkung von Ausgleichsfaktoren im betrieblichen oder privaten Umfeld.

Während sich ein ›betriebliches Stressmanagement‹ auf Veränderungen im betrieblichen Umfeld beschränkt und höchstens um allgemeine Angebote, die den privaten Bereich betreffen – etwa in Form von Kursangeboten zum Umgang mit Stress –, ergänzt werden kann, ermöglicht es eine persönliche Beratung (z. B. ein ›Coaching‹), tiefergehende Zusammenhänge zwischen beruflichen, privaten und persönlichen Faktoren herzustellen.

Welche Maßnahmen im Einzelfall hilfreich sind, hängt von vielen Faktoren ab. Letztlich muss immer geprüft werden, welche vorhandenen Ressourcen genutzt und welche neuen Ressourcen hinzugefügt werden können. Neben der notwendigen Wirtschaftlichkeit solcher Veränderungen spielt auch die Bereitschaft beteiligter Personen, an Veränderungen mitzuwirken, eine Rolle. Nicht zuletzt gehört hierzu eine offene Auseinandersetzung mit dem Thema und die Akzeptanz, dass ›Stress zu haben‹ eben nicht gleichbedeutend mit der Erbringung von Leistung ist und als Redensart geradezu verschleiert, dass Menschen unter tatsächlichem Stress leiden. Auf dem Weg zu einem betrieblichen bzw. schulischen Gesundheitsmanagement ist eine Auseinandersetzung mit dem Thema Stress auf jeden Fall ein wichtiger Arbeitsschwerpunkt (vgl. Kretschmann, 2001).

> **Übungen:**
> A. Bearbeiten Sie die Arbeitsblätter zur Stressanalyse für eine konkrete Stresssituation, die Sie in Ihrem Arbeitsalltag betrifft (siehe F.u.Z. AH-19: ›Arbeitsblatt zur Stressanalyse 1: Arbeitsbedingungen‹, F.u.Z. AH-20: ›Arbeitsblatt zur Stressanalyse 2: privates Umfeld‹ und F.u.Z. AH-21: ›Arbeitsblatt zur Stressanalyse 3: individuelle Faktoren‹ auf der Webseite zu diesem Buch).
> B. Bearbeiten Sie das Arbeitsblatt ›Stressanalyse Arbeitsbedingungen‹ in Ihrem Kollegium oder Ihrer Klasse (siehe F.u.Z. AH-19: ›Arbeitsblatt zur Stressanalyse 1: Arbeitsbedingungen‹ auf der Webseite zu diesem Buch). Werten Sie die genannten Faktoren und Verbesserungsvorschläge aus. Wo gibt es Mehrfachnennungen? Was wären die wichtigsten Veränderungen? Was wäre am einfachsten zu verändern?

4.4.2 Abwehrmechanismen und Copingstrategien

In diesem Abschnitt werden die individuellen Umgangsweisen mit Stress genauer beleuchtet. Hierbei erfolgt eine Beschränkung auf soziale und kognitive Strategien. *Körperliche, psychische und psychosomatische Reaktionsweisen auf Stress* werden nicht näher beleuchtet. Dies liegt darin begründet, dass diese zwar bezogen auf die Auswirkungen und Umgangsweisen mit Stress äußerst relevant sind, aber im Kontext der Mitarbeiterführung und Organisationsgestaltung letztlich nur Hinweise für die Notwendigkeit von Veränderung der sozialen und umgebungsbezogenen Stressfaktoren darstellen, bzw. für die Notwendigkeit, Mitarbeiter dabei zu unterstützen, andere Umgangsweisen mit stressinduzierenden Situationen zu entwickeln (etwa durch Schulungen, Supervision, Coaching). Neben einer medizinisch-therapeutischen Begleitung dieser Stresssymptome – wie Kopfschmerzen, Schlaflosigkeit oder Depressionen – beziehen sich alle organisationalen Maßnahmen auf die Arbeitsplatz- und Aufgabengestaltung sowie die Beratung des Mitarbeiters (siehe auch Kapitel 5.3.2: Fortbildung, Beratung, Supervision und Coaching).

Auf Stress reagieren Menschen jedoch nicht nur physisch und emotional, etwa durch Angst, Wut, Anspannung, Zittern, Schwitzen, Herzrasen oder Krankheit, sondern auch mit *Verhaltensweisen,* die mit ihrer Bewertung der Stresssituation in Zusammenhang stehen. Diese Verhaltensweisen sind sehr vielschichtig und liegen in den Erfahrungen der jeweiligen Person begründet, unterliegen zunächst möglicherweise noch ihrer willentlichen Entscheidung, können sich aber als Reaktionen und Verhaltensweisen verselbstständigen. Als Beispiel mag das Phänomen der Prüfungsangst dienen: Zusätzlich zu physischen und emotionalen Reaktionen zeigen sich spezifische Verhaltensweisen, wahlweise Vermeidung, Flucht (Ausreden, Davonlaufen) oder Angriffsverhalten (panischer Aktionismus, Durchstehen der Prüfung). Verhaltensbezogene Reaktionen auf Stress sind deshalb für die Mitarbeiterführung und Organisationsgestaltung so wichtig, da sie – im Gegensatz zu rein physischen und emotionalen Reaktionen – oft eindeutiger beobachtbar sind. Wenn jemand seine Bewertungen und Stressbelastungen nicht mitteilt, bieten beobachtete Verhaltensweisen einen Anlass, mit der betreffenden Person hierüber ins Gespräch zu kommen.

Lutz von Rosenstiel hat – in Anlehnung an die durch Anna Freud formulierten Abwehrmechanismen – die wichtigsten Reaktionsweisen skizziert, mit denen Menschen auf Überforderungen und Stresssituationen reagieren (vgl. Rosenstiel, 2003c, S. 37 f.). Diese Reaktionen können sich in verschiedenen Ausprägungen zeigen bis hin zu Panikattacken oder Wutausbrüchen.

1. *Verdrängung:*
   Verdrängen, verschieben oder vergessen unangenehmer oder peinlicher Erlebnisse, Aufgaben und Termine.
2. *Kompensation:*
   Scheinbarer oder tatsächlicher Ausgleich durch Anstrengungen im gleichen oder in anderen Bereichen.
3. *Verschiebung:*
   Ausleben von Emotionen und Handlungen, die man an Orten oder in Situationen, in denen Stress entsteht, nicht zeigen kann oder darf (z. B. woanders ›Dampf ablassen‹).
4. *Identifikation:*
   Identifizieren mit einer Person, die erfolgreich ist oder in deren ›Schatten‹ man sich stellt. Auch das ›Dranhängen‹ an Führungspersönlichkeiten.
5. *Flucht:*
   Entziehen aus einer Situation durch Weggang oder auch durch Flucht in Tagträume oder Fantasievorstellungen.
6. *Konversion:*
   Tatsächliche Erkrankung bei anstehenden unangenehmen oder überfordernden Aufgaben und Situationen.
7. *Regression:*
   Rückfall in kindliche Verhaltensmuster, wie brüllen oder sich zusammenkauern.
8. *Rationalisierung:*
   Rationelles Begründen der ›Gegebenheit und Unveränderbarkeit‹ einer Situation oder auch rationalisierendes Verschleiern der tatsächlichen Beweggründe für Handlungen (Gier, Gehässigkeit), bis hin zur ihrer Verdrängung.
9. *Projektion:*
   Anderen Personen (bewusst oder unbewusst) eigene Mängel und Beweggründe unterstellen, in anderen etwas sehen, was man selbst ist, oder auch von anderen etwas erwarten, was man selbst tun sollte.
10. *Reaktionsbildung:*
    Gegenüber anderen Personen ganz anders handeln, als es dem eigenen Bedürfnis entspricht, z. B. durch ungewöhnliche und ausgesuchte Freundlichkeit.

11. *Resignation:*
Sich abfinden mit der Situation und das Gefühl des Scheiterns an den (scheinbar) ›unveränderlichen Gegebenheiten‹, die uns (scheinbar) daran hindern, etwas anderes zu tun.
12. *Aggression:*
Aggression gegen andere, sich selbst oder Gegenstände in Form von Rachehandlungen, Beschimpfungen, Schlägereien, Vandalismus. Auch sich abreagieren als Ausgleich für andere Situationen.
13. *Verleugnung der Wirklichkeit:*
Herabspielen, verharmlosen, nicht anerkennen und nicht wahrnehmen von Situationen, Handlungen und Gegebenheiten.
14. *Selbstbeschuldigung:*
Sich selbst die Schuld für etwas geben, was man nicht unbedingt selbst verschuldet hat, auch als Selbstbestrafung oder Versuch, Trost und Zuneigung zu erhalten.
15. *Fixierung:*
Wiederholung bestimmter Verhaltensweisen oder Festhalten an bestimmten Strategien oder Ritualen, selbst wenn diese nicht das erwünschte Ergebnis bringen.

In Organisationen zeigen sich solche Verhaltensweisen in mehr oder weniger deutlicher oder sogar pathologischer Form vor allem dann, wenn die individuelle Entwicklung eingeschränkt wird und die individuell benötigten Handlungs- und Autonomiebedürfnisse weder inner- noch außerbetrieblich befriedigt werden können. Sie treten umso häufiger auf, »je strikter die bürokratischen Kontrollen eingehalten werden, je fragmentierter und standardisierter der Arbeitsprozess ist, je niedriger eine Tätigkeit in der Hierarchie rangiert, je reifer das Individuum bereits ist« (Schreyögg, 2003, S. 239).

Ein Verständnis der verschiedenen Copingstrategien ist für die Organisations- und Mitarbeiterführung wichtig, um sie als Anzeichen von Stressbewältigung deuten zu können. Wenn ein Mitarbeiter die für ihn besonders lästigen Aufgaben häufig vergisst (Verdrängung), bei schwierigen Aufgaben vielfach scheitert, aber trotzdem besonders mit Erfolgen prahlt (Kompensation), selbst feindseliges und aggressives Verhalten zeigt, aber Kollegen aggressiven Verhaltens bezichtigt (Projektion) oder beim Beurteilungsgespräch bestimmte Rückmeldungen zum Arbeitsverhalten schlicht bestreitet (Verleugnung der Wirklichkeit), mag dies mit dahinterstehenden Belastungen zu tun haben. Ziel wäre es hier, über die schon genannten präventiven und rehabilitativen Maßnahmen zur Stressreduktion ins Gespräch zu kommen oder auch externe Hilfe in Anspruch zu nehmen (siehe Kapitel 5.3.2: Fortbildung, Beratung, Supervision und Coaching).

In Schulen zeigen sich die verschiedensten Copingstrategien nicht nur in der Lehrerschaft, sondern auch bei Schülern. Die dahinterliegenden Stressoren können direkt schul- und unterrichtsbedingt sein oder aber in den mit Schule assoziierten sozialen Kontakten begründet sein, ebenso wie im privaten Umfeld. Auch in der Kommunikation oder Zusammenarbeit mit Eltern können Copingstrategien beobachtet werden, etwa wenn durch einen Lehrer ›Probleme mit dem Sohn oder der Tochter‹ angesprochen werden. Auch hier wäre das Wahrnehmen unangemessener oder wenig hilfreichen Copings ein Anlass über mögliche dahinterliegende Aspekte (Stressoren) ins Gespräch zu kommen.

Ergänzen lassen sich die aufgeführten Formen des Copings durch *ausgleichende Strategien,* die den Umgang mit Belastungen und Stress dadurch ermöglichen, indem sie einen Kontrast zu der Art darstellen, wie in der direkten Stresssituation reagiert wird. Durch diesen Ausgleich wird auch ein anderes psychisches und physisches Erleben möglich, als es in der Stresssituation auftritt. Zu Stress ausgleichenden Strategien zählen Betätigungen wie:
- sportliche Betätigung,
- Entspannung und Wellness,
- Gespräche mit Kollegen und Freunden,
- Spielrunden, Vereine, Hobbys,
- Beteiligung an Internet Chats und Foren,
- Tagebuch schreiben,
- Mediennutzung wie Lesen oder Fernsehen,
- kulturelle Aktivitäten wie Theater-, Kino- oder Museumsbesuche,
- Besuch von Sportveranstaltungen,
- musikalische, literarische und künstlerische Aktivitäten,
- ehrenamtliches Engagement.

Übung:
Beschreiben Sie Ihren eigenen Umgang mit Stress und Belastungen. Welche Copingstrategien erkennen Sie bei sich selbst? Wie stark sind diese ausgeprägt?

4.4.3 Kontraproduktives Verhalten

Das Verhalten von Mitarbeitern, Führungskräften und Management kann aus den unterschiedlichsten Gründen auch kontraproduktive oder destruktive Züge aufweisen, die sich auf ganz unterschiedlichen Ebenen zeigen. Die negativen Auswirkungen dieser Verhaltensweisen können sich auf die Zusammenarbeit, auf die persönliche Arbeitsleistung, auf materielle Güter, auf ideelle Vorstellungen, auf zeitliche Vorgaben und dergleichen mehr beziehen. In einer Literaturanalyse durch Paul Sackett und Cynthia DeVore wurden 87 Formen kontraproduktiven Verhaltens zusammengestellt und elf Kategorien zugeordnet (vgl. Nerdinger, 2007, S. 239 f.; Sackett u. DeVore, 2001). Die hier aufgeführte zwölfte Kategorie wurde ergänzt nach einer Aufstellung von Sandra Robinson und Rebecca Bennet (Nerdinger, 2007, S. 240; Robinson u. Bennet, 1995, S. 565):

- Diebstahl, Verschenken von Organisationseigentum, Nichtabrechnen erbrachter Leistungen,
- Beschädigung, Sabotage und Vandalismus,
- Informationsmissbrauch, Verrat vertraulicher Informationen, Aktenfälschung,
- Missbrauch von Arbeitszeit und Ressourcen durch Manipulation der Anwesenheitsdauer, private Aktivitäten während der Arbeitszeit, absichtlich langsames Arbeiten und dergleichen,
- Vernachlässigung der Sicherheit, Verstöße gegen Sicherheitsvorschriften,
- unzuverlässige Anwesenheit, unentschuldigte Abwesenheit, Verspätungen,
- geringe Arbeitsqualität,
- Alkoholmissbrauch,
- Besitz, Gebrauch oder Verkauf von Drogen,
- unangemessenes verbales Verhalten, etwa durch Beschimpfungen,
- unangemessene physische Handlungen, etwa durch aggressives Verhalten, Gewaltanwendung oder sexuelle Belästigung,
- unangemessenes soziales bzw. politisches Verhalten, etwa durch Vetternwirtschaft, Klatsch über Kollegen, Schuld auf andere abwälzen und Rivalitäten,
- innere Kündigung, Dienst nach Vorschrift.

Neben einer allgemeinen Schädigung des Betriebes oder einzelner Personen findet sich auch die gesamte Bandbreite von schädigenden Verhaltensweisen gegen andere Personen wie Mobbing, Bossing, Bullying und dergleichen in den aufgeführten Kategorien wieder. Unabhängig von den Erklärungsansätzen für derartige Verhaltensweisen als Reaktion auf erlebte Ungerechtigkeiten, als Resultat mangelnder Selbstkontrolle oder als spezifisches Persönlichkeitsmerkmal (vgl. Nerdinger, 2007, S. 242) müssen sich Organisationen damit auseinandersetzen, welche Maßnahmen sie gegenüber diesen Verhaltensweisen ergreifen wollen und auch wie und durch wen diese Maßnahmen festgelegt und durchgesetzt werden. Gibt es in einer Organisation keine festgelegten Maßnahmen gegen schädigendes Verhalten, sind diese nicht bekannt oder werden sie nicht konsequent durchgesetzt, kann sich eine ›Kultur des Fehlverhaltens‹ herausbilden, in der Versuche der Regulation auf massive Widerstände treffen. Bestimmte kontraproduktive Abläufe und Verhaltensweisen können sich soweit etabliert haben, dass jede Gegenreaktion die Form des ›Statuierens eines Exempels‹ annehmen kann und geradezu ein Kulturwandel stattfinden muss, um etwas zu verändern. Mögliche Maßnahmen gegen kontraproduktives Verhalten könnten sein:
- Betriebsvereinbarungen und Verfahrensvorgaben,
- Etablierung von Beschwerdestellen oder Vertrauensleuten,
- Selektion oder Ausschluss,
- Training,
- festgelegte oder im Einzelfall zu vereinbarende Formen der Strafe und/oder Wiedergutmachung,

- partizipative Verfahren wie interne Schiedsstellen oder Mediation,
- Verstärkung und Belohnung positiver Verhaltensweisen.

Grundsätzlich scheinen bei Reaktionen auf kontraproduktives Verhalten Aspekte der Verfahrensgerechtigkeit eine wichtige Einflussgröße darzustellen, ebenso wie die aktive Beteiligung von Mitarbeitern an Problemlösungen. Es kann generell davon ausgegangen werden, dass partizipative Organisations- und Führungsformen sowohl präventiv als auch reaktiv zum Umgang mit schädlichen Handlungen hilfreich sind (siehe Kapitel 4.2: Humanisierung von Arbeitsbedingungen). Autoritäre Systeme und eine strikte Ergebnisorientierung, die lediglich die erbrachte Leistung belohnt, die Umgangsformen und die Prozessqualität der Arbeit aber außer Acht lässt, begünstigen hingegen schädliches und destruktives Verhalten.

An Schulen scheint ein Umgang mit kontraproduktivem Verhalten oft nur in Teilen etabliert zu sein. Viele Maßnahmen werden von Lehrkraft zu Lehrkraft verschieden gehandhabt. Bei einigen Verhaltensweisen scheinen einzelne Lehrer oder das Kollegium geradezu kapituliert zu haben. Die Einführung eines klaren Sanktionsmanagements einerseits, aber auch eines Unterstützungs- und Schutzmanagements andererseits wären hier zentrale Aufgaben von Organisationsentwicklungsprozessen (siehe O.u.OE., Kapitel 6: Organisationsentwicklung und Change Management). Dieses Management muss bestenfalls mit Beteiligung von Schülern und Eltern erstellt und vereinbart werden, um den entsprechend notwendigen Rückhalt zu gewährleisten. Der Vereinbarung von Grundsätzen des Umgangs mit kontraproduktivem Verhalten steht die Auseinandersetzung mit der Identifikation und Bindung der Organisationsmitglieder gegenüber, da diese die Grundlage für produktives Verhalten bilden (siehe Kapitel 4.3: Identität und Identifikation).

Übung:
Welche Formen kontraproduktiven Verhaltens gibt es an Ihrer Schule? Welche treffen eher auf Lehrer, welche eher auf Schüler zu? Werden diese Verhaltensweisen thematisiert? Wie und durch wen? Welche Konsequenzen haben sie und sind diese Konsequenzen allen klar?

5 Methoden der Führung von Mitarbeitern

Bezogen auf die dargestellte Vielfalt der Rollen und Umgangsweisen mit Führung und Organisation im Spannungsfeld von Individualisierung und Standardisierung, ist es notwendig, in vielen Teilbereichen Vereinbarungen zu treffen. Individualisierung einerseits und Standardisierung andererseits müssen in eine für den Einzelnen (sei es Schulleitung, Lehrkraft oder Schüler) und die Organisation hilfreiche Balance gebracht werden. Die zentralen Methoden der Organisations- und Mitarbeiterführung sind daher Formen der Gesprächsführung, das Vereinbaren von Zielen und Maßnahmen, der Umgang mit Konflikten sowie Fortbildung und Beratung.

Kapitelübersicht:
– Feedback, Personalgespräche und Leistungsbewertung
– Zielformulierung, Zielvereinbarung und Projektarbeit
– Konfliktmanagement, Fortbildung und Beratung

Neben diesen auf das Individuum ausgerichteten Methoden der Führung richten sich viele Maßnahmen von Führung darauf, individuelle Entwicklung auf gemeinsame Ziele und Ergebnisse auszurichten. Diese Aspekte der Organisationsführung und Organisationsentwicklung werden ausführlich in dem Buch ›Unternehmen Schule: Organisation und Organisationsentwicklung‹ beschrieben (siehe O.u.OE., Kapitel 6: Organisationsentwicklung und Change Management).

Das umfangreiche Thema der Gesprächsführung wird hier nicht vertieft. Verwiesen sei an dieser Stelle auf die Bücher von Friedemann Schulz von Thun und Christoph Thomann (Schulz von Thun, 1981 u. 1998; Thomann u. Schulz von Thun, 1997; Thomann, 2004), Marshall B. Rosenberg (Rosenberg, 2005) oder den Methodenkoffer von Walter Simon (Simon, 2004),sowie auf mein eigenes Buch zu Gesprächsführung, Moderation, Mediation und Beratung in der Schule (Lindemann, 2017; in Vorbereitung). Eine umfassende Darstellung weiterer Methoden der Führung, Zusammenarbeit und Arbeitsorganisation finden sich in Simon, 2006, 2007 u. 2008.

5.1 Feedback, Personalgespräch und Leistungsbewertung

Ein zentrales Element für den Umgang mit Rollen und Aufgaben in Organisationen ist die Rückmeldung über Beobachtungen, Erfolge und Misserfolge. Hierzu gibt es standardisierte Berichts- und Kommunikationsformen wie Quartals- und Jahresberichte oder Vorstands- und Teamsitzungen oder Mitarbeitergespräche. Hinsichtlich des Produkts von Schule und den dafür notwendigen möglichst zeitnahen Reaktionen auf aktuelle Situationen und Veränderungen stehen im Folgenden direkte Rückmeldungen im Vordergrund, die sowohl standardisiert als auch bedarfsmäßig Verwendung finden können. Gerade in Schulen als Organisationen, die ständig mit Bewertungen zu tun haben, ist ein Wandel von einer rein (quantitativen) Bewertung zu (qualitativen) Feedbacks ein wichtiger Schritt zur Verbesserung der Zusammenarbeit (vgl. Klein, 2007; Kempfert u. Rolff, 2005, S. 61 ff.).

Bei allen Formen des Feedbacks, der Personal- und Entwicklungsgespräche und Leistungsbewertungen stellt sich die Frage nach dem ›Wozu?‹. Grundsätzlich müssen immer vier Zielperspektiven in den Blick genommen werden:

1. Was läuft gut?
   Zielperspektive: Was davon soll weiter so bleiben?
2. Was läuft schlecht?
   Zielperspektive: Was davon soll sich ändern?
3. Was läuft noch nicht?
   Zielperspektive: Was soll sich an Neuerungen ergeben?
4. Was ist ausreichend gelaufen?
   Zielperspektive: Was kann man lassen oder einstellen?

5.1.1 Feedback

Rückmeldungen (›Feedbacks‹) sind ein zentrales Element der Evaluation und Qualitätsentwicklung. Feedbacks dienen – im Gegensatz zu reinen Bewertungen – dem offenen Austausch über Selbst- und Fremdwahrnehmungen von Situationen, um darauf aufbauend Verbesserungen inhaltlich thematisieren zu können. In schulischen Kontexten findet man einen solchen Wandel von der Bewertung zu einem gegenseitigen Austausch beim Wechsel von reinen Ziffernzensuren zu Rückmeldungsgesprächen und in entsprechenden Formen kollegialer Kommunikation. Das Ziel von Feedbacks ist nicht eine Beurteilung, sondern die Rückmeldung positiver und negativer Wahrnehmungen und gegebenenfalls das Erarbeiten von Verbesserungsmöglichkeiten. Es ist daher entscheidend, Feedbacks gemeinsam zu reflektieren und zur Grundlage von konkreten Absprachen oder auch Zielvereinbarungen zu machen (vgl. Kempfert u. Rolff, 2005, S. 166; siehe Kapitel 5.2.2: Zielvereinbarungen). Alle Formen des ›Rankings‹ oder der ziel- und entwicklungsfernen Bewertung helfen in diesem Zusammenhang nicht weiter (vgl. Dubs, 2005, S. 198 f.).

Damit Feedbacks nicht nur eine versteckte quantitative Bewertung darstellen, wie dies oft in Arbeitszeugnissen der Fall ist, bedarf die Einführung von Feedback- und Evaluationsmethoden einer besonderen Aufmerksamkeit. Das Geben und Annehmen von Feedbacks kann den unterschiedlichsten Regeln unterliegen. Wichtig ist hierbei nicht nur, welche konkreten Regeln dies sind, sondern ob sie in der Organisation standardisiert und den Beteiligten klar und verständlich sind. Eine Kritik oder ein Niedermachen wird nicht dadurch besser, dass jemand sie mit den Worten einleitet: »Ich gebe dir mal ein Feedback …«. Für viele Prozesse in Organisationen und vor allem für Weiterentwicklungen und Innovationen sind offene und ehrliche Feedback-Prozesse von entscheidender Bedeutung. Dies gilt für Feedbacks zu Mitarbeitern, zu Vorgesetzten, zu und von Kunden, zwischen Mitarbeitern, zu Kooperationspartnern oder zum Management. Sowohl positive als auch negative Erfahrungen oder Beobachtungen können Gegenstand eines Feedbacks sein. Hierzu müssen jedoch Grundvoraussetzungen erfüllt sein, damit sich eine wertschätzende Feedback-Kultur entwickeln kann (vgl. Doppler et al., 2002, S. 256 f.):

– ein grundsätzliches Interesse füreinander, für Kommunikation, Kooperation und gemeinsame Entwicklung,
– persönliche Bereitschaft zum Eingehen von Risiken durch das Zeigen von Offenheit,
– ausreichende Sensibilität und soziale Kompetenz bezogen auf die Form und den Zeitpunkt eines Feedbacks,
– Wissen um die Subjektivität und Relativität von Feedbacks als Ausdruck individueller Sichtweise und nicht als ›objektive Bestandsaufnahme‹,
– eine von den Beteiligten geteilte Definition, was ein Feedback kennzeichnet, und damit verbundene Grundsätze und Regeln.

Es sollte vermieden werden, Feedback lediglich als einen anderen Begriff für Bewertung oder Benotung zu verwenden. Feedback im eigentlichen Sinne erfordert eine damit verbundene, verbindliche Feedback- oder Evaluations-Ethik (vgl. Kempfert u. Rolff, 2005, S. 24 f.). Nachfolgend sollen einige allgemeine Regeln für Feedbacks aufgezählt werden, die dazu dienen können, die eigene Feedback-Kultur verbindlich zu vereinbaren. Hierzu kann auf verschiedenste Feedback-Modelle zurückgegriffen werden, die sich unter anderem auf kommunikationspsychologische Modelle oder auf das Modell der ›gewaltfreien Kommunikation‹ stützen (vgl. z. B. Fengler, 2004, S. 19 ff.; Schulz von Thun, 1981; Rosenberg, 2005; Doppler et al., 2002, S. 263):

– *Ein Feedback wird angeboten oder erbeten, nicht einfach gegeben.*
  Es erfolgt von beiden Seiten freiwillig. In vorher vereinbarten Arbeitsstrukturen und -abläufen können ›Feedback-Schleifen‹ aber auch zur regelmäßigen Kommunikationskultur gehören.
– *Ein Feedback ist sachlich, offen, konkret, direkt und ehrlich.*
  Die Rückmeldungen sollen sich auf konkrete (beobachtbare) Tatsachen stüt-

zen. Im Feedback sollen diese offen angesprochen werden, ohne sie zu dramatisieren oder zu beschönigen.
- *Feedbacks erfolgen in ›Ich-Botschaften‹ und nicht als ›wir‹-, ›man‹-, ›es‹-Aussagen.*
Der Feedback-Geber fungiert nicht als ›Stimme des Teams‹ oder ›der Abteilung‹, sondern spricht über sich, über eigene Wahrnehmungen und Wünsche. Der Feedback-Nehmer fungiert nicht als ›Sammelbecken des Teams‹ oder ›der Abteilung‹ (›ihr habt …‹, ›euch kann man …‹ etc.).
- *In Feedbacks werden ›Killerphrasen‹ vermieden.*
z. B.: ›So geht das nicht!‹, ›Dafür sind Sie gar nicht zuständig!‹, ›Das hat noch nie funktioniert!‹ Vermeiden sollten man auch Wörter wie: immer, nie, ständig, dauernd, absolut, wahr, falsch, objektiv, tatsächlich.
- *Ein Feedback erfolgt zeitnah und nicht als ›Endabrechnung‹.*
Ein Feedback soll keine Sammlung von Kleinigkeiten sein, die sich über einen längeren Zeitraum aufgestaut haben, sondern eine möglichst konkrete Rückmeldung darstellen. Je näher diese auf das direkt Geschehene folgt, desto präsenter sind die Erfahrung und die Einzelheiten der angesprochenen Situation.
- *Ein Feedback erfolgt in einem vertraulichen Rahmen.*
Ein Feedback wird nicht ›vor versammelter Mannschaft‹ gegeben oder im Beisein von Kunden, Eltern oder anderen Personen. Zu einem Feedback kann im besten Fall eingeladen werden, es soll nicht ›zwischen Tür und Angel‹ stattfinden.
- *Die Persönlichkeit des anderen bleibt unangetastet.*
Es ist durchaus möglich, z. B. darüber zu sprechen, dass ein Mitarbeiter an zwei Tagen der letzten Woche jeweils um zehn Minuten zu spät zur Arbeit erschienen ist und man von ihm erwartet, dass er zukünftig zur vorgegebenen Zeit erscheinen soll. Unangemessen wäre es, den Mitarbeiter als unpünktlich zu bezeichnen (persönliche Zuschreibung). Die Persönlichkeit des Gegenübers und entsprechende Zuschreibungen gehören nicht in ein Feedback. Schließlich darf der Mitarbeiter durchaus unpünktlich sein, solange er immer rechtzeitig zur Arbeit erscheint und Termine einhält.
- *Der Empfänger eines Feedbacks entscheidet, was er ›mitnimmt‹.*
Die Rolle des Feedback-Nehmers besteht nicht darin, sich zu rechtfertigen oder zu verteidigen, sondern wertschätzend zuzuhören und gegebenenfalls nachzufragen.

Um ein Feedback zu geben, das die angeführten Kriterien erfüllt, bieten sich viele Techniken der Gesprächsführung an. Aus kommunikationspsychologischen Überlegungen und aus der ›gewaltfreien Kommunikation‹ können beispielsweise folgende Aspekte in das Geben und Annehmen von Feedbacks übernommen werden (vgl. Schulz von Thun, 1981; Rosenberg, 2005):

- Was ist der *Sachinhalt* des Feedbacks?
(Was ist passiert? Was ist zu beobachten?)
Gewaltfreie Kommunikation: Was habe ich beobachtet? Ohne Wertung und Interpretation!

– Was ist die *Beziehungsaussage* des Feedbacks?
  (Wie stehe ich zu dem anderen? Wie läuft es zwischen uns?)
– Was ist die *Selbstkundgabe* des Feedbacks?
  (Wie geht es mir? Was gebe ich von mir zu erkennen?)
  Gewaltfreie Kommunikation: Was ist mein Gefühl? Was ist mein Bedürfnis?
– Was ist der *Appell* des Feedbacks?
  (Was will ich, dass der andere tut? Was ist mein Ziel?).
  Gewaltfreie Kommunikation: Was ist mein Wunsch? Konkrete und erfüllbare Handlungen ohne Verallgemeinerung!

Als Instrument der Qualitätsentwicklung und Qualitätssicherung sind direkte Feedbacks – ergänzend zu standardmäßigen Überprüfungen, Rückmeldungen und Mitarbeitergesprächen – ein wichtiges Instrument der Zusammenarbeit. In der schulischen Praxis zeigt sich dies, z. B. zwischen angeordneten Unterrichtsbesuchen oder Schulüberprüfungen und freiwilligeren kollegialen Formen der Rückmeldung, etwa durch Hospitationen oder Qualitätszirkel (vgl. Kiper, 2003, S. 56 f.). Neben der persönlichen Entwicklung kann auch der Bereich der Unterrichtsevaluation und -entwicklung von einer positiven Feedback-Kultur profitieren, vor allem wenn der Unterricht auch gemeinsam mit Schülern thematisiert wird (vgl. Kempfert u. Rolff, 2005, S. 146 ff.). Die hiermit zusammenhängende gegenseitige und hierarchieübergreifende Kommunikation über Qualität bietet zudem ein wichtiges Lernfeld der Kommunikation und Kooperation, nicht nur für Schüler, sondern auch für die Lehrkräfte.

Wie in den Überlegungen zu ›Best Practice‹ und ›Performance‹ dargestellt (siehe O.u.OE., Kapitel 6.1.1: Best Practice und Kapitel 6.1.2: Next Practice), ist es entscheidend, mit welcher Grundhaltung über Mängel und Fehler, aber auch über gute Leistungen gesprochen wird. Tendiert das Geben von Feedbacks dazu, andere ›schlecht aussehen‹ zu lassen, ist das Gegenüber eher versucht, ›sich ins rechte Licht zu rücken‹. Hierbei werden beispielsweise Aspekte verschwiegen oder beschönigt, um selbst besser auszusehen, sich zu rechtfertigen, zu verteidigen oder ›das Gesicht zu wahren‹. Gerade in hierarchieübergreifenden Feedbacks ist das entscheidend, etwa, wenn Schüler zu einem offenen, direkten und ehrlichen Feedback über die Unterrichtsqualität aufgefordert werden, aber befürchten müssen, für negative Aussagen im Nachhinein abgestraft zu werden. Ein unangemessener Umgang mit Feedbacks kann aufseiten der Lehrer auch dazu führen, eigene Ansprüche – etwa an Lerninhalte oder das Verhalten im Unterricht – zurückzunehmen, um von Schülern bessere Bewertungen zu erhalten (vgl. Kiper, 2003, S. 62 f.; Kempfert u. Rolff, 2005, S. 146 ff.). Der Unterschied zwischen verhandelbaren Qualitätsmerkmalen bzw. Anforderungen und feststehenden – wenn auch teilweise unangenehmen – Merkmalen muss daher geklärt werden.

Eine besondere Form des Feedbacks ist das sogenannte *360° Feedback*. Hierbei wird gezielt eine größere Gruppe von Personen aus dem Umkreis der im Fokus stehenden Person oder Gruppe befragt, um Rückmeldungen aus verschiedenen Bereichen zu erhalten und diese auch miteinander vergleichen zu können (vgl. Volbers, 2001). Zu dem befragten Personenkreis können z. B. Vorgesetzte, Kollegen, Zulieferer und Kunden gehören. Interessant ist bei diesen eher standardisierten Befragungen die Festlegung der Bereiche, zu denen ein Feedback erfolgen soll. Hierbei können auch solche Punkte benannt werden, die sonst eher nicht im Fokus liegen bzw. sogar geradezu ›blinde Flecken‹ der Beteiligten bilden. Auch kann in einer Form der Ist-Soll-Analyse definiert werden, was den Soll-Zustand charakterisiert und worin der Unterschied zu seinem Ist-Zustand liegt (siehe O.u.OE., Kapitel 6.1.1: Best Practice und Kapitel 6.1.2: Next Practice).

Der Gewinn eines mehrperspektivischen Feedbacks liegt in der Chance einer umfassenden und auch gezielten Verbesserung, die nicht allein auf vereinzelten Aussagen beruht und lediglich einzelne Arbeitsbereiche getrennt beleuchtet. Im Gegensatz zu einem direkten und persönlichen Feedback muss bei einer derart umfassenden Rückmeldung die Bereitschaft der betroffenen Person oder Gruppe stärker ausgeprägt sein. Hierzu muss das Vertrauen gegeben sein, nicht bloßgestellt zu werden oder gar mit einer inquisitorischen Form der Begutachtung und Bewertung konfrontiert zu werden.

Übung:
Wenden Sie im Unterricht Feedback-Methoden an? Welche Regeln haben Sie dafür? Wo würden Sie gerne Feedback-Methoden anwenden und was können Sie dazu beitragen, diese zu etablieren? Wie holen Sie sich selbst ein Feedback von Schülern und Kollegen?

5.1.2 Personalgespräche und Leistungsbewertung

Rückmeldungen und Bewertungen, die für die Entwicklung hilfreich sein sollen, müssen transparent und qualitativ fassbar sein. Dies gilt für Schüler ebenso wie für Lehrer oder die Schulleitung. Eine rein quantitative Bewertung lässt nicht erkennen, aus welchen Einzelkriterien sich die Bewertung zusammensetzt, wie die Bewertungskriterien untereinander gewichtet sind und – was für die Weiterentwicklung entscheidend ist – was getan werden könnte, um besser bewertet zu werden. Diese Bewertungen können sich grundsätzlich auf die drei Kriterien der Qualität beziehen (siehe O.u.OE., Kapitel 5: Schulische Qualitätsmodelle und -managementsysteme; vgl. Rosenstiel, 2003a, S. 199 ff.).

– *Ergebnisqualität*:
  Arbeitsergebnisse der Person oder Gruppe,
– *Prozessqualität*:
  Verhalten und Vorgehensweisen der Person oder Gruppe,
– *Strukturqualität*:
  Eigenschaften und Ressourcen der Person oder Gruppe.

Letztlich können Personalgespräche und Bewertungen sinnvollerweise nur ein Gesprächsanlass sein, um den aktuellen Stand zu reflektieren, sowie weitere Schritte, Vorgehensweisen, Teilaufgaben und dergleichen zu vereinbaren (siehe Kapitel 5.2: Zielformulierung, Zielvereinbarung und Projektarbeit). In schulischen Kontexten wird diese Sichtweise mit Bezug auf Beurteilungen von Schülern beispielsweise unter dem Stichwort ›kommunikative Validierung‹ vertreten: »Unter kommunikativer Validierung wird in diesem Zusammenhang verstanden, dass die (neuen) Beurteilungsverfahren im Dialog zwischen den Lehrkräften und im gemeinsamen Gespräch mit den Schülern entwickelt und angewendet werden, um auf diese Weise die erforderliche Transparenz, Flexibilität und Reflexivität schulischer Bewertungsprozesse zu erreichen« (Amt für Lehrerbildung, 2005, S. 16).

Alle Formen der Bewertung stellen eine Art des Feedbacks dar. Die grundlegende Idee der Leistungsrückmeldung in Form eines Feedbacks wird in den verschiedensten Organisationen, ebenso wie in der Schule vertreten (vgl. Amt für Lehrerbildung, 2005, S. 19; Roos, 2007). In Organisationen werden Leistungsrückmeldungen traditionell allein durch die Vorgesetzten gegeben (wie z. B. die üblichen Mitarbeiterbeurteilungen oder Zeugnisse). Vermehrt werden aber auch *Formen gegenseitiger und mehrperspektivischer Feedbacks* eingesetzt, wobei nicht nur eine wechselseitige Rückmeldung zwischen Vorgesetzten und Mitarbeitern erfolgt, sondern auch weitere Kollegen, Kooperationspartner, Zulieferer und Kunden einbezogen werden (siehe Kapitel 5.1.1: Feedback). Für die Bewertung eines Schülers würden dann beispielsweise Feedbacks der Lehrer, Mitschüler und Eltern zu einer Gesamtrückmeldung zusammengefasst.

Zentrales Element der Leistungs- und Verhaltensrückmeldung als Teil der Mitarbeiterführung sind immer noch sogenannte Mitarbeiter- und Kollegengespräche, auch wenn diese vermehrt dialogisch erfolgen. Solche Gespräche finden einerseits direkt und aus konkretem Anlass statt (Vorkommnisse, Konflikte, Beschwerden, Krisen) und andererseits standardisiert, etwa in Form von Jahres-, Quartals- oder Personalentwicklungsgesprächen (vgl. Kempfert u. Rolff, 2005, S. 260 ff.). In vielen Organisationen und Schulen haben sich standardisierte Rückmeldungen etabliert, die unter ganz unterschiedlichen Begriffen und in unterschiedlichen Formen durchgeführt werden: etwa als Jahresgespräch, Mitarbeiter-Vorgesetzten-Gespräch, Planungs- und Entwicklungsgespräch, Standort- und Perspektivengespräch, Bilanz- und Orientierungsgespräch, Personalentwicklungsgespräch, Zielvereinbarungsgespräch (vgl. Buhren u. Rolff, 2009, S. 64).

Bei solchen standardisierten Gesprächen scheinen zwei Hauptmerkmale entscheidend für ihre Qualität zu sein. Erstens handelt es sich um gegenseitige Rückmeldungen und zweitens sind sie auf konkrete Vereinbarungen zwischen den Gesprächspartnern ausgerichtet. Der zweite Punkt einer zielbezogenen Gesprächsausrichtung ist bezogen auf die Organisationsführung (bzw. Schul- oder Unterrichtsführung) zentral. Über Aspekte, die als positiv oder negativ gewertet werden, wird nicht nur geredet, sondern das Gespräch wird aktiv zur Beibehaltung,

Verstärkung oder Veränderung von Verhaltensweisen und Strategien genutzt. Standardisierte Gespräche sind daher oft direkt mit Zielvereinbarungsprozessen verbunden (siehe Kapitel 5.2.2: Zielvereinbarungen). In Ergänzung zu personenbezogenen Zielvereinbarungsgesprächen können auch team- oder gruppenbezogene Gespräche mit dem Ziel entsprechender Vereinbarungen geführt werden.

Für die Durchführung der Gespräche können *Vorbereitungsbögen* Verwendung finden, anhand derer sich die Teilnehmenden (z. B. Leitung und Mitarbeiter, Lehrer und Schüler) strukturiert vorbereiten und zu bestimmten Themenbereichen vorher Notizen machen können (vgl. Arbeiterwohlfahrt, 1997; Buhren u. Rolff, 2009, S. 65 f.).

– *Wahrnehmung der jeweiligen Aufgabe*
  Zuschnitt auf Interessen und Fähigkeiten, Ausstattung des Arbeitsplatzes, klar definierte Aufgaben, verbindliche Ziele, Passung zur Qualifikation, Möglichkeiten der Weiterentwicklung und Veränderung
– *Zusammenarbeit mit Vorgesetzten und Mitarbeitern*
  Einhaltung von Absprachen und Zusagen, Unterstützung, Informationsfluss, Formen der Entscheidungsfindung, Rückmeldung zu Arbeitsergebnissen, Umgang mit Vorschlägen, Kritik und Konflikten, wahrgenommene Stärken und Schwächen
– *Kooperation mit der Geschäftsstelle, mit dem Team, mit externen Personen und Institutionen*
  Formen des Meinungsaustausches, Reibungsverluste, Beiträge des Einzelnen zur Verbesserung, Außenkontakte, Kontaktpflege, Besprechungsstruktur, Informationsfluss
– *Ziele und Perspektiven*
  z. B. Vorschläge, Ziele, Wünsche, Chancen, Gefahren, Fortbildungs- und Schulungsbedarf, Weiterentwicklungsmöglichkeiten, Effektivierung der Zusammenarbeit, Veränderungen des Arbeitsplatzes oder der Aufgaben

Schulspezifischer formuliert findet sich eine solche Auflistung beispielsweise bei Guy Kempfert, der die folgenden Bereiche für ein Gespräch zwischen Schulleitung und Lehrkraft mit jeweils anderen Schwerpunkten differenziert (Kempfert, 2006, S. 565 ff.; für weitere Anregungen zu Themen des Mitarbeitergespräches siehe auch Böcking, 2013, S. 35 f.):

– *Rückblick*
  z. B. Eindruck bezogen auf die Lehrkraft, Fortbildungen, Stundenausfall, Engagement, Zuverlässigkeit, Stärken, Schwächen
– *Einschätzung des Unterrichts*
  z. B. Was macht am meisten – wenigsten Freude? Wie sähe der ideale Unterricht aus? Was möchte ich einmal ausprobieren? Selbsteinschätzung des Lehrers, Einschätzung durch die Schüler

– *Einschätzung des Schulklimas*
  z. B. besondere Ereignisse, Mitarbeit in Fachgruppen, besondere Ärgernisse und Belastungen
– *Einschätzung der Schulleitung und der Organisation*
  z. B. Informationsfluss, Administration, Personalpolitik, Schulentwicklung, Förderung durch Schulleitung, Anerkennung, Struktur
– *Reflexion über Schulentwicklung*
  z. B. Projekte, Veränderungsideen, Potenziale, Erkenntnisse aus Evaluationen
– *Diskussion über Zielvorhaben und deren Evaluation*
  z. B. Handlungsbedarf bezogen auf die Lehrkraft, Herausforderungen, Ziele für das kommende Jahr, Unterstützung, Nutzen für die Schule
– *Sonstiges*
  z. B. Nebentätigkeiten, abschließende Rückmeldungen

Bei solchen mehr oder weniger standardisierten Feedback-Gesprächen sollte es um mittel- und langfristige Themen und um einen generalisierten Austausch gehen und nicht um die Besprechung von Einzelfällen oder -problemen. Das Feedback zu aktuellen Geschehnissen sollte immer direkt und konkret erfolgen und nicht bis zu einem Quartals- oder Jahresgespräch ›aufgespart‹ werden.

Als Grundlage für solche Feedbackgespräche können auch Fragebögen benutzt werden, in denen Wertungen zu vorgegebenen Aussagen abgegeben und im Gespräch genutzt werden, was vor allem für Leistungsbeurteilungen hilfreich sein kann (vgl. Riecke-Baulecke, 2007, S. 210 ff.). Wie auch immer Jahres-, Feedback- und Beurteilungsgespräche strukturiert sind, es ist darauf zu achten, dass es sich nicht nur um abzuarbeitende Standards handelt, sondern um zielführende und planungsrelevante Instrumente der Mitarbeiterführung und der kollegialen Kommunikation. Das Element der Gegenseitigkeit ist hierbei ebenso zentral wie das Vertrauen und die Transparenz hinsichtlich der Verwendung für Bewertungen (zur Personal- und Leistungsbeurteilung siehe genauer etwa Becker u. Buchen, 2006).

Betrachtet man Schüler gleichermaßen als Mitarbeiter des Unternehmens Schule, sollten Feedback- und Beurteilungsgespräche in kürzeren Abständen und fokussiert auf einige zentrale Themenbereiche stattfinden. Beispielsweise die gemeinsame Vereinbarung eines Wochenplans oder das Abschlussgespräch im Anschluss an eine Werkstatt oder ein Projekt bieten hierbei regelmäßige Feedbackmöglichkeit, die in Zielvereinbarungen münden können (siehe Kapitel 5.2: Zielformulierung, Zielvereinbarung und Projektarbeit).

Übungen:
A. Wie müsste ein Personalgespräch oder eine gegenseitige Leistungsbewertung zwischen Ihnen und Ihren Schülern aussehen? Worin sehen Sie hierbei die größten Chancen? Worin die größten Gefahren?
B. Wie müsste ein Personalgespräch oder eine gegenseitige Leistungsbewertung zwischen Ihnen und Ihrem Schulleiter (bzw. Ihren Kollegen) aussehen? Worin sehen Sie hierbei die größten Chancen? Worin die größten Gefahren?

5.1.3 Führungsfeedback

Der Bereich der *Leistungs- und Verhaltensbewertung von Vorgesetzten* ist letztlich nicht nur an Schulen wenig entwickelt. Für Führungskräfte (z. B. Schulleitung, Fachgruppenleitung, Jahrgangsleitung, Klassenleitung) stellt sich hierbei die Frage, für welche Bereiche sie sich selbst eine Rückmeldung einholen möchte (vgl. Sassenscheidt, 2013). Bei einem Bereich, der nicht verändert werden soll (oder kann), führt das Einholen von Rückmeldungen eher zu Frustration. Ein Erkenntnisinteresse des Feedbacknehmers ist hierfür nur eine Grundvoraussetzung (ebd., S. 19). Veränderungswille und Veränderungsmöglichkeiten gehören ebenso dazu.

Es bieten sich gerade für Führungskräfte viele Möglichkeiten, sich ein Feedback einzuholen, die über eine kollegiale Rückmeldung oder standardisierte Rückmeldungen im Rahmen von Personalgesprächen hinausgehen. Neben 360°-Feedbacks können vor allem Befragungen einen Gesprächsanlass über Führung und Führungsstile bieten und somit der Erfüllung von Führungsleitbildern dienen (vgl. Ladwig u. Domsch, 2003, S. 507 ff.; Riecke-Baulecke, 2007, S. 216 ff.). Ein Beispiel eines solchen Fragebogens zur Führung befindet sich auf der Webseite zu diesem Buch (›Fragebogen zur Führung 3: Bewertung von Führungshandeln‹). In Schulen sind auch Rückmeldungen durch Schüler und Eltern denkbar (vgl. Kempfert u. Rolff, 2005, S. 186 ff.; Dubs, 2005 286 ff.).

Eine tragfähige Vertrauensbasis und eine gut eingeführte Feedback-Kultur, sind hierfür – ebenso wie bei allen anderen Formen von Personalgesprächen und kollegialen Rückmeldungen – eine notwendige Grundlage. Vor allem sind die hierarchischen Machtverhältnisse zu beachten, etwa zwischen Schulleitung und Kollegium, Lehrkräften und Schülern oder Lehrkräften und Eltern, die bei geringem Vertrauen oder mangelnder Vertraulichkeit einer offenen und ehrlichen Rückmeldung im Weg stehen.

Übung:
Verwenden Sie F.u.Z. AH-13: ›Fragebogen zur Führung 3: Bewertung von Führungshandeln‹ auf der Webseite zu diesem Buch zunächst für eine Selbsteinschätzung. Lassen Sie ihn dann durch Ihre Schulklasse bearbeiten und werten Sie die Ergebnisse aus (z. B. Wo gibt es die meisten Übereinstimmungen, wo die größte Streuung in den Ergebnissen? Welche Aussagen der Schüler stimmen am ehesten mit Ihrer Selbsteinschätzung überein, welche weichen am stärksten voneinander ab?). Diskutieren Sie anhand ihrer Auswertung mit der Klasse, was getan werden kann.

5.2 Zielformulierung, Zielvereinbarung und Projektarbeit

Egal, welche Form der Arbeit und welchen Grad an Autonomie man für die Arbeitsorganisation wählt, je klarer die Ziele (oder Zielräume) definiert sind, desto besser können Rollen ausgefüllt und Aufgaben erledigt werden. Die Transparenz der (gegenseitigen) Erwartungen ist hierbei ebenso wichtig wie eine Festlegung der zur Verfügung stehenden Ressourcen und der einzuhaltenden Arbeitsschritte und Termine. Wichtig ist hinsichtlich der Beteiligungspraxis, inwieweit es sich um vorgegebene oder gemeinsame Ziele handelt und mit welcher Beteiligung sie entwickelt wurden. Hierbei ist vonseiten der Führung darauf zu achten, dass transparent und klar kommuniziert wird, welche Ziele gesetzt sind, zu welcher Zielsetzung Meinungen gehört werden, bevor sie gesetzt werden und welche Ziele gemeinsam entwickelt werden können (siehe Kapitel 3.4.3: Formen der Entscheidungsfindung).

5.2.1 Kriterien guter Zielformulierungen

Für die Formulierung guter Ziele gibt es viele Modelle, die zur Überprüfung von Zielformulierungen herangezogen werden können. Sehr bekannt ist das von dem Ökonomen und Managementtheoretiker Peter F. Drucker für die Arbeit mit Zielvereinbarungen entwickelte *SMART-Modell*[10] (Drucker, 1954). Demnach sollen Ziele folgende Kriterien erfüllen:

– *Spezifisch*: Ziele sollen klar und ›greifbar‹ formuliert sein. Kurzfristige, mittelfristige und langfristige Ziele, Teilziele und Meilensteine sollen definiert sein.
– *Messbar*: Es sollen Kriterien festgelegt sein, anhand derer überprüft werden kann, ob das Ziel erreicht wurde.
– *Attraktiv*: Die Erreichung von Zielen soll für die Beteiligten reizvoll sein. Wenn andere oder ›versteckte Ziele‹ attraktiver sind, als das offen formulierte Ziel, wirkt dies der Erreichung entgegen.
– *Realisierbar*: Ziele sollen für die Beteiligten erreichbar sein und im Rahmen ihrer Möglichkeiten und Kompetenzen liegen. Die zur Verfügung stehenden Ressourcen sind angemessen zu berücksichtigen.
– *Terminiert*: Für einzelne Veränderungsschritte und für die Überprüfung von Zielen (Teilziele, Meilensteine etc.) sollen klare Zeitfenster und Termine definiert werden.

---

10 Im amerikanischen Original (Specific – Measurable – Achievable – Realistic – Timebased) geht das Akronym SMART in einem Punkt auf einen anderen Begriff zurück: statt Achievable = Erreichbar wird der Begriff *Attraktiv* verwendet (in anderen deutschen Fassungen auch ›aktiv beeinflussbar‹). Das ist darauf zurückzuführen, dass die Begriffe ›Erreichbar‹ und ›Realisierbar‹ nicht sehr trennscharf sind. Im Original geht es bei der Trennung um eine (objektive) Erreichbarkeit einerseits und eine (subjektive) Machbarkeit andererseits. Der Begriff der Attraktivität hat sich etabliert, da er für die Zielerreichung ein ganz entscheidender Faktor ist. Zudem passt er auch gut zu dem Begriff des ›Attraktors‹, der in der Systemtheorie und Synergetik verwendet wird und der die ›Zugkraft‹ eines möglichen neuen Ordnungszustandes beschreibt (siehe O.u.OE., Kapitel 6.4.4: Synergetisches Prozessmanagement).

Stellt man sich den Weg zur Erreichung eines Ziels als eine Reise vor, sollte der Schwerpunkt auf der Frage liegen, wohin man reisen möchte, und nicht, von welchem Ort man fort will. Es liegt ein entscheidender Unterschied darin, ob man ein Ziel als ›Bewegung auf etwas zu‹ (handeln, erreichen) oder als ›Bewegung weg von etwas‹ (unterlassen, vermeiden) betrachtet (vgl. Andreas u. Faulkner, 2005, S. 62 ff.). Wenn man sich primär zum Ziel setzt, etwas zu unterlassen, bleibt die Frage offen, was man denn ›stattdessen‹ tun sollte. Bei der ›Bekämpfung des Krankenstandes in einer Organisation‹ stellt sich beispielsweise die Frage, was statt des Krankenstandes da sein sollte und wie ›Gesundheit gefördert‹ werden kann: Was ist eine attraktive Alternative, etwas anderes anzufangen?

Ein gutes Ziel beinhaltet in dieser Sichtweise immer ›die Anwesenheit von etwas‹. Das Ziel: ›Der Schüler Paul soll aufhören, den Unterricht zu stören.‹ wäre demnach ein schlechtes Ziel. Interessanter wäre die Frage, was Paul denn stattdessen tun soll. Mit negativ formulierten Zielen begibt man sich schnell in die Gefahr, gegen etwas oder gegen jemanden zu arbeiten, anstatt für etwas oder für jemanden. Anstatt etwas zu unterlassen oder zu bekämpfen, steht im Vordergrund, etwas, das gut funktioniert, zu verstärken oder nach Ausnahmen von beobachteten Problemen zu suchen, um einen solchen positiven Ansatzpunkt zu identifizieren (siehe O.u.OE., Kapitel 6.1.1: Best Practice und Kapitel 6.1.2: Next Practice).

Übung:
Definieren Sie für sich ein persönliches Ziel, das alle Kriterien des SMART-Modells samt den genannten Ergänzungen erfüllt.

5.2.2 Zielvereinbarungen

Nach jeder Zielsetzung ist es wichtig, die Schritte der Veränderung so konkret wie möglich zu vereinbaren. Zudem sollte festlegt werden, wann die Erreichung eines Ziels überprüft wird, und woran man feststellen kann, dass es erreicht wurde. Klare Zielformulierungen und eine Definition überprüfbarer Kriterien für ihr Erreichen sind entscheidende Aspekte der Zielerreichung. Unklare Ziele, deren Erreichung nicht eindeutig überprüft werden kann, führen zu Unklarheiten zwischen den Beteiligten und zu unabgestimmten Handlungen. Das Ziel, ›Bisaria soll besser deutsch sprechen‹, ist solch ein unklares und schlecht formuliertes Ziel, das sinnvoll in klare einzelne Handlungsschritte untergliedert werden kann, die die Zeitpunkte und die Dauer von Handlungen sowie die Verantwortlichen benennen.

Es ist sinnvoll, klare *Zielvereinbarungen* zu formulieren, in denen die Ziele, die erwünschten Ergebnisse, die verantwortlichen Personen, die erforderlichen Prozesse und Ressourcen schriftlich festgehalten werden. Eine Zielvereinbarung kann beispielsweise folgende Aspekte beinhalten (siehe auch F.u.Z. – AH-22 ›Formular für Zielvereinbarungen‹ auf der Webseite zu diesem Buch):

Zielformulierung, Zielvereinbarung und Projektarbeit 159

- Datum der Zielvereinbarung und beteiligte Personen
- Ziele *(Wozu?)*
- Ergebnisse und Messbarkeit *(Wodurch ist die Zielerreichung erkennbar?)*
- Qualitätskriterien *(Welche (Mindest-)Kriterien müssen die Ergebnisse erfüllen, um als ausreichend bewertet zu werden?)*
- Ausführende Personen *(Wer?)*
- Handlungen *(Machen was?)*
- Kooperationspartner *(Mit wem?)*
- Art und Weise *(Wie?)*
- Ort *(Wo?)*
- Handwerkszeug *(Womit?)*
- Zeitpunkte *(Wann?)*
- Zeiträume *(Wie lange?)*
- Häufigkeit *(Wie oft?)*
- Dauer *(Bis wann?)*
- Überwachung (Monitoring) (Berichte und Informationen: *Was? An wen? Wie oft?*)
- Überprüfung (Controlling) *(Wann und wie werden die Ergebnisse überprüft? Wie oft? In welchen Intervallen? Durch wen?)*
- Unterschriften der beteiligten Personen

Gute Zielformulierungen lassen sich daran überprüfen, ob alle W-Fragen einer Zielvereinbarung beantwortet sind und ob sie die Kriterien des SMART-Modells erfüllen. Das Instrument der Zielvereinbarung lässt sich sowohl als Führungsinstrument verwenden als auch für eigene Planungen oder für Absprachen in Teams oder Kooperationen. Im Bereich (teil-)autonomer Arbeit werden durch Führung eher nur Fragen der Ziele, der Überprüfung der Zielerreichung und des einzuhaltenden Zeitrahmens abgesprochen, während die Detailplanung den nachgeordneten Ebenen obliegt (siehe Kapitel 4.2.4: Kriterien und Rahmenbedingungen autonomer Arbeit).

In der Schule sind Zielvereinbarungen z. B. aus dem Wochenplanunterricht bekannt. Ihr Einsatz kann aber noch weit darüber hinausgehen, etwa für verbindliche Absprachen mit einzelnen Schülern oder im Kollegium, für die Ausrichtung der Arbeit in Jahrgangs- und Fachgruppen oder für die Zusammenarbeit mit Eltern oder Kooperationspartnern. Grundlage von Zielvereinbarungsgesprächen können vorhergehende Befragungen sein, etwa zur Teamarbeit, zum Führungshandeln, zur Besprechungskultur und dergleichen (siehe auch Fragebögen zur Teamarbeit auf der Webseite zu diesem Buch).

Übungen:
A. Wo wird in Ihrer Schule mit Zielvereinbarungen gearbeitet? An welchen Stellen im Unterricht oder im Kollegium könnten Sie sich vorstellen, mit Zielvereinbarungen zu arbeiten?
B. Nutzen Sie F.u.Z. AH-22: ›Formular zur Zielvereinbarung‹, um ein vor Ihnen liegendes Vorhaben zu konkretisieren.

5.2.3 Strategiefokussierte Ziele: Die Balanced Scorecard

Zielvereinbarungen sind sehr hilfreich für kleinschrittige Zielerreichungsprozesse. Bei *organisationsweiten Zielformulierungen*, etwa in einem Organisationsentwicklungsprozess, müssen jedoch viele Einzelziele aufeinander abgestimmt werden. Zur Darstellung und Abstimmung mehrerer Ziele, die umfassender Strategien oder größere Teilbereiche der Organisation betreffen, hat sich in vielen Organisationen das Modell der ›Balanced Scorecard‹ etabliert (vgl. Kaplan u. Norton, 1997 u. 2001).

Diese ›ausgewogenen Anzeigen- oder Zählkarten‹ setzen zentrale Bereiche der Organisationsführung in Beziehung zueinander, wie z. B. (vgl. Kaplan u. Norton, 1997, S. 9; Kaplan u. Norton, 2001, S. 22):
– Finanzen (z. B. Rentabilität, Risikoabschätzung),
– Kunden (z. B. Zufriedenheit, Marktentwicklung),
– interne Geschäftsprozesse (z. B. Abläufe, Konfliktmanagement, Feedback-Kultur) und
– Lernen und Entwicklung (z. B. persönliches und organisationales Lernen, Innovation, Wissensmanagement).

In Modifikationen der Scorecard können auch die Bereiche Finanz-Perspektive, Kunden-Perspektive, Mitarbeiter-Perspektive und Prozess-Perspektive unterschieden werden (vgl. Vahs, 2007, S. 397 ff.). In einer Übertragung auf Schule wären folgende Bereiche denkbar: Finanzen, Anspruchsgruppen, Schulentwicklung und Management, Leistungserbringungs- und Unterstützungsprozesse (vgl. Dubs, 2006, S. 135). Maßgebliches Ziel dieser ›Gesamtschau strategischer Einzelausrichtungen‹ ist es, dafür Sorge zu tragen, dass alle Einzelmaßnahmen auf eine verbindende Gesamtstrategie ausgerichtet bleiben und sich nicht gegenseitig unterlaufen (vgl. Kaplan u. Norton, 2001, S. 3 ff.; siehe auch O.u.OE., Kapitel 6.2.1: Vision, Leitbild, Programm und Aktionspläne).

Die festgelegten Bereiche der Balanced Scorecard werden in einzelne *Strategiebereiche* unterteilt (im Bereich Kunden etwa Zufriedenheit und Marktentwicklung), zu denen jeweils vier Aspekte definiert werden (Abbildung 15):

– *Strategieziele*
Was sind einzelne Ziele für diesen Strategiebereich?

– *Messgrößen*
Wie und woran kann die Erreichung der Strategieziele überprüft werden?
– *Operativziele*
Welche Handlungsziele ergeben sich aus den Strategiezielen?
– *Aktivitäten*
Was muss getan werden, um die operativen Ziele zu erreichen, die Messgrößen sichtbar zu machen und zu erfüllen und damit die Strategieziele zu erreichen?

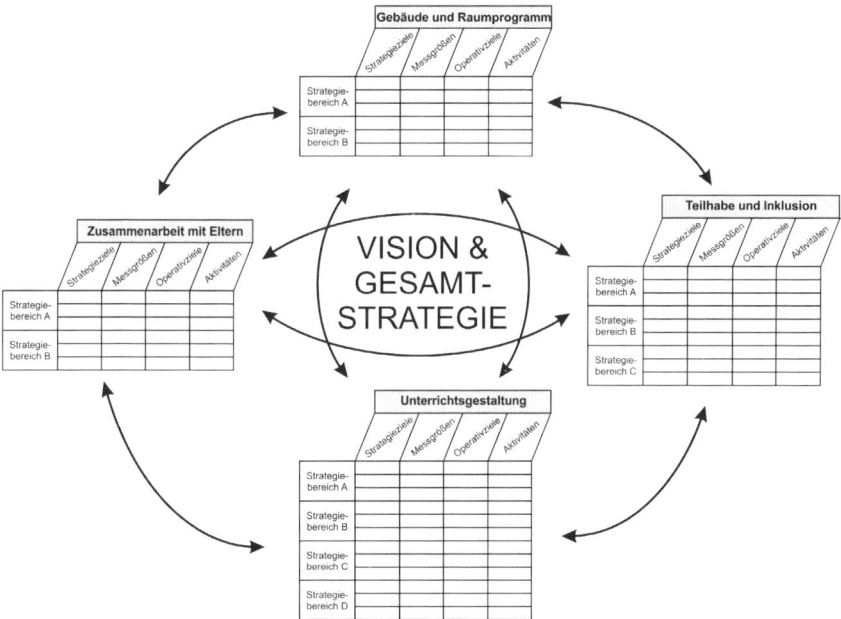

Abbildung 15: Zusammenhänge zwischen den Bereichen einer Balanced Scorecard am Beispiel von vier Arbeitsfeldern an Schulen

Unabhängig davon, welche Bereiche und Begriffe bei der Anwendung der Balanced Scorecard gewählt werden, liegt ihr Ziel in einem ganzheitlichen Vorgehen, das der Umsetzung von Teil- und Gesamtstrategien dienen soll und nicht nur der Erreichung einzelner operativer Ziele. Strategie soll so zum ›täglichen Geschäft‹ der Mitarbeiter werden, die den ›Blick aufs Ganze‹ nicht verlieren sollen (vgl. Kaplan u. Norton, 2001, S. 189–241). Hierbei werden Organisationsziele bis auf Einzelziele und Zielvereinbarungen reduziert, wobei diese aber immer in den strategischen Gesamtkontext eingebettet bleiben (siehe auch O.u.OE., Kapitel 6.2.1: Vision, Leitbild, Programm und Aktionspläne). Diese Strategieorientierung in der Zielformulierung ist eine maßgebliche Aufgabe mittlerer Managementebenen, die zwischen normativen, strategischen und operativen Zielen vermitteln müssen (siehe Kapitel 1.3: Entscheidungs- und Aufgabenbereiche in Organisationen). Hierdurch soll verhindert werden, dass nur operative Umsetzungsziele vereinbart werden, ohne dass den Beteiligten klar ist, in welchem Gesamtzusammenhang diese stehen. Mitarbeiter haben so beispielsweise auch die Möglichkeit, Rückmeldungen zu geben, wenn andere operative Ziele zu einer besseren Strategieerfüllung führen können oder wenn sich Messgrößen hinsichtlich der Strategie verändern.

In der Schule ist die Einführung der Balanced Scorecard hilfreich, um einzelne Entwicklungen beispielsweise in den Fachgruppen und Jahrgangsstufen mit Aufgaben der gesamten Schule, der Schulleitung, mit der Werbung und Außendarstellung sowie mit fach- und jahrgangsübergreifenden Strategien zu synchronisieren. Hierbei steht die Ausrichtung auf eine Gesamtstrategie im Vordergrund, die ein einheitliches, verbindliches, transparentes und konsistentes Profil der Schule zum Ziel hat.

Übung:
Zeichnen Sie für einen anstehenden Unterrichtsverlauf eine Zielübersicht in Form einer Balanced Scorecard mit den Bereichen: Schüler-Perspektive, Lehrer-Perspektive, Prozess-Perspektive und Ergebnis-Perspektive.
Diese soll aufzeigen, welche Einzelziele mit welchen Messgrößen und Vorgaben hierbei zu erfüllen sind. Nutzen sie diese Übersicht, um mit Ihren Schülern über die Gesamt- und Einzelanforderungen ins Gespräch zu kommen und Ihnen eine Orientierung über die an sie gestellten Anforderungen zu geben.

5.2.4 Fehler bei der Zielformulierung

Bei der Formulierung von Zielen und Teilzielen gilt es einige *Fehler in Zielvereinbarungsprozessen* zu vermeiden, die die Erreichung von Zielen erschweren oder sogar ganz verhindern können (vgl. Doppler u. Lauterburg, 2005, S. 263). Zu solchen Fehlern zählen:

1. Es werden keine Ziele vereinbart, sondern Tätigkeiten. Zielvereinbarung wird mit operativer Planung verwechselt.
   Nicht das ›wozu‹ wird thematisiert, sondern lediglich das ›was‹ und ›wie‹.
2. Ziele werden nicht vereinbart, sondern vorgegeben. Es findet kein Dialog statt.
   Es gibt nur Anweisungen und ›Befehle‹, keine gemeinsame Vision.
3. Es gibt nur quantitative Ziele, ›weiche Faktoren‹ und qualitative Aspekte werden als irrelevant betrachtet und vernachlässigt.
   Allein Noten, Kennzahlen, Häufigkeiten und alles direkt Zähl- und Messbare wird betrachtet. Das Wohlfühlen, der Spaß und andere ›weiche Faktoren‹ werden vernachlässigt.
4. Zielvereinbarungen erfolgen ausschließlich ›von unten nach oben‹. Der Input von der Basis konsolidiert aber eher die bestehenden Strukturen. Zielvereinbarungen sind hierbei kein organisationales Führungsinstrument.
   Klienten, Mitarbeiter oder Schüler legen die Ziele allein fest, ohne sich mit Zielvorstellungen des Umfeldes oder Anforderungen therapeutischer, organisationaler oder schulischer Prozesse auseinanderzusetzen.

5. Zielvereinbarungen haben keine klaren Organisationsziele als Ausgangspunkt. Jeder Bereich schaut nur für sich und nicht auf seine Funktion fürs Ganze.
   Das Gesamtziel, ›die Vision‹, ist nicht klar oder gerät aus dem Blick, jeder Beteiligte schaut nur noch auf seinen Handlungsbereich und seine eigenen Ziele.
6. Die vereinbarten Ziele werden horizontal nicht abgeglichen. Keiner weiß, was der andere tut – Prioritäten und Mittel sind nicht aufeinander abgestimmt.
   Verschiedene parallele Maßnahmen werden nicht aufeinander abgestimmt, Maßnahmen verlaufen teilweise sogar kontraproduktiv gegeneinander. Es gibt keine Reihenfolge der Maßnahmen, und es stehen keine ausreichenden Mittel für mehrere Aktivitäten zu Verfügung.
7. Die Zielerreichung wird nicht überwacht und kontrolliert. Im Nachhinein wird dann begründet, warum die Ziele nicht erreicht werden konnten. Es gibt weder Belohnungen für gute noch Sanktionen für schlechte Leistung.
   Das Erreichen oder Nicht-Erreichen von Zielen ist bedeutungslos und nicht spürbar. Nichts oder etwas anderes als das Vereinbarte zu tun, hat keine Konsequenzen. Die Beteiligten erhalten kein Feedback und keine Belohnung.
8. Zielvereinbarungen sind nicht vernetzt mit der Qualifikation von Mitarbeitern.
   Die Beteiligten werden nicht in der Durchführung einzelner Teilschritte angeleitet und erhalten keine Unterstützung.

Durch einen planvollen und geübten Umgang mit Zielen und Zielvereinbarungen können viele der genannten Fehler reduziert oder vermieden werden. Gerade (teil-)standardisierte Verfahren bieten hierzu ein gutes Raster, an dem sich die Beteiligten orientieren können. Für Schulen ist eine Zielfehleranalyse auf mehreren Ebenen sinnvoll, angefangen bei Arbeitsaufträgen im Unterricht über Vereinbarungen im Kollegium oder der Zusammenarbeit mit den Eltern.

Übung:
Welche Zielfehler haben Sie schon selbst erlebt und welche Konsequenzen hatte dies? Wer hatte hierdurch Vorteile, wer musste Nachteile in Kauf nehmen?

5.2.5 Projekte und Projektarbeit

Richtet man seinen Blick auf die Verwendung des Projektbegriffs in der (pädagogischen) Praxis, scheinen viele Aufgaben ein Projekt zu sein, ohne dass genau feststeht, wodurch ein Projekt überhaupt definiert ist. In der Definition des Deutschen Instituts für Normung wird ein Projekt definiert als (DIN 69 901, zit. nach Schelle, 2001, S. 19):

»ein Vorhaben, das im Wesentlichen durch die Einmaligkeit der Bedingungen in ihrer Gesamtheit gekennzeichnet ist, wie z. B.:
– Zielvorgabe,
– zeitliche, finanzielle, personelle und andere Begrenzungen,
– Abgrenzung gegenüber anderen Vorhaben,
– projektspezifische Organisation«.

An Schulen wird vieles als Projekt bezeichnet, was laut dieser Definition, bezogen auf die ›Einmaligkeit der Bedingungen‹, gar kein Projekt ist. Die Organisation des jährlichen Sommerfestes lässt sich wohl nicht als Projekt bezeichnen, es sei denn, es würde etwas Außergewöhnliches und Neues geplant. Dennoch kann eine projektorientierte Organisation für die Planung und Durchführung äußerst gewinnbringend sein. Die Umstrukturierung der Zusammenarbeit und Kooperation mit Eltern wäre hingegen schon eindeutiger ein Projekt, da hier etwas Neues entwickelt werden soll. Aus Schülersicht gibt es viele einmalige Projekte (etwa im sogenannten Projektunterricht), die jedoch für die Lehrer bei mehrmaliger Durchführung schon keinen originären Projektcharakter mehr haben. Das Neue und Einmalige liegt dann wohl eher in der konkreten Schülergruppe, mit der das Projekt durchgeführt wird.

Projekte gliedern sich in mehrere Teilaufgaben, die in ihrer Gesamtheit und Abstimmung aufeinander das Gesamtprojekt und seine Ergebnisse bestimmen. In dieser ›Projektarchitektur‹ können Zielvereinbarungen dazu dienen, einzelne Projektschritte aufeinander abzustimmen sowie Zeit- und Zielvorgaben zu koordinieren. Der geplante Verlauf eines Projekts wird in einem *Projektstrukturplan* festgehalten. Der Projektstrukturplan zerlegt das Projekt zunächst nur entsprechend den notwendigen Arbeitsschritten in Teilaufgaben und sogenannte Arbeitspakete. Während Teilaufgaben durchaus umfassendere und komplexere Arbeitszusammenhänge kennzeichnen, ist ein Arbeitspaket eine Aufgabe, die sich nicht mehr weiter untergliedern lässt (vgl. Schelle, 2001, S. 109). Nach der inhaltlichen Untergliederung des Projekts erfolgt eine zeitliche Strukturierung, da z. B. einige Teilaufgaben oder Arbeitspakete erst begonnen werden können, wenn andere erledigt sind. Es ist daher sinnvoll, für jede Teilaufgabe und für jedes Arbeitspaket Zielvereinbarungen zu erstellen und im Verlauf des Projekts zu überwachen, ob der Zeitplan und getroffene Vereinbarungen eingehalten werden. Dies ist vor allem in Wirtschaftsunternehmen entscheidend, da Verzögerungen dazu führen können, dass nachfolgende Arbeits- oder Produktionsschritte nicht starten und im Zweifelsfall ganze Abteilungen ›Leerlauf‹ haben. In einem solchen Projektplan werden daher auch sogenannte ›Meilensteine‹ definiert, die zum einen wichtige Zwischenergebnisse darstellen und zum anderen ganze Blöcke nachfolgender Aufgaben erst ermöglichen. Ein zeitlich fixierter Projektverlaufsplan kann etwa wie folgt aussehen (Abbildung 16):

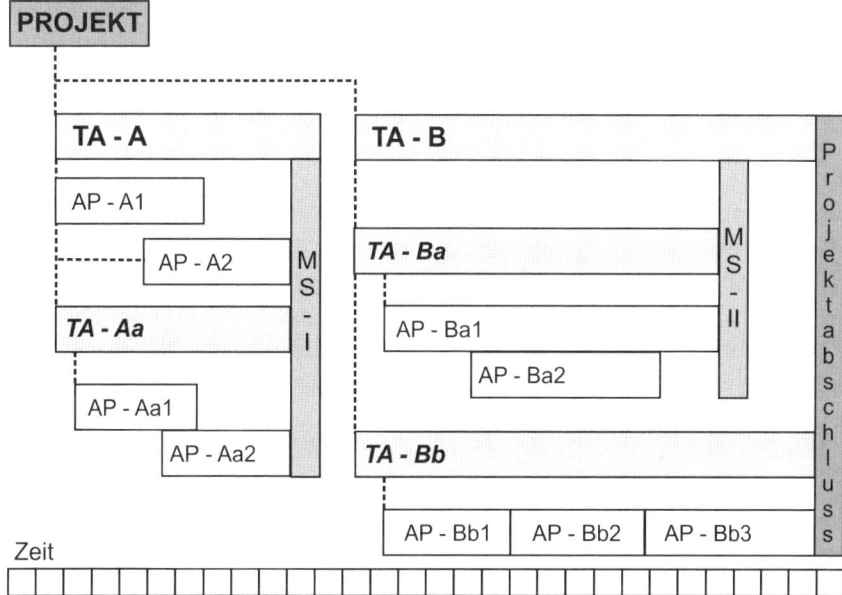

Abbildung 16: Projektverlaufsplan (TA: Teilaufgabe, AP: Arbeitspaket, MS: Meilenstein)

Das entscheidende Element von Projekten besteht darin, dass die erwarteten Teilergebnisse und das Gesamtergebnis des Projektes als messbare Größen formuliert sind und einzelne Projektschritte klaren Zeitvorgaben folgen. Didaktische Konzepte des Projektunterrichts und auch des sogenannten ›Problembasierten Lernens‹ folgen dieser Grundidee: Es wird eine Aufgabe gestellt, deren Lösung nicht vorgegeben ist, sondern von den Projektmitarbeitern erarbeitet werden muss. In partizipativen Formen der Projektarbeit werden sowohl die Messgrößen als auch die Zeitstruktur gemeinsam entwickelt. Dies ist vor allem dann sinnvoll, wenn die Akzeptanz der beteiligten Personen ein notwendiges Erfolgskriterium darstellt. Vor allem bei Projekten, deren Ergebnisse weitergehende Auswirkungen auf die Beteiligten haben, wie beispielsweise Organisationsentwicklungsprozesse, ist der Aspekt der Partizipation in der Ausrichtung von Projekten nicht zu unterschätzen (siehe O.u.OE., Kapitel 6: Organisationsentwicklung und Change Management).

Die Rahmenbedingungen zu konkretisieren, für Klarheit und Orientierung zu sorgen, Ergebnisse und Einhaltung von Terminen zu überwachen, sind unabhängig von den Beteiligungsformen zentrale Aufgaben in Projekten. Daher ist die Rolle des *Projektmanagements* oder der *Projektkoordination* von entscheidender Bedeutung. Anstatt einzelne Arbeitsschritte im Projekt zu übernehmen, übernimmt sie die Aufgabe der »Steuerung der verschiedenen Einzelaktivitäten in einem Projekt im Hinblick auf die Projektziele« (Schelle, 2001, S. 19). Die Person, die die Koordination eines Projektes übernimmt, hat beispielsweise dafür zu sorgen, dass die Planungen eingehalten werden, dass die Kommunikation unter den Projektbeteiligten sichergestellt ist und dass den Beteiligten der Stand des Projektes transparent ist. Projektmanager sind zunächst Moderatoren des Projektes, indem sie die Kommunikation im Projekt sicherstellen und Beiträge und Ergebnisse visualisieren. Sie übernehmen aber auch, sofern diese Aufgabenbereiche nicht an andere Personen delegiert sind, das Monitoring (Überwachung, Transparenz) und das Controlling (Ergebniskontrolle). Die Aufgaben können also von Koordination, Kommunikation, Informationsfluss, Prüfung, Controlling bis zur Anleitung von Austausch- und Besprechungsterminen reichen. Bei größeren Projekten wird auch ein eigener Projektcontroller zur Unterstützung der Projektleitung eingesetzt, der die Erfüllung und Qualität von Teilaufgaben und Arbeitspaketen kontrolliert und die Transparenz des Projektgeschehens sicherstellt (vgl. Schelle, 2001, S. 64).

Das Aufgabenfeld des Projektmanagements ist sehr weit gefasst als »Gesamtheit von Führungsaufgaben, -organisation, -techniken und -mitteln für die Abwicklung eines Projektes« (DIN 69 901). Projektmanager tragen die Gesamtverantwortung für das Projekt und sind so gesehen ›Unternehmer auf Zeit‹, da ihre Aufgabe und Verantwortung mit Beendigung des Projekts ebenfalls beendet ist. Neben der Einhaltung des Projekttermins und der Ergebnisqualität zeichnet es auch für die Einhaltung des Finanzierungsplanes verantwortlich.

Elemente der Projektarbeit – vor allem auch die Rolle der Projektorganisation – bieten für viele Aufgaben der Schule hilfreiche Anregungen, beispielsweise für die Förderplanung oder die Arbeit in Jahrgangs- und Fachgruppen. Hier werden zwar oft Ziele, Maßnahmen und Termine besprochen, aber es fehlt die Festlegung einer Person, die koordinierende und überwachende Aufgaben übernimmt.

Übung:
Beschreiben Sie ein von Ihnen durchgeführtes Projekt anhand eines Projektverlaufsplanes. Gab es eine Projektleitung? Wie wurde diese Rolle ausgefüllt? Welche Rollen haben Schüler hierbei übernommen?

5.3 Konfliktmanagement, Fortbildung und Beratung

5.3.1 Konfliktmanagement und Konfliktklärung

Ebenso wie ein gut abgestimmter Umgang mit Feedbacks und Bewertungen ist es für Organisationen wichtig, über Umgangsweisen mit den verschiedensten Konflikten zu verfügen, die in den Bereichen Beziehung, Kommunikation, Persönlichkeit, Rollen, Ziele, Umsetzung, Wissen, Kompetenzen sowie Ressourcen und deren Verteilung entstehen können.

Als *Managementaufgabe* bedeutet dies, einerseits Strukturen zu schaffen, die Konfliktauslöser minimieren oder beseitigen (z. B. durch eine Verbesserung der Ablauforganisation in Form der Vermeidung von zu eng gesetzten Terminen oder Informationslücken) und andererseits klare Vorgehensweisen für auftretende Konflikte zu etablieren. Neben der schon angesprochenen Feedback-Kultur oder einem Beschwerde- oder Rückmeldemanagement bzw. einem betrieblichen Vorschlagswesen (siehe O.u.OE., Kapitel 6.1.4: Rückmeldungs- und Beschwerdemanagement) ist für den Umgang mit Konflikten die Entwicklung von Richtlinien und auch standardisierten Vorgehensweisen für auftretende Konflikte hilfreich.

Die Ausbildung und der Einsatz von betrieblichen Mediatoren oder sogenannten ›Konfliktlotsen‹ hat hierbei – ebenso wie der Einsatz von Mediatoren in der außergerichtlichen Konfliktklärung – vor allem den Vorteil, dass formale, disziplinarische bzw. betriebs- und personalrechtliche Wege nur beschritten werden müssen, wenn keine andere Klärung möglich ist. Kontrollinstanzen und Gremien in Betrieben (etwa Betriebsrat, Geschäftsführung und Leitungskräfte), in Schulen (etwa Schulleitung, Schulaufsicht und Elternbeirat) oder in der Rechtsprechung (etwa Gerichte und Anwälte) bleiben in der Mediation zunächst außerhalb des Klärungsprozesses. Neben einer Einsparung von Kosten führt dies dazu, dass eine angeleitete Klärung durch die Beteiligten im Gegensatz zu einem ›Richterspruch‹ dazu führt, dass die Verantwortung für das Ergebnis nicht an eine unabhängige Entscheidungsinstanz abgegeben, sondern gemeinsam entwickelt und getragen wird.

Bezogen auf Betriebe und Schulen ist ein gutes Konfliktmanagement aber nicht nur hinsichtlich der Ergebnisqualität (gelöste Konflikte) hilfreich, sondern auch hinsichtlich der möglichen Lernerfahrungen (Übernahme von Verantwortung, Erlernen von Methoden der Konfliktlösung etc.).

Zur *Führungsaufgabe* im Umgang mit Konflikten gehört es, erkannte Konflikte anzusprechen und mit den Beteiligten den entsprechenden Klärungsrahmen zu vereinbaren (z. B. interne oder externe Mediation). Liegen Konflikte in Strukturen begründet, die im Führungshandeln, in Aufgabenstrukturen, Arbeitsabläufen, Rollenunklarheiten oder Rollenüberschneidungen ihren Ausgang nehmen, besteht die Aufgabe darin, solche Konfliktauslöser im Rahmen der eigenen Handlungsmöglichkeiten oder in Verhandlung mit übergeordneten Stellen oder anderen Abteilungen zu minimieren oder auszuräumen. Es ist keine Aufgabe von Führung, selbst als Mediator tätig zu werden, da hierdurch die Führungsrolle verlassen werden müsste und in der Regel auch keine ausreichende Neutralität vorhanden ist. Konflikte auf persönlicher Ebene – die sich nicht aufgrund struktureller oder prozeduraler Bedingungen klären und durch entsprechende Anpassungen auch nicht ausräumen lassen – sind daher in einem Ausgleichs- und Einigungsprozess der beteiligten Personen zu klären, der unabhängig von der Führung verlaufen sollte. Dieser Klärungsprozess setzt nicht nur eine von den Beteiligten als unabhängig und unparteiisch akzeptierte Person (Mediator) voraus, sondern auch die Bereitschaft, sich an der Klärung zu beteiligen. Inwiefern Vorgesetzte selbst als Mediatoren tätig werden, hängt nicht nur von der Intensität des Konflikts ab, sondern auch davon, inwiefern sie eine akzeptierte und neutrale Rolle innehaben und beibehalten wollen.

Für einen produktiven und erfolgreichen Umgang mit Konflikten können folgende Grundsätze gelten (vgl. Doppler u. Lauterburg, 2005, S. 427):
– frühzeitiges Erkennen des Konflikts,
– offenes Ansprechen des Konflikts,
– Klärung des Konflikts durch die direkt Beteiligten,
– Moderation und Begleitung der Konfliktklärung durch eine akzeptierte, unabhängige Person.

Der eigentliche *Konfliktklärungsprozess* orientiert sich in der Regel an einem Ablaufplan, der eine Einigung zwischen den Beteiligten im Sinne einer ›Win-Win-Lösung‹ und keinen Richterspruch anstrebt. Der Ablauf solcher Konfliktklärungsprozesse ist in den verschiedensten Modellen der Mediation und Konfliktklärung relativ ähnlich dargestellt, unabhängig davon, ob er nun in fünf oder mehr Schritten beschrieben wird (vgl. Diez, 2005, S. 95–157; Thomann u. Schulz von Thun, 1997, S. 35–43; Motamedi, 1999, S. 125–138; Jiranek u. Edmüller, 2007, S. 124–141):

1. Auftragsklärung und Vorbereitung
   – Einverständnis und Auftrag von beiden Seiten,
   – Rahmen klären (Zeit, Ort),
   – Gesprächsort gestalten.

2. Einstimmungsphase
   – Setting, Umfeld, Sitzordnung,
   – ankommen lassen (Vorstellung, Small Talk, Warming Up),
   – Rahmen und Zeiten klären,
   – Prinzipien und Ablauf der Mediation vorstellen.

3. Themensammlung
   – Gemeinsam oder nacheinander sammeln, was Thema sein soll. Nur Überschriften!
   – nachfragen, aktiv zuhören und paraphrasieren,
   – sammeln – visualisieren – ordnen (clustern) – Prioritäten setzen lassen (Ranking),
   – Gemeinsamkeiten und Unterschiede benennen.

4. Konflikterhellung
4a. Sichtweisen hören
   - Nacheinander Sichtweisen zum ersten Thema schildern lassen, die andere Seite hört nur zu,
   - vertiefende Betrachtung, Perspektivenerweiterung und -verschränkung,
   - Gemeinsamkeiten und Unterschiede herausarbeiten,
   - Gefühle, Absichten, Wahrnehmungen.
4b. Anliegen und Bedürfnisse erfragen
   - Nacheinander Anliegen und Bedürfnisse erfragen und die andere Seite zuhören lassen,
   - vertiefende Betrachtung, Perspektivenerweiterung und -verschränkung,
   - Gemeinsamkeiten und Unterschiede herausarbeiten,
   - Gefühle, Absichten, Wahrnehmungen, Bedürfnisse, Wünsche, Motive.

5. Lösungssammlung
   - gemeinsam Optionen, Wünsche und Ideen benennen lassen,
   - aktiv zuhören, nachfragen, paraphrasieren, übersetzen, spiegeln,
   - sammeln – visualisieren – clustern – Prioritäten setzen lassen (Ranking),
   - angeleitete Bewertung und Auswahl.

6. Vereinbarungen und Verträge
   - Zielvereinbarung herausarbeiten (To-do-Liste),
   - auf gute Zielformulierungen achten,
   - schriftlich festhalten:
     - Teilnehmer,
     - Würdigung der gemeinsamen Arbeit,
     - konkrete Lösungen,
     - nicht geregelte Punkte,
     - Regelungen für künftige Konflikte,
     - nächste Schritte.

7. Überprüfungsphase
   - Zeitpunkt für Überprüfung,
   - Anpassung und Feintuning der Ziele und Umsetzung.

Zu den Verhaltensweisen und Techniken der Gesprächsführung bei der Begleitung von Konflikten zählen aktives Zuhören, Paraphrasieren, vollständiges Kommunizieren, Fragetechniken, Spiegeln, Übersetzen, Drastifizieren, Visualisieren und dergleichen (Thomann u. Schulz von Thun, 1997, S. 76–146; Schulz von Thun, 1981; Diez, 2005, S. 158–209; Lindemann, 2017). In der Praxis der Konfliktklärung ist es immer wieder erstaunlich zu sehen, dass eine klare Orientierung an den Prozessschritten und die Beherrschung einiger grundlegender Kommunikationstechniken schon sehr erfolgreich sein können. Dies zeigt sich auch darin, dass Modelle der ›kollegialen Konfliktklärung‹ durch nur wenig geschulte Personen –

etwa durch Schüler in Konfliktlotsen-Programmen – erfolgreich sein können. Als Grundlage hierfür kann eine ganze Reihe von Modellen des Umgangs mit Konflikten dienen wie Mediation, Konfliktklärung, Konfliktschlichtung, Moderation, Schulungen, Schülergerichte und Klassenrat, die auf die jeweilige Situation der Schule übertragbar sind. Auf diese Weise kann die einzelne Schule eine für sie passende verbindliche Struktur für den Umgang mit Konflikten aufbauen. Wichtig ist es jedoch auch, die Grenze organisations- bzw. schulinterner Konfliktschlichtung zu erkennen, etwa, wenn langanhaltende und verhärtete Konflikte zu bearbeiten sind, ganze Personengruppen beteiligt sind oder der Konflikt mit einer schwereren Straftat einhergeht, wodurch ein selbst herbeigeführter Ausgleich fraglich wird.

Wie auch immer im Detail in einer Organisation bzw. an einer Schule mit Konflikten umgegangen wird, ist das Bestehen einer klaren und allen bekannten Vorgehensweise eine wichtige Grundlage guter Zusammenarbeit und eines guten Betriebsklimas. Erfolgreich sind solche Konfliktlösungsstrukturen jedoch nur, wenn sie in der Erfahrung und Wahrnehmung der Beteiligten zu positiven und tragfähigen Ergebnissen führen.

> **Übung:**
> Beschreiben Sie die Umgangsweisen mit Konflikten an Ihrer Schule. Welche Funktion hat der Klassenrat hierbei? Gibt es externe Berater oder Mediationsprogramme? Sind die Vorgehensweisen allen bekannt und werden sie von allen akzeptiert?

5.3.2 Fortbildung, Beratung, Supervision und Coaching

Ein zentraler Aspekt der Organisationsgestaltung besteht darin, interne sowie externe und unabhängige Sichtweisen auf die Organisation, ihre Strukturen und die in ihr ablaufenden Prozesse zu ermöglichen. Dieser ›Blick von innen und/oder außen‹ erfüllt mehrere Funktionen, wobei interne Beratung das kollegiale und fachliche Miteinander in den Fokus rückt. Eine externe und damit unabhängigere Position kann für die Reflexion des Alltags, die Bearbeitung von Problemen, das Fällen von Entscheidungen und dergleichen nutzbar gemacht werden, vor allem dann, wenn es nicht mehr nur um fachliche Zusammenarbeit geht, sondern um übergreifende, problemhafte und konflikttträchtige Themen.

Der Markt externer und auch interner Beratungsdienstleistungen ist groß und entsprechend unübersichtlich. An dieser Stelle soll daher nicht detailliert in eine bestimmte Form der Beratung eingeführt werden, sondern eine *Übersicht über verschiedene Formen der Beratung* gegeben werden. Hierzu werden in einer Tabelle einzelne Beratungsformate benannt und in ihrer intern und extern begleiteten Form charakterisiert (Tabelle 11).

Tabelle 11: Übersicht über verschiedene Formen der Beratung im Vergleich interner und externer Angebote

Fachberatung	
Fachliche und spartenbezogene Anleitung und Reflexion. Meistens in feststehenden regelmäßigen Abständen.	
Intern (kollegiale Fachberatung): Durch fachkundige Kollegen oder langjährige Mitarbeiter.	*Extern (Fachberatung):* Durch Fachleute, Fachberater und Berater mit spezifischem Fachwissen.
Coaching	
Parteiliche Anleitung und Reflexion zur Erreichung persönlicher Ziele. Meistens aus konkretem Anlass, zu einem bestimmten Thema.	
Intern (kollegiales Coaching): Durch Vorgesetzte oder Peers bezogen auf die Entwicklung und Konkretisierung beruflicher Ziele und die Erreichung von Vorgaben. Beim kollegialen Coaching kann auch von ›Mentoring‹ gesprochen werden, da oft ein erfahrener und gut eingearbeiteter Kollege die Rolle des Coaches bzw. Mentors übernimmt.	*Extern (Coaching):* Durch Coaches und Supervisoren, bezogen auf die unterschiedlichsten Themen und Schwerpunkte (z. B. Karriereplanung, Führungshandeln, Kommunikation, Verhandlungsführung, aber auch als ›Fitness-Coach‹, ›Dress-Coach‹).
Supervision	
Beziehungs-, fach-, problem- und lösungsbezogene Reflexion und Praxisbegleitung. In feststehenden regelmäßigen Abständen oder auch aus konkretem Anlass, zu einem bestimmten Thema.	
Intern (kollegiale Beratung): Nach festgelegten Regeln in einer Kollegengruppe mit wechselnder Moderation und wechselnden Themenstellern. Mit der Ausnahme kollegialer Konfliktthemen.	*Extern (Supervision):* Durch Supervisoren, für die unterschiedlichsten Themen und Schwerpunkte (z. B. Teamarbeit, Fallbesprechungen, Kommunikation).
Moderation	
Prozessbezogene Organisation, Strukturierung und Begleitung. Aus konkretem Anlass (z. B. Tagungen), zu einem bestimmten Thema (z. B. Zukunftswerkstatt) oder in regelmäßigen Abständen (z. B. Sitzungen)	
Intern (kollegiale Moderation): Oft nach festgelegten Regeln durch wechselnde oder feststehende Kollegen.	*Extern (Moderation):* Durch Berater unterschiedlicher Ausbildung, mit entsprechenden Erfahrungen, etwa in der Moderation von Großveranstaltungen oder der Moderation von Verhandlungen zwischen zwei Parteien.
Mediation und Konfliktklärung	
Konflikt- und lösungsbezogene Reflexion und Begleitung. Aus konkretem Anlass, zu einem bestimmten Thema.	
Intern (kollegiale Mediation): Nach festgelegten Regeln durch ausgebildete betriebsinterne Schlichter, Konfliktlotsen und Mediatoren.	*Extern (Mediation):* Durch Mediatoren, für die Klärung und Auflösung von Konflikten.

Team- und Kommunikationsberatung
Team- und kommunikationsbezogene Begleitung und Reflexion.
Aus konkretem Anlass, etwa bei neuen Teams, Veränderungen der Teamzusammensetzung, der Strukturierung von Aufgaben oder bei Problemen in der Zusammenarbeit.

Intern (kollegiale Beratung):	*Extern (Beratung):*
Durch fachkundige Kollegen, langjährige Mitarbeiter oder interne Berater etwa der Personalabteilung.	Durch Supervisoren, Coaches, Organisationsberater und Fortbildner, speziell mit Erfahrung in der Team- und Kommunikationsberatung.

Organisationsberatung
Organisationsbezogene Begleitung, Anleitung und Reflexion.
Bezogen auf konkrete Veränderungen der Organisation.

Intern (kollegiale Beratung):	*Extern (Beratung):*
Mit Moderation in der Organisationsführung, in Gremien und in der Form von Steuergruppen (siehe O.u.OE., Kapitel 6.3.3: Prozesssteuerung durch Steuergruppen).	Durch Organisationsberater, mit Fachkenntnissen in dem jeweils gewünschten Bereich, etwa bei Leitbilderstellung, Fusion, Ausrichtung von Marketing, Public Relations oder Personalmanagement.

Fortbildung, Schulung und Training
Schulung, Anleitung und Implementierung von Techniken und Methoden.
Zu konkreten Themen und aus konkretem Anlass, etwa für neue Führungskräfte, bei Umstrukturierungen, bei der Einführung neuer Techniken und im Rahmen größerer Veränderungsprozesse, aber auch zur Aktualisierung und Auffrischung von Fähigkeiten.

Intern (kollegiale Schulung, kollegiales Training):	*Extern (Schulung, Training):*
Durch fachkundige Kollegen oder langjährige Mitarbeiter, z. B. Fachleute für Arbeitsschutz und Arbeitssicherheit, Technik, Personalmanagement etc.	Je nach Thema durch Fachleute, Fachberater, Firmenvertreter, Supervisoren, Coaches, Organisationsberater und Fortbildner.

Qualitätszirkel
(siehe O.u.OE., Kapitel 6.1.3: Qualitätszirkel, Qualitätsbeauftragte und Bildungsregionen)
Organisationsbezogene oder organisationsübergreifende Reflexion von Qualitätsmerkmalen.
Bezogen auf festgelegte Qualitätsmaßstäbe und -anforderungen der Organisation.

Intern:	*Extern:*
Zusammengesetzt aus Vertretern der entsprechenden Bereiche der Organisation, die mit dem Qualitätsbereich zu tun haben, auch unter Beteiligung von entsprechenden Funktionsträgern (z. B. Abteilungsleitung, Betriebsrat). Mit interner oder externer Moderation.	Zusammengesetzt aus Vertretern der entsprechenden Bereiche aus mehreren Organisationen, die mit dem Qualitätsbereich zu tun haben, auch unter Beteiligung von entsprechenden Funktionsträgern (z. B. Abteilungsleitung, Betriebsrat). Mit interner oder externer Moderation.

Die Begriffe, Methoden und auch Ausbildungen im Beratungs- und Schulungsbereich sind oft nicht sehr trennscharf voneinander abgegrenzt. Vor allem der Begriff ›Coaching‹ ist sehr unklar definiert, da er teilweise nur für die Beratung von Einzelpersonen oder auch nur für die Beratung von Führungskräften oder in beruflichen Zusammenhängen angewendet wird und oft deckungsgleich mit dem Begriff der (Einzel-)Supervision Verwendung findet. Zudem existiert ein inflationärer Gebrauch des Begriffs ›Coach‹ als Fitnesscoach, Stylecoach, Shoppingcoach und dergleichen mehr. In organisationalen Zusammenhängen hat sich der Begriff vor allem etabliert, um eine Abkehr von (allgemeinen) Trainings und eine Hinwendung zu individualisierter Praxisberatung und -anleitung zu markieren (vgl. König u. Söll, 2006, S. 1030 f.). Als ein verbindendes Merkmal von Coaching mag seine ›parteiliche Zielorientierung‹ gelten und das ›Befördern von einem Ausgangspunkt zu einem Zielpunkt‹ (Coach, engl.: Kutsche, Personenwagen, Trainer).

Entsprechend diesem Umdenken zu einer individualisierten Beratung und Förderung können auch Führungskräfte oder Lehrer als Coaches bezeichnet werden, da sie Mitarbeiter bzw. Schüler weniger allgemein belehren als vielmehr individualisiert, zielbezogen und parteilich bei der jeweils eigenen Erreichung von Zielen unterstützen sollen. Ebenso kann Coaching auf kollegialer Ebene durch langjährige Mitarbeiter oder durch andere Schüler stattfinden, indem diese beispielsweise die Funktion von Mentoren oder Buddys übernehmen. Coaching kann somit neben den Bereichen Organisation und Orientierung als Teilfunktion von Führung, Lehre und kollegialem Miteinander betrachtet werden (vgl. Haberleitner, Dreistler u. Ungvari, 2009, S. 28). Es ist jedoch wichtig zu unterschieden, wann eine Beratung nicht mehr sinnvoll im Rahmen von Kollegialität oder Führung erfolgen kann und wann auf externe Beratung zurückgegriffen wird. Ein gutes System interner Beratung und ein internes Wissensmanagement brauchen auch immer Anregungen von außen und eine externe und unabhängige Sicht.

In vielen Organisationen gibt es ein etabliertes *System interner und externer Beratung*, etwa die monatliche kollegiale Fallberatung, das monatliche Führungskräftecoaching, die Teamsupervision, die jährliche Führungskräfteschulung, Bedarfssupervision, Mediation und dergleichen mehr. Was auch immer dort im Einzelnen geschieht, erschließt sich nicht unbedingt aus den verwendeten Begriffen, sondern hat sehr viel mit den Themen und Persönlichkeiten der Beteiligten zu tun, mit den organisationalen Bedingungen ebenso wie mit der methodischen Ausrichtung und der Persönlichkeit der jeweilgen Berater. Für die Planung oder auch Analyse eigener Beratungsstrukturen sollte man sich überlegen, welche Anforderungen man an einen Berater und das Beratungsformat stellt. In der Auftragsklärung mit Beratern kann dann überprüft werden, inwieweit sie diese Anforderungen erfüllen können – unabhängig davon, welchen Begriff sie für die gewünschte Form der Beratung verwenden.

Für die *Auswahl und die Vorbereitung von Erstgesprächen mit Beratern* können die folgenden Reflexionsfragen hilfreich sein (siehe auch F.u.Z. AH-23 ›Reflexionsbogen für die Auswahl externer Berater‹ auf der Webseite zu diesem Buch):

- Handelt es sich um ein Einzelthema oder um regelmäßigen Beratungsbedarf?
- Hat eine Einzelperson oder eine Gruppe Beratungsbedarf?
- Gibt es klar definierte inhaltliche oder prozessbezogene Ziele der Beratung?
- Brauchen die zu beratenden Personen inhaltlichen Input, Moderation oder die Begleitung bei Reflexions- und Problemlösungsprozessen?
- Muss der Berater ›vom Fach‹ sein oder benötigt er vor allem Kompetenzen in der Prozessbegleitung?
- Soll der Berater die zu beratende Person oder Gruppe parteilich unterstützen oder eher neutral und unparteiisch sein?
- Was spricht für eine interne, was für eine externe Form der Beratung?
- Spielen persönliche Eigenschaften des Beraters eine Rolle (Geschlecht, Alter, Herkunft etc.)?
- Gibt es eine bevorzugte methodische Ausrichtung des Beraters?

Während die verschiedensten Formen der Beratung in wirtschaftlichen und auch sozialen Arbeitsfeldern, beispielsweise der Jugend- und Familienhilfe, etabliert und zum Teil sogar konzeptionell vorgeschrieben sind, tun sich gerade Schulen mit der Inanspruchnahme von Beratungsangeboten oft schwer. Dies mag damit zusammenhängen, dass solche Angebote, wenn sie von externen Beratern begleitet werden, meist über das eher geringe Fortbildungsbudget bezahlt werden müssen. Auch haben Lehrer oft wenig Erfahrung mit Beratung, arbeiten zum Teil sehr unabhängig voneinander und reden nicht gern über Geschehnisse oder Probleme in ihrem Unterricht und im Kollegium, erst recht nicht im Beisein von Kollegen (vgl. König u. Söll, 2006, S. 1046). Viele (vor allem fachliche) Beratungsangebote für Schulen kommen zudem vonseiten der Landesschulbehörde, wie der Schulaufsicht oder Schulentwicklung, so dass die Inanspruchnahme solcher Angebote schnell den Beigeschmack des Eingestehens einer Schwäche einerseits und der Kontrolle andererseits erhält. Schulen, an denen sich Beratungsangebote etabliert haben, setzen daher oft auf interne Formen wie kollegiale Beratung oder Moderation. Eine Schwierigkeit besteht darin, dass sich Lehrkräfte hierbei immer in einer Doppelrolle, etwa als Berater und Kollege, befinden. Diese Situation lässt sich jedoch in der Gesprächsführung und Moderation methodisch und konzeptionell aufgreifen (Lindemann, 2017).

Dass die Inanspruchnahme von Beratung nicht das Eingeständnis von Inkompetenz oder Schwäche ist, sondern ein Aspekt professionellen Handelns, ist in schulischen Handlungsfeldern noch keine etablierte Sichtweise. Zudem sind die finanziellen Mittel für Fortbildungs- und Beratungsangebote oft so gering, dass interessierte Lehrer Beratungsangebote sogar aus ihren privaten Mitteln finanzieren oder Schulen generell zur Etablierung interner Beratungsformen, etwa der kollegialen Beratung, tendieren (vgl. z. B. Tietze, 2003; Schlee, 2004). Eine gemeinsame Analyse vorhandener und erwünschter Beratungsangebote kann hier als Ausgangspunkt dafür dienen, über die Möglichkeiten der einzelnen Schule ins Gespräch zu kommen.

Übungen:
A. Erstellen Sie eine grafische Übersicht aller internen und externen Beratungsangebote an Ihrer Schule. Welche gibt es für Lehrer, welche für Schüler, welche für Eltern? Welche gibt es gar nicht? Welche erachten Sie als hilfreich, welche nicht? Welche Beratungsangebote würden Sie ergänzen, welche würden Sie streichen?
B. Nutzen Sie F.u.Z. AH-23: ›Auswahl externer Berater‹ um für einen anstehenden Auftrag die Qualitätskriterien für die Auswahl eines Beraters zu konkretisieren.

6 Fazit: Mut zur Führung und Zusammenarbeit

Führung und Zusammenarbeit in Schule können keiner vorgegebenen Formel folgen. Sie müssen entwickelt werden. Wichtig scheint zunächst eine Auseinandersetzung mit den verschiedenen Rollen in der Organisation. Die eigene Rolle als Mitarbeiter, Teammitglied, Teamleitung oder Führungskraft zu reflektieren und für sich allein und im Austausch mit anderen zu definieren, ist ein zentraler Schritt der aktiven Gestaltung von Führungskultur und Zusammenarbeit. Methoden der Zusammenarbeit sind dieser Rollenklärung eher nachgeordnet, da zunächst der Zweck und die Ziele geklärt werden müssen, denen sie dienen sollen.

Die Auseinandersetzung mit Rollenbildern und ihren Konsequenzen für die organisationale Zusammenarbeit lässt sich abschließend an dem bereits vorgestellten Modell der logischen Ebenen verdeutlichen (siehe Kapitel 3.5.2: Handlungs- und Einflussfelder von Führung und Kapitel 4.3.3: Identifikations- und Bindungsebenen).

6. Ebene: Bedürfnisse, Werte und Vision
    Warum? Wozu? Zu welchem Zweck? Was ist der Lohn dafür?
    Was wollen wir in unserer Schule erreichen?
    Wozu machen wir das alles?
    Wozu dient Führung?

5. Ebene: Überzeugungen, Leit- und Glaubenssätze
    Mit welcher Begründung? Nach welchen Regeln?
    Welche Überzeugungen und Leitsätze ergeben sich daraus?
    Welchem Leitbild wollen wir folgen?
    Welches Führungsverständnis haben wir?

4. Ebene: Rollen, Identität und Zugehörigkeiten
    Wer? Welche Rolle?
    Welche Rollen können im Kollegium übernommen werden?
    Welche Rollen können in den Klassen übernommen werden?
    Welchen Gruppen können Mitglieder der Schule angehören?
    Wer identifiziert sich mit welchen Bereichen der Schule, des Umfeldes und einzelner Gruppen?

3. Ebene: Kompetenzen, Fähigkeiten und Talente
> *Wie? Auf welcher Grundlage?*
> Wer hat und braucht welche Kompetenzen, um seine Rolle auszufüllen?
> Wer hat und braucht welche Kompetenzen, um eigenen und gemeinsamen Überzeugungen zu folgen?
> Wer hat und braucht welche Kompetenzen, um eigene und gemeinsame Werte zu leben?

2. Ebene: Handlungen, Verhaltensweisen und Aktivitäten
> *Was? Auf welche Art?*
> Was genau tun einzelne Personen hinsichtlich ihrer Kompetenzen, Rollen, Überzeugungen und Bedürfnisse?
> Was sollten sie hinsichtlich ihrer Kompetenzen, Rollen, Überzeugungen und Bedürfnisse tun?

1. Ebene: Kontext, Umgebung und Rahmenbedingungen
> *Wo? Womit? Wann?*
> Was bildet den Kontext, in dem Personen hinsichtlich ihrer Kompetenzen, Rollen, Überzeugungen und Bedürfnisse handeln?
> Wie sollte der Kontext gestaltet sein, damit sie hinsichtlich ihrer Kompetenzen, Rollen, Überzeugungen und Bedürfnisse handeln können?

Führung und Zusammenarbeit lassen sich gestalten, wenn die oberen beiden Ebenen der ›Bedürfnisse, Werte und Visionen‹ (Ebene 6) und der ›Überzeugungen, Leit- und Glaubenssätze‹ (Ebene 5) formuliert sind. Dies kann man bestenfalls gemeinsam tun, zumindest aber in der Selbstreflexion. Aus dieser Klärung können ›Rollen, Identität und Zugehörigkeiten‹ (Ebene 5) abgeleitet werden, die sich an den oberen beiden Ebenen ausrichten. Die Klarheit über Führung und Autonomie, über Aufgabenbereiche und Zuständigkeiten, über Sinn und Zweck kann in eine Ausformulierung und Vereinbarung der Gestaltung der unteren drei Ebenen führen: einer Planung des Erwerbs und Einsatzes von Kompetenzen (Ebene 3), der Handlungsplanung und Handlung (Ebene 2) und der Gestaltung der Kontexte (Ebene 1).

Führung und Zusammenarbeit im Sinne einer positiven Organisationskultur entwickeln sich, wenn sie auf allen sechs logischen Ebenen verankert sind und stimmig und transparent aufeinander aufbauen. Die Aufgabe jeder Führungskraft, jedes Teams, jeder Fachgruppe und jedes Kollegiums, die ihre Führung und Zusammenarbeit klären möchten, besteht darin, hierfür Kriterien und Grundsätze zu formulieren.

Hierbei wünsche ich allen, die dieses Buch in ihren Gestaltungsideen motiviert und unterstützt, viel Kreativität, Freude und Erfolg.

7 Literatur

Altrichter, Herbert (2004). Die mikropolitische Perspektive im Studium schulischer Organisationen. In: Wolfgang Böttcher u. Ewald Terhart [Hrsg.]: Organisationstheorie in pädagogischen Feldern. S. 85–102. Wiesbaden: VS Verlag.
Amt für Lehrerbildung [Hrsg.] (2005). Leistungen ermitteln, bewerten und rückmelden. Qualitätsinitiative SINUS. Weiterentwicklung des Unterrichts in Mathematik und den naturwissenschaftlichen Fächern. (Materialien zur Schulentwicklung; 39) Bearbeiter: Witlof Vollstädt. Frankfurt am Main: Amt für Lehrerbildung.
Andreas, Steve u. Charles Faulkner [Hrsg.] (1997). Praxiskurs NLP. Paderborn: Junfermann.
Arbeiterwohlfahrt [Hrsg.] (1997). Leitfaden für Personalgespräche in der Bundesgeschäftsstelle der Arbeiterwohlfahrt. Bonn.
Avolio, Bruce J. (1999). Full Leadership Development. Thousand Oaks: Sage.
Bartz, Adolf (2006). Grundlagen organisatorischer Gestaltung. In: Herbert Buchen u. Hans-Günter Rolff [Hrsg.]: Professionswissen Schulleitung. S. 365–417. Beltz. Weinheim.
Bass, Bernhard M. (1990). Bass and Stogdill's Handbook of Leadership. New York: Free Press.
Bass, Bernhard M. u. Bruce J. Aviolo (1990). Transformational Leadership Development: Manual for the Multifactor Leadership Questionnaire. Palo Alto: Consulting Psychologer Press.
Bea, Franz Xaver u. Elisabeth Göbel (2006). Organisation. Stuttgart: Lucius u. Lucius.
Becker Fred. G u. Herbert Buchen (2006). Personal- und Leistungsbeurteilung. In: Herbert Buchen u. Hans-Günter Rolff [Hrsg.]: Professionswissen Schulleitung. S. 586–645. Weinheim: Beltz.
Becker, Horst u. Ingo Langosch (2002). Produktivität und Menschlichkeit. Organisationsentwicklung und ihre Anwendung in der Praxis. Stuttgart: Lucius und Lucius.
Begley, Paul T. u. Olof Johansson [Hrsg.] (2003). The Ethical Dimension of School Leadership. Dordrecht, Boston, London: Kluwer Academic Publishers.
Belbin, R. Meredith (2003). Management Teams: Why they succeed or fail. Oxford: Butterworth Heinemann.
Bell, Simon J. u. Bulent Menguc (2002). The employee-organization relation, organizational citizenship behaviour. In: Journal of Retailing, Volume 78, S. 131–146.
Blake, Robert R. u. Jane S. Mouton (1968). Verhaltenspsychologie im Betrieb. Das Verhaltensgitter, eine Methode zur optimalen Führung in Wirtschaft und Verwaltung. Düsseldorf: Econ.
Blutner, Doris (2004). Führungskompetenz im Mitgliedsdilemma. Grenzen strategischen Schulmanagements. In: Wolfgang Böttcher u. Ewald Terhart [Hrsg.]: Organisationstheorie in pädagogischen Feldern. S. 143–158. Wiesbaden: VS Verlag.
Böcking, Horst (2013). Führen durch Mitarbeitergespräche. In: Claus G. Buhren, Hans-Günter Rolff u. Svenja Neumann [Hrsg.]: Das Handwerkszeug für die Schulleitung. Management – Moderation – Methoden. S. 30–39. Weinheim: Beltz
Bögel, Rudolf (2003). Organisationsklima und Unternehmenskultur. In: Lutz von Rosenstiel, Erika Regnet u. Michel E. Domsch [Hrsg.]: Führung von Mitarbeitern. S. 707–720. Stuttgart: Schäffer-Poeschel.
Böttcher, Wolfgang u. Ewald Terhart [Hrsg.] (2004). Organisationstheorie in pädagogischen Feldern. Wiesbaden: VS Verlag.
Booth, Tony u. Mel Ainscow (2003). Index für Inklusion. Lernen und Teilhabe in der Schule der Vielfalt entwickeln. Übersetzt, für deutschsprachige Verhältnisse bearbeitet und herausgegeben von I.Boban, u. A. Hinz, http://www.eenet.org.uk/resources/docs/Index%20German.pdf (13.07.2016).
Braunschweig, Christoph; Dieter F. Kindermann u. Ulrich Wehrlin (2001). Grundlagen der Managementlehre. München, Wien: Oldenbourg.

Brodbeck Felix C.; Günter W. Meier u. Dieter Frey (2002). Führungstheorien. In: Dieter Frey u. Martin Irle [Hrsg.]: Theorien der Sozialpsychologie. Bd. 2: Motivations- und Informationsverarbeitungstheorien. S. 329–365. Bern: Huber.
Bronfenbrenner, Urie (1981). Die Ökologie der menschlichen Entwicklung. Stuttgart: Klett-Cotta.
Bruce, Anne u. James S. Pepitone (2007). Mitarbeiter motivieren. Der Praxisratgeber für die neue Führungsposition. Frankfurt a.M: Campus.
Buchen, Herbert u. Hans-Günter Rolff [Hrsg.] (2006). Professionswissen Schulleitung. Weinheim: Beltz.
Buchen, Herbert (2006). Schule managen – statt nur verwalten. In: ders. u. Hans-Günter Rolff [Hrsg.]: Professionswissen Schulleitung. S. 12–101. Weinheim: Beltz.
Buhren, Claus G.; Dagmar Killus, Sabine Müller (1998). Wege und Methoden der Selbstevaluation. Ein praktischer Leitfaden für Schulen. Dortmund: Institut für Schulentwicklungsforschung.
Buhren, Claus G. u. Hans-Günter Rolff (2009). Personalmanagement für die Schule. Ein Handbuch für Schulleitung und Kollegium. Weinheim: Beltz.
Buhren, Claus G., Hans-Günter Rolff u. Svenja Neumann [Hrsg.]: Das Handwerkszeug für die Schulleitung. Management – Moderation – Methoden. S. 17–29. Weinheim: Beltz.
Capaul, Roman u. Hans Seitz (1999). Schulleitbilder: Anforderungen und Funktionen. In: Herbert Buchen, Leonhard Horster u. Hans-Günter Rolff [Hrsg.]: Schulleitung und Schulentwicklung. Erfahrungen – Konzepte – Strategien. Reg. B. 4–3, S. 1–16. Berlin: Raabe.
Carle, Ursula (2000). Was bewegt die Schule? Baltmannsweiler: Schneider Verlag Hohengehren.
Conzemius, Anne u. Jan O'Neill (2001). Building Shared Responsibility for Student Learning. Alexandria: Association for Supervision and Curriculum Development.
Creemers, Bert P. M. u. Leonidas Kyriakides (2008). The dynamics of educational effectiveness. A contribution to policy, practice and theory in contemporary schools. London u. New York: Routledge.
Crowther, Frank; Stephen S. Kaagan, Margaret Ferguson u. Leonne Hann (2002). Developing Teacher Leaders: How Teacher Leadership Enhances School Success. Thousand Oaks, CA: Corwin Press.
Davies, Brent u. John West-Burnham [Hrsg.] (2003). Handbook of Educational Leadership and Management. London: Pearson Longman.
Davies, Brent u. Barbara Davies (2003). Marketing schools: an analysis for educational leaders. In: ders. u. John West-Burnham [Hrsg.]: Handbook of Educational Leadership and Management. S. 121–129. London: Pearson Longman.
Delhees, Karl H. (1995). Führungstheorien – Eigenschaftstheorie In: Alfred Kieser, Gerhard Reber u. Rolf Wunderer [Hrsg.]: Handwörterbuch der Führung, S. 897–906. Stuttgart: Schäffer-Poeschel.
Dick, Rolf van (2004). Commitment und Identifikation mit Organisationen. Göttingen: Hogrefe.
Dick, Rolf van (2007). Identifikation und Commitment. In: Heinz Schuler u. Karlheinz Sonntag [Hrsg.]: Handbuch der Arbeits- und Organisationspsychologie. S. 287–293. Göttingen: Hogrefe.
Dick, Rolf van u. Michael A. West (2005). Teamwork, Teamdiagnose, Teamentwicklung. Göttingen: Hogrefe.
Diez, Hannelore (2005). Werkstattbuch Mediation. Köln: Centrale für Mediation
Dilts, Robert (2005). Professionelles Coaching mit NLP. Paderborn: Junferman.
Dimmock, Clive (2003). Leadership in Learning-centred Schools: Cultural Context, Functions and Qualities. In: Mark Brundrett, Neil Burton u. Robert Smith [Hrsg.]: Leadership in Education. S. 3–22. London: Sage.
Doppler, Klaus; Hellmuth Furmann, Birgitt Lebbe-Waschke u. Bert Voigt (2002). Unternehmenswandel gegen Widerstände. Change Management mit den Menschen. Frankfurt u. New York: Campus.
Doppler, Klaus u. Christoph Lauterburg (2005). Change Management. Den Unternehmenswandel gestalten. Frankfurt a.M.: Campus.
Drucker, Peter F. (1954). The practice of management. New York: Harper and Brothers.
Dubs, Rolf (2005). Die Führung einer Schule. Leadership und Management. Zürich: Franz Steiner.
Dubs, Rolf (2006). Führung. In: Herbert Buchen u. Hans-Günter Rolff [Hrsg.]: Professionswissen Schulleitung. S. 102–176. Weinheim: Beltz.
Felfe, Jörg (2005). Charisma, transformationale Führung und Commitment. Köln: Kölner Studien Verlag.
Felfe, Jörg (2008). Mitarbeiterbindung. Göttingen: Hogrefe.
Fend, Helmut (2008). Schule gestalten. Systemsteuerung, Schulentwicklung und Unterrichtsqualität. Wiesbaden: Verlag für Sozialwissenschaften.
Fengler, Jörg (2004). Feedback geben. Strategien und Übungen. Weinheim: Beltz.
French, John R. P. u. Bertram Raven (1959). The bases of social power. In: Dorwin Cartwright [Hrsg.]: Studies in social power. S. 150–167. Ann Arbour: University of Michigan.

Furman, Gail C. (1998). Postmodernism and Community in Schools: Unraveling the Paradox. Educational Administration Quarterly, Volume 34, S. 298–328:

Gardner, John W. (1990). On Leadership. New York: Free Press.

Gaziel, Haim (2009). Teachers' empowerment and commitment at school-based and non-school-based Sites. In: Joseph Zajda u. David T. Gamage [Hrsg.]: Decentralisation, school-based management and quality. S. 217–229. Heidelberg: Springer.

George, Jennifer M. u. Arthur P. Brief (1992). Feeling good – doing good: A conceptual analysis of the mood at work-organizational spontaneity relationship. In: Psychological Bulletin, Volume 112, S. 310–329.

Gerrig, Richard J. u. Philip G. Zimbardo (2008). Psychologie. München: Pearson Studium.

Glickman, Carl D. (1998). Revolutionizing America's Schools. San Francisco: Jossey-Bass.

Gomez, Peter u. Gilbert Probst (1987). Vernetztes Denken im Management. Die Orientierung Nr. 89. Bern: Schweizerische Volksbank.

Graen, George B. u. Mary Uhl-Bien (1995). Führungstheorien, von Dyaden zu Teams. In: Alfred Kieser, Gerhard Reber u. Rolf Wunderer [Hrsg.]: Handwörterbuch der Führung. S. 1045–1058. Stuttgart: Schäffer-Poeschel.

Green, Judith. M. (1999). Deep democracy: Diversity, community and transformation. Lanham: Rowman u. Littlefield.

Gulowsen, Jon (1972). A measure of work-group autonomy. In: Louise E. Davis u. James Taylor: Design of Jobs. S. 374–390. Harmondsworth: Penguin Books.

Hacker, Winfried u. Peter Richter (1980). Psychologische Bewertung von Arbeitsgestaltungsmaßnahmen – Ziele und Bewertungsmaßstäbe. Spezielle Arbeits- und Ingenieurpsychologie. Lehrtext 1. Berlin: Deutscher Verlag der Wissenschaften.

Hackman, Richard u. Greg R. Oldham (1974). The job diagnostic survey. New Haven: Yale University Press.

Hersey, Paul u. Kenneth H. Blanchard (1977). Management of organizational behaviour: utilizing human resources. Englewood Cliffs: Prentice-Hall.

Höy, Gudrun (2003). Diversity Management: Chance für Individuen und Organisationen. Tomas Lorenz u. Stefan Oppitz [Hrsg.]: Leading to Performance. S. 222–239. Offenbach: Gabal.

Jago, Arthur (1995). Führungstheorien – Vroom/Yetton Modell. In: Alfred Kieser, Gerhard Reber u. Rolf Wunderer [Hrsg.]: Handwörterbuch der Führung. S. 1058–1075. Stuttgart: Schäffer-Poeschel.

Jiranek, Heinz u. Andreas Edmüller (2007). Konfliktmanagement. Konflikten vorbeugen, sie erkennen und lösen. Planegg: Haufe.

Kaplan, Robert S. u. David P. Norton (1997). Balanced Scorecard. Strategien erfolgreich umsetzen. Stuttgart: Schäffer-Poeschel.

Kaplan, Robert S. u. David P. Norton (2001). Die strategiefokussierte Organisation. Führen mit der Balanced Scorecard. Stuttgart: Schäffer-Poeschel.

Kauffeld, Simone (2001). Teamdiagnose. Göttingen: Verlag für Angewandte Psychologie.

Kellerman, Barbara (1999). Reinventing Leadership: Making the Connection between Politics and Business. Albany: State University of New York Press.

Kempfert, Guy u. Hans-Günter Rolff (2002). Pädagogische Qualitätsentwicklung. Ein Arbeitsbuch für Schule und Unterricht. Weinheim: Beltz.

Kempfert, Guy u. Hans-Günter Rolff (2005). Qualität und Evaluation. Ein Leitfaden für Pädagogisches Qualitätsmanagement. Weinheim: Beltz.

Kempfert, Guy (2006). Personalentwicklung in selbständigen Schulen. In: Herbert Buchen u. Hans-Günter Rolff [Hrsg.]: Professionswissen Schulleitung. S. 545–585. Weinheim: Beltz.

Kerschreiter, Rudolf; Felix C. Brodbeck u. Dieter Frey (2006). Führungstheorien. In: Hans Werner Bierhoff u. Dieter Frey [Hrsg.]: Handbuch der Psychologie Bd. 3: Sozialpsychologie und Kommunikationspsychologie. S. 619–628. Göttingen: Hogrefe.

Kieser, Alfred; Gerhard Reber u. Rolf Wunderer [Hrsg.] (1995). Handwörterbuch der Führung. Stuttgart: Schäffer-Poeschel.

Kiper, Hanna; Hilbert Meyer, Wolfgang Mischke u. Franz Wester (2003). Qualitätsentwicklung in Unterricht und Schule. Das Oldenburger Konzept. Oldenburg: Didaktisches Zentrum der Universität Oldenburg.

Kiper, Hanna (2003). Was sollen Schülerinnen und Schüler lernen? – Zur Angabe von gestuften Kompetenzen. In: dies., Hilbert Meyer, Wolfgang Mischke u. Franz Wester: Qualitätsentwicklung in Unterricht und Schule. Das Oldenburger Konzept. S. 26–67. Oldenburg: Didaktisches Zentrum der Universität Oldenburg.

Klein, Elke (2007). Gruppenfeedback. In: Roos, Alfred [Hrsg.]: Klasse werden – Klasse sein! Von Klassenregeln, Klassenrat, Gruppenfeedback und Wir-Werkstatt. S. 46–60. Potsdam: RAA Brandenburg.
Kochan, Frances K. u. Cynthia J. Reed (2005). Collaborative Leadership, Community Building, and Democracy in Public Education. In: Fenwick W. English [Hrsg.]: The SAGE Handbook of Educational Leadership. S. 68–84. Thousand Oaks. CA: Sage.
König, Eckard u. Florian Söll (2006). Coaching. In: Herbert Buchen u. Hans-Günter Rolff [Hrsg.]: Professionswissen Schulleitung. S. 1030–1047. Weinheim: Beltz.
Konrad, Klaus u. Silke Traub (1999). Selbstgesteuertes Lernen in Theorie und Praxis. München: Oldenbourg.
Konradt, Udo u. Sylvia Kießling (2006). Das Teamrolleninventar von Belbin: Psychometrische Überprüfung einer deutschsprachigen Fassung. Universität Kiel: Institut für Psychologie, Arbeits-, Organisations- und Marktpsychologie.
Kosiol, Erich (1976). Organisation der Unternehmung. Wiesbaden: Gabler.
Kretschmann, Rudolf [Hrsg.] (2001). Stressmanagement für Lehrerinnen und Lehrer. Ein Trainingsbuch mit Kopiervorlagen. Weinheim: Beltz.
Ladwig, Désirée H. u. Michel E. Domsch (2003). Vorgesetztenbeurteilung. In: Lutz von Rosenstiel, Erika Regnet u. Michel E. Domsch [Hrsg.]: Führung von Mitarbeitern. S. 501–512. Stuttgart: Schäffer-Poeschel.
Lambert, Linda (2003). Shifting conceptions of leadership: towards a redefinition of leadership for the twenty-first century. In: Brent Davies u. John West-Burnham [Hrsg.]: Handbook of Educational Leadership and Management. S. 5–15. London: Pearson Longman.
Lang, Rainhart (o. J.). Kursskript zum Onlinekurs ›Führungstheorie‹ an der Technische Universität Chemnitz Fakultät für Wirtschaftswissenschaften. http://www.tu-chemnitz.de/bps/wirtschaft/bwl5/fuehrungstheorien/kursskript_fuehrung.pdf (16.05.2008)
Lewin, Kurt; Ron Lippitt u. Robert White (1939). Patterns of aggressive behaviour in experimentally created social climates. In: Journal of Social Psychology, Volume 10, S. 271–299:
Lindemann, Holger (2006). Konstruktivismus und Pädagogik. Grundlagen – Modelle – Wege zur Praxis. München: Reinhardt.
Lindemann, Holger (2008). Systemisch beobachten – lösungsorientiert handeln. Ein Lehr-, Lern- und Arbeitsbuch für die pädagogische und betriebliche Praxis. Münster: Ökotopia.
Lindemann, Holger (2016). Teilhaberecht, Teilhabepflicht und Teilhabechance. In: ders. [Hrsg.]: Teilhabe ist das Ziel. Der Weg heißt: Inklusion. Beiträge zur Umsetzung der Inklusion in Oldenburg. S. 9–16. Weinheim: Beltz-Juventa.
Lindemann, Holger (2017). Systemisch-lösungsorientierte Gesprächsführung: Moderation, Mediation und Beratung. Schwerpunkt: pädagogische und soziale Berufe in der inklusiven Schule. (in Vorbereitung)
Margerison, Charles u. Dick McCann (1996). Team management: practical new approaches. Chalford: Management Books.
Maslow, Abraham H. (1954). Motivation and personality. New York: Harper.
McClelland, David C. (1975). Power. The inner experience. New York: Irvington Publishers.
McGrath, Joseph E. (1976). Stress and behaviour in organisation. In: Marvin D. Dunenette [Hrsg.]: Handbook of Industrial and Organizational Psychology. S. 1351–1396. Chicago: Rand McNally.
McGregor, Douglas (1970). Der Mensch im Unternehmen. Düsseldorf: Econ.
Muck, Peter M. (2007). Führung. In: Heinz Schuler u. Karlheinz Sonntag [Hrsg.]: Handbuch der Arbeits- und Organisationspsychologie. S. 355–366. Göttingen: Hogrefe.
Nerdinger, Friedemann W. (2007). Produktives und kontraproduktives Verhalten. In: Heinz Schuler u. Karlheinz Sonntag [Hrsg.]: Handbuch der Arbeits- und Organisationspsychologie. S. 237–245. Göttingen: Hogrefe.
Neuberger, Oswald (1980). Woran wird Humanisierung gemessen – wann gilt sie als eingelöst? In: Lutz von Rosentiel u. Max Weinkamm [Hrsg.]: Humanisierung der Arbeitswelt – Vergessene Verpflichtung? S. 81–93. Stuttgart: Poeschel.
Neuberger, Oswald (1994). Personalentwicklung. Stuttgart: Enke.
Neuberger, Oswald (2002). Führen und führen lassen: Ansätze, Ergebnisse und Kritik der Führungsforschung. Stuttgart: Lucius u. Lucius.
Neuberger, Oswald (2003). Mikropolitik. In: Lutz von Rosenstiel, Erika Regnet u. Michel E. Domsch [Hrsg.]: Führung von Mitarbeitern. S. 41–49. Stuttgart: Schäffer-Poeschel.
Northouse, P. G. (1997). Leadership: Theory and Practise. Thousand Oaks. CA: Sage.

Olechowski, Richard u. Karl Garnitschnig [Hrsg.] (1999). Humane Schule. Frankfurt a. M.: Peter Lang.
Peschel, Falko (2003). Offener Unterricht. Ideen, Realität, Perspektiven und ein praxiserprobtes Konzept zur Diskussion. Teil 1: Allgemeindidaktische Überlegungen. Baltmannsweiler: Schneider.
Peters, Thomas J. u. Robert H. Waterman (1984). Auf der Suche nach Spitzenleistung. Landsberg: Verlag Moderne Industrie.
Peterßen, Wilhelm H. (2001). Kleines Methoden-Lexikon. München: Oldenbourg.
Pfeffer, Jeffrey (1981). Power in Organizations. Massachusetts: Pitman.
Probst, Gilbert u. Peter Gomez (1989). Vernetztes Denken. Wiesbaden: Gabler.
Raven, Bertram H. u. Ari W. Kruglanski (1970). Conflict and Power. In: Paul C. Swingle [Hrsg.]: The Structure of Conflict. S. 69–109. New York: Academic Press.
Rechtien, Wolfgang (2006). Angewandte Gruppendynamik. In: Hans Werner Bierhoff u. Dieter Frey [Hrsg.]: Handbuch der Psychologie Bd. 3: Sozialpsychologie und Kommunikationspsychologie. S. 655–662. Göttingen: Hogrefe.
Reddin, William J. (1970). Managerial effectiveness. New York: McGraw Hill.
Reddin, William J. (1977). Das 3-D-Programm zur Leistungssteigerung des Managements. München: Verlag Moderne Industrie.
Regnet, Erika (2003). Der Weg in die Zukunft – Anforderungen an die Führungskraft. In: Lutz von Rosenstiel, dies. u. Michel E. Domsch [Hrsg.]: Führung von Mitarbeitern. S. 51–66. Stuttgart: Schäffer-Poeschel.
Riecke-Baulecke, Thomas (2007). Schulleitung*Plus*. Schule und Unterricht erfolgreich gestalten. München: Oldenbourg.
Riketta, Michael (2005). Organizational identification: A meta-analysis. In: Journal of Vocational Behaviour, Volume 66, S. 358–384.
Roberts, Charlotte (2000). Leading without control. In: Peter Senge et al. [Hrsg.]: Schools that learn. S. 411–418. New York: Doubleday.
Robinson, Sandra L. u. Rebecca J. Bennett (1995). A typology of deviant workplace behaviors: A multidimensional scaling study. Academy of Management Journal, Volume 38, S. 555–572.
Rolff, Hans-Günter (1995). Wandel durch Selbstorganisation. Theoretische Grundlagen und praktische Hinweise für eine bessere Schule. Weinheim: Juventa.
Rolff, Hans-Günter (2005). Gestaltungsautonomie in Selbstständigen Schulen. In: Hermann Avenarius, Klaus Klemm, Eckhard Klieme u. Jutta Roitsch [Hrsg.]: Bildung: Gestalten – Erforschen – Erlesen. München, Neuwied: Luchterhand.
Roos, Alfred [Hrsg.] (2007). Klasse werden – Klasse sein! Von Klassenregeln, Klassenrat, Gruppenfeedback und Wir-Werkstatt. Potsdam: RAA Brandenburg.
Rosenberg, Marshall B. (2005). Gewaltfreie Kommunikation. Paderborn: Junfermann.
Rosenstiel, Lutz von, Walter Molt u. Bruno Rüttinger (1988). Organisationspsychologie. Stuttgart: Kohlhammer.
Rosenstiel, Lutz von (2003a). Grundlagen der Organisationspsychologie. Stuttgart: Schäffer-Poeschel.
Rosenstiel, Lutz von (2003b). Grundlagen der Führung. In: ders., Erika Regnet u. Michel E. Domsch [Hrsg.]: Führung von Mitarbeitern. Handbuch für erfolgreiches Personalmanagement. S. 3–26. Stuttgart: Schäffer-Poeschel.
Rosenstiel, Lutz von (2003c). Tiefenpsychologische Grundlagen der Führung von Mitarbeitern. In: ders., Erika Regnet u. Michel E. Domsch [Hrsg.]: Führung von Mitarbeitern. Handbuch für erfolgreiches Personalmanagement. S. 27–40. Stuttgart: Schäffer-Poeschel.
Rosenstiel, Lutz von (2007). Grundlagen der Organisationspsychologie. Stuttgart: Schäffer-Poeschel.
Rosenstiel, Lutz von; Erika Regnet u. Michel E. Domsch [Hrsg.] (2003). Führung von Mitarbeitern. Handbuch für erfolgreiches Personalmanagement. Stuttgart: Schäffer-Poeschel.
Sackett, Paul R. u. Cynthia J. DeVore (2001). Counterproductive Behaviour at Work. In: Neil Anderson, Deniz S. Ones, Handan K. Sinangil u. Chockalingam Viswesvaran [Hrsg.]: Handbook of industrial, work and organizational psychology. Volume 1, S. 145–164. London: Sage.
Samier, Eugenie A. [Hrsg.] (2003). Ethical Foundations for Educational Administration. London: Routledge Falmer.
Sassenscheidt, Hajo (2006). Personalauswahl schulgenau. In: Herbert Buchen u. Hans-Günter Rolff [Hrsg.]: Professionswissen Schulleitung. S. 646–672. Weinheim: Beltz.
Sassenscheidt, Hajo (2013). Führungsfeedback: Wie holt man sich als Schulleitung Rückmeldung? In: Claus G. Buhren, Hans-Günter Rolff u. Svenja Neumann [Hrsg.]: Das Handwerkszeug für die Schulleitung. Management – Moderation – Methoden. S. 17–29. Weinheim: Beltz.

Schaefers, Christine (2004). Die erweiterte Entscheidungskompetenz von Schulen bei der Besetzung von Lehrerstellen: Welchen Stellenwert hat das Schulprogramm? In: Wolfgang Böttcher u. Ewald Terhart [Hrsg.]: Organisationstheorie in pädagogischen Feldern. S. 159–169. Wiesbaden: VS Verlag.
Schelle, Heinz (2001). Projekte zum Erfolg führen. München: dtv.
Schlee, Jörg (2004). Kollegiale Beratung und Supervision für pädagogische Berufe. Hilfe zur Selbsthilfe. Ein Arbeitsbuch. Stuttgart: Kohlhammer.
Schreyögg, Georg (2003). Organisation. Grundlagen moderner Organisationsgestaltung. Wiesbaden: Gabler.
Schuler, Heinz u. Karlheinz Sonntag [Hrsg.] (2007). Handbuch der Psychologie Bd. 6: Handbuch der Arbeits- und Organisationspsychologie. Göttingen: Hogrefe.
Schulz von Thun, Friedemann (1981). Miteinander reden 1. Störungen und Klärungen. Allgemeine Psychologie der Kommunikation. Reinbek: Rowohlt.
Schulz von Thun, Friedemann (1998). Miteinander reden 3. Das ›innere Team‹ und situationsgerechte Kommunikation. Kommunikation, Person, Situation. Reinbek: Rowohlt.
Seitz, Hans u. Roman Capaul (2005). Schulführung und Schulentwicklung. Theoretische Grundlagen und Empfehlungen für die Praxis. Bern: Haupt.
Senge, Peter et al. [Hrsg.] (2000). Schools that learn. New York: Doubleday.
Sergiovanni, Thomas (1994). Building community schools. San Francisco: Jossey-Bass.
Shields, Carolyn M. (2002). Cross-cultural leadership and communities of difference: thinking about leading in diverse schools. In: Kenneth Leithwood u. Philip Hallinger: Second International Handbook of Educational Leadership and Administration. Part One. S. 209–244. Dordrecht, Boston, London: Kluwer Academic Publishers.
Simon, Walter (2004). GABALs großer Methodenkoffer: Grundlagen der Kommunikation. Offenbach: Gabal.
Simon, Walter (2006). GABALs großer Methodenkoffer: Führung und Zusammenarbeit. Offenbach: Gabal.
Simon, Walter (2007). GABALs großer Methodenkoffer: Grundlagen der Arbeitsorganisation. Offenbach: Gabal.
Simon, Walter (2008). GABALs großer Methodenkoffer: Managementtechniken. Offenbach: Gabal.
Spillane, James P.; Richard Halverson u. John B. Diamond (2001). Investigating School leadership practice: a distributed perspective. Educational Researcher. Volume 30, S. 23–28. AERA.
Stern, Cornelia; Christian Ebel, Veronika Schönstein u. Oliver Vorndran [Hrsg.] (2008). Bildungsregionen gemeinsam gestalten. Erfahrungen, Erfolge, Chancen. Gütersloh: Verlag Bertelsmann Stiftung.
Strike, Kenneth A. (1999). Can schools be communities: The tension between shared values and inclusion. Educational Administration Quarterly, Volume 35, S. 46–70.
Tannenbaum, Robert u. Warren H. Schmidt (1958). How to choose a leadership pattern. In: Harvard Business Review, (2), S. 95–101.
Thomann, Christoph u. Friedemann Schulz von Thun (1997). Klärungshilfe. Handbuch für Therapeuten, Gesprächshelfer und Moderatoren in schwierigen Gesprächen. Reinbek: Rowohlt.
Thomann, Christoph (2004). Klärungshilfe 2. Konflikte im Beruf: Methoden und Modelle klärender Gespräche. Reinbek: Rowohlt.
Tietze, Kim-Oliver (2003). Kollegiale Beratung. Problemlösungen gemeinsam entwickeln. Reinbek: Rowohlt.
Tuckman, Bruce W. (1965). Development sequence in small groups. In: Psychological Bulletin, Volume 63, S. 384–399.
Tuckman, Bruce W. u. Mary Anne C. Jensen (1977). Stages of small group development revisited. In: Group and Organisation Studies, 2, S. 419–427.
Ulich, Eberhard (2001). Arbeitspsychologie. Zürich u. Stuttgart: vdf Hochschulverlag und Schäffer-Poeschel.
Vahs, Dietmar (2007). Organisation. Einführung in die Organisationstheorie und -praxis. Stuttgart: Schäffer-Poeschel.
Vereinte Nationen (2008). Übereinkommen der Vereinten Nationen über die Rechte von Menschen mit Behinderung. www.behindertenbeauftragte.de/SharedDocs/Publikationen/DE/Broschuere_UN-Konvention_KK.pdf (13.07.2016)
Volbers, Margarete (2001). 360° Feedback als Analyseinstrument personaler Performance. In: Thomas Lorenz u. Stefan Oppitz [Hrsg.]: Vom Training zur Performance. S. 144–158. Offenbach: Gabal.

Vroom, Victor H. u. Philip Yetton (1973). Leadership and decision-making. Pittsburgh: University of Pittsburgh Press.

Wheatley, Margaret J. (1999). Leadership and the New Science. San Francisco: Berrett-Koehler.

Whitaker, Patrick (1997) Changes in professional development: the personal dimension. In: Lesley Kydd, Megan Crawford u. Colin Riches [Hrsg.]: Professional development for educational management. S. 11–25. Open University Press. Buckingham. Philadelphia.

Wunderer, Rolf (2007). Führung und Zusammenarbeit. Eine unternehmerische Führungslehre. Köln: Wolters Kluwer, Luchterhand.

Zalesny, Mary D. u. George B. Graen (1995). Führungstheorien – Austauschtheorie. In: Alfred Kieser, Gerhard Reber u. Rolf Wunderer [Hrsg.]: Handwörterbuch der Führung. S. 862–877. Stuttgart: Schäffer-Poeschel.

8 Sachregister

3-D-Modell **68–71**
7-S-Modell **55–57**, 58, 61

Ablauforganisation 27, 167
Administration 30, 155
Anerkennung 23, 59, 103, 104, **106–108**, 112, 118, 123–125, 129, 138, 155
Anspruchsgruppen 58, 129–130, 160
Arbeitsplatzbeschreibung **30–32**
Arbeitsrecht **114**
Assessment **20–22**
Attraktor 157
Aufbauorganisation 27, 29, 62
Aufgabenbeschreibung **30–32**, 58
Aufgabenorientierung, auch Produktionsorientierung **66–75**, 99
Aufgabenvielfalt **115–119**
Autonomie 9, 18–19, 71, 74, 99, 103, 111, **115–121**, 143, 157, 178
- autonome Arbeit **115–121**
- Schulautonomie 9, 121

Balanced Scorecard (Strategiefokussierte Ziele) 125, **160–162**
Bedürfnisse 58, 80, 94, 95, 97, **99–107**, 115–116, 118, 133–134, 136, 138, 143, 169, 177
Belohnung, auch Lohn 13, 18, 23, 43–44, 47, 74, 76, 79, 84, 86, 91, 95, 102, **106–108**, 112, 118, 130, 133, 137, 145–146, 163, 177
Beratung 65, 106, 111, 113–114, 119, 140, 141, 147, **170–175**
Best Practice 151–152, 158
Betriebsklima, auch Organisationsklima 56, 91, 170
Betriebsrat 17, 19, **114**, 167, 172
Betriebsverfassung **114**
Beziehungsorientierung, auch Mitarbeiterorientierung **66–73**, 75, 99
Bildungsregion 172
Bindung, auch Commitment 59, 62, 87, 101, 121, **129-136**, 146, 177

Change-Management, auch Organisationsentwicklung 18, 56–57, 61, 91, 98, 110, 119, 126, 135, 146-147, 160, 165
Coaching 87, 106, 119, 140, 141, 144, **170–175**
Commitment, auch Bindung 59, 62, 87, 101, 121, **129-136**, 146, 177

Demokratie 10–11, 54, 77, 96
Dienstleistung 13, 28, 84
Diversity Management 44, 113, **122–126**

Effektivität 10, 19, 60, 66–67, 80, 109
Effizienz 10–12, 61, 106
Empowerment 118, **120–121**
Extra-Rollenverhalten 130

Feedback 18, 20–22, 39, 43–46, 62, 75, 97, 103, 107–108, 112, **148–156**, 163, 167
Fortbildung 18, 31, 119, 154, **170–175**
Führung
– 3-D-Modell **68–71**
– Austausch mit Mitarbeitern **84–86**
– charismatische 79, **86–90**
– Definition **49–55**
– Eigenschaften **63–65**
– Entscheidungsfindung 53, **80–83**, 119, 154, 157
– Führungsstile **66–98**
– Leader-Member-Exchange (LMX) **84–86**
– Leadership Motive Pattern (LMP) **75–77**
– Lehrer als Führung 88, **96–98**
– Machtmotiv **75–77**
– Managerial Grid **66–67**, 72
– normatives Entscheidungsmodell **80–83**
– Rollendilemmata **73–75**
– situative 63, **72–73**
– symbolische **90–92**
– systemische **92–94**
– transaktionale **86–90**
– transformative **86–90**

Handlung, vollständige 115, **33–34**
Heterogenität, auch Vielfalt 19, 44, 99, 113, **122–126**
Hierarchie 95, 107–108, 132, 137, 143, 151
Human Resource 60
Humanisierung **109–113**, 145

Identifikation 44, 58–60, 62, 76, 79, 121, **126–136**, 142, 146, 177
Identität 33, 46–47, 56, 94–95, 110, 123, **126–136**, 177–178
Ist-Soll-Analyse 152

Job Enlargement **115–117**

Job Enrichment 115–117
Job Rotation 115–117

Konfliktmanagement 40, 160, **167–170**
kontraproduktives Verhalten 131, **144–146**
Kunden 13, 21, 27, 58–59, 61, 91, 94–95, 110, 129, 133, 149–150, 152–153, 160

Leader-Member-Exchange (LMX) **84–86**
Leadership Motive Pattern (LMP) 75–77
Leistungsbewertung **148–156**
Leitbild 24, 26, 29, 50, 60, 95–96, 118, 133–134, 156, 160, 161, 172, 177
Lohn, auch Belohnung 13, 18, 23, 43–44, 47, 74, 76, 79, 84, 86, 91, 95, 102, **106–108**, 112, 118, 130, 133, 137, 145–146, 163, 177

Macht 46, 50, 53, 62, 69, **75–77**, 78–80, 88, 95, 101, 120, 123–124, 132, 156
Management
- 7-S-Modell **55–57**, 58, 61
- Aufgaben **58–60**
- normatives **26**
- operatives **26**
- strategisches **26**
Managerial Grid **66–67**, 72
Markt 10–14, 27, 57–58, 60, 61, 66, 91–92, 129–130, 137, 160
Mediation 112, 145, **167–173**
Menschenbild **23–25**, 27, 50, 64, 91, 120, 123, 138
Mikropolitik **77–80**, 97
Mitarbeiterorientierung, auch Beziehungsorientierung **66–73**, 75, 99
Mitbestimmung 17, 19, 111, 114, 116, 118, 121
Mitunternehmertum **29–30**
Motivation
- intrinsisch 43, 86, **102**, **104–106**
- extrinsisch 86, **102**, **104–106**
Motivationspotenziale **102–108**, 119
Motive 58, 75–77, 89, **100–105**, 115–116, 118, 136, 138, 169

Normatives Entscheidungsmodell **80–83**

Organisation
- bürokratische 143
- mechanistische 29, 50 109
- vernetzte 59, 92, 117
Organisationsentwicklung, auch Change Management 18, 56–57, 61, 91, 98, 110, 119, 126, 135, 146–147, 160, 165
Organisationsklima, auch Betriebsklima 56, 91, 170

Organisationskultur 53–54. 59, 62, 91, 103, 107–108, 178

Personal
- Leistungsbewertung **148–156**
- Personalgespräch **148–156**
- Personalmanagement **17–22**
- Personalpolitik **17–22**
Produkt 27–28, 33, 54–55, 59, 61, 66, 104, 109–110, 116, 120, 129, 148
Produktionsorientierung, auch Aufgabenorientierung **66–75**, 99
Projektarbeit **163–166**
Projektverlaufsplan **164–166**

Schulautonomie 9, 121
Schulentwicklung 13, 27–28, 155, 160, 174
SMART-Modell **157–159**
Stress 64, 111, 130, **136–140**, 141–144
- Abwehrmechanismen und Copingstrategien **141–144**
- kontraproduktives Verhalten 131, **144–146**
Supervision 106, 114, 141, 144, **170–175**

Teamarbeit 24, **35–48**, 62, 159, 171
- Grundregeln **43–45**
- Merkmale **35–36**
- Teamentwicklung 18, **45–47**, 73
- Teamarbeit an Schulen **47–48**
- Teamleitung **40–42**, 44, 46, 177
- Teamrollen **36–42**
teilautonome Arbeitsgruppen **116–119**

Unternehmen 10, 12–13, 18, 29–30, 56, 59, 61 92, 118, 122, 155, 164

Vielfalt, auch Heterogenität 19, 44, 99, 113, **122–126**
Vision, auch Zukunftsvision 12, 27, 29, 39, 41, 52, 54, 60, 79, 87, 90, 95, 133–134, 162–163, 177–178

Werbung 18, 42, 77, 91, 162

Ziele
- Balanced Scorecard (Strategiefokussierte Ziele) 125, **160–162**
- Fehler der Zielformulierung **162–163**
- SMART-Modell **157–159**
- Zielvereinbarung 31–32, 118,148, 153–155, **157–160**, 161–164, 169
Zukunftsvision, auch Vision 12, 27, 29, 39, 41, 52, 54, 60, 79, 87, 90, 95, 133–134, 162–163, 177–178

Der Autor

Prof. Dr. Holger Lindemann
Jahrgang 1970

Foto: Augenschmaus Photographie, Oldenburg

- Diplompädagoge
- Doktor der Philosophie
- Habilitation mit der Venia Legendi für Bildungsmanagement und Sonderpädagogik
- systemischer Supervisor (SG) und Organisationsberater

- Professor an der Medical School Berlin
- Privatdozent der Sonderpädagogischen Psychologie an der Universität Oldenburg
- freiberufliche Tätigkeit als Fortbildner, Supervisor und Organisationsberater
- Projektleitung und Begleitforschung zur Inklusion an Oldenburger Schulen

- langjährige Erfahrung als Führungskraft und Einrichtungsleitung in der offenen Kinder-, Jugend- und Behindertenhilfe
- zahlreiche Veröffentlichungen zur systemisch-lösungsorientierten Beratung und zur Inklusion

E-Mail: holger.lindemann@lindelo.de
Webseite: www.lindelo.de

Link für Download-Material:
www.v-r.de/Lindemann_Unternehmen_Schule
Code: C_bsH@XL

Innovative Gestaltung von Organisation und Organisationsentwicklung im »Unternehmen Schule«

Holger Lindemann
**Unternehmen Schule:
Organisation und
Organisationsentwicklung**
Theorien, Modelle und Arbeitshilfe
für die aktive Gestaltung von Schule
und Unterricht
2017. Ca. 272 Seiten, Paperback
ISBN 978-3-525-70223-9

eBook: ISBN 978-3-647-70223-0
Erscheint im April 2017

Die Organisation von Vielfalt und Individualität gehört zum Alltag im »Unternehmen Schule«. Parallel sind Qualität von Angeboten und Ergebnissen sicherzustellen. Ein durchdachter organisationaler Rahmen bietet den Akteuren im Umfeld Schule eine Möglichkeit, diesen Herausforderungen entgegenzutreten. Holger Lindemann führt anschaulich und praxisorientiert in Theorien und Modelle der Organisation und Organisationsentwicklung ein. Zahlreiche Umsetzungsideen und Übungen im Buch zu Themen wie Organisationsmodelle, Produkte und Märkte von Schule, Schuleffektivität als auch Qualitäts- und Changemanagement geben Impulse für die eigene Schulpraxis. Zusätzliche Ergänzung bieten Arbeitshilfen, die als digitales Downloadmaterial zur Verfügung stehen.

Band 1 und 2 von **Unternehmen Schule** gibt es auch zusammen als günstiges Buchpaket: ISBN 978-3-525-70224-6

Systemisch arbeiten mit Sprachbildern

Holger Lindemann
**Die große Metaphern-
Schatzkiste – Band 1:
Grundlagen und Methoden**
Systemisch arbeiten mit Sprachbildern

3., erweiterte und überarbeitete Auflage 2016.
260 Seiten inklusive Online-Materialien, kartoniert
ISBN 978-3-525-40275-7

eBook: ISBN 978-3-647-40275-8

Von »Das Leben ist kein Ponyhof!«
bis »Was ist denn das für ein Affenzirkus!«: Band 1 der großen
Metaphern-Schatzkiste zeigt, wie Sie
als Therapeut, Berater, Coach und Supervisor durch die kreative Nutzung
bildlicher Sprache wahre Wunder
bewirken können.

Holger Lindemann / Daniel Bauer
**Die große Metaphern-
Schatzkiste – Band 2:
Die Systemische Heldenreise**
Buch und 60 Karten

Systemisch arbeiten mit Sprachbildern

2016. 260 Seiten Buch mit 34 Abb. und 5 Tab.,
inklusive Downloadmaterial und 60 Bild- und Strukturkarten und Begleitheft in einer Box
ISBN 978-3-525-40265-8

Folgen Sie dem Ruf Ihres Abenteuers,
Ihrer Heldenreise! Band 2 der Metaphern-Schatzkiste zeigt, wie Sie mit
dem Modell der Systemischen Heldenreise Ihr Methodenrepertoire in Therapie und Beratung erweitern.

Buch und Karten sind auch einzeln
beziehbar!

Verlagsgruppe Vandenhoeck & Ruprecht | V&R unipress

www.v-r.de